Lewejohann/Morton/Porten/Stein · Kauf und Bewertung
einer Arztpraxis

Zusätzliche digitale Inhalte für Sie!

Zu diesem Buch stehen Ihnen kostenlos folgende digitale Inhalte zur Verfügung:

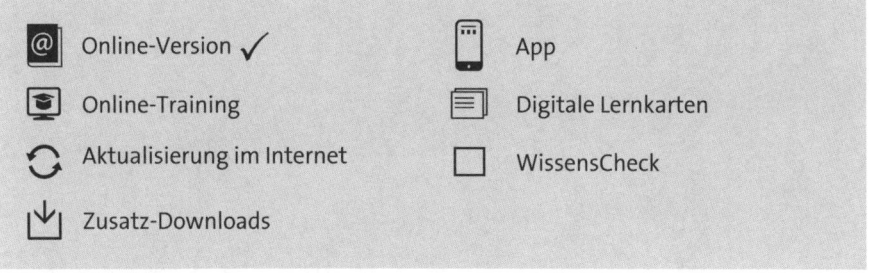

@ Online-Version ✓	📱 App
Online-Training	Digitale Lernkarten
Aktualisierung im Internet	WissensCheck
Zusatz-Downloads	

Schalten Sie sich das Buch inklusive Mehrwert direkt frei.

Scannen Sie den QR-Code **oder** rufen Sie die Seite **www.nwb.de** auf. Geben Sie den Freischaltcode ein und folgen Sie dem Anmeldedialog. Fertig!

Ihr Freischaltcode

CKGJ-HOMO-MJOQ-NXXW-MAXQ-YG

www.nwb.de

Kauf und Bewertung einer Arztpraxis

► Rechtliche Rahmenbedingungen
► Steuerliche Konsequenzen
► Bilanzielle Aspekte
► Arztpraxisbewertung

Von
Wirtschaftsprüfer Steuerberater Rechtsanwalt Dirk Lewejohann,
Alexander Morton, M. Sc.,
Rechtsanwalt, Fachanwalt für Medizinrecht Dr. Stephan Porten,
Rechtsanwalt Oliver Stein

3. Auflage

► nwb

Es haben bearbeitet:

D. Lewejohann: Kap. III, IV
A. Morton: Kap. II
O. Stein/S. Porten: Kap. I

ISBN 978-3-482-**63663**-9
3. Auflage 2018

© NWB Verlag GmbH & Co. KG, Herne 2015
www.nwb.de

Satz: Reemers Publishing Services GmbH, Krefeld
Druck: medienHaus Plump GmbH, Rheinbreitbach

Vorwort

Die Thematik des Kaufs und der Bewertung von Arztpraxen ist in der täglichen Beratung unverändert von großer Bedeutung.

Für niedergelassene Ärzte und deren Berater ergeben sich hierbei unterschiedlichste Fragestellungen wirtschaftlicher, finanzieller, rechtlicher und/oder steuerlicher Art. Die insoweit maßgeblichen rechtlichen Vorgaben sind derzeit einem rasanten Veränderungsprozess unterworfen.

Vor diesem Hintergrund haben sich der NWB-Verlag und die Autoren dazu entschlossen, diese Veröffentlichung einer erneuten umfassenden inhaltlichen Überarbeitung und Aktualisierung zu unterziehen. Wie bisher liegt dabei ein Schwerpunkt auf der Darstellung möglicher Lösungshinweise für konkrete Fragestellungen.

Die Veröffentlichung ergänzt das (im NWB-Verlag erschienene) Standardwerk zur „Besteuerung der Ärzte, Zahnärzte und sonstiger Heilberufe – mit Vertragsmustern und Arbeitshilfen", das derzeit in 9. Auflage aus dem Jahr 2016 verfügbar ist, sowie das (ebenfalls im NWB-Verlag erschienene) Buch von Michels/Möller/Ketteler-Eising über „Ärztliche Kooperationen – Rechtliche und steuerliche Beratung", dessen aktuelle 4. Auflage aus dem Jahr 2018 datiert.

Wie in der Erstauflage haben sich Autoren unterschiedlicher Ausrichtung bzw. beruflicher Schwerpunkte der BDO AG Wirtschaftsprüfungsgesellschaft und der BDO Legal Rechtsanwaltsgesellschaft mbH mit den zentralen rechtlichen Rahmenbedingungen, den maßgeblichen steuerlichen Aspekten, den unterschiedlichen Arztpraxisbewertungsmöglichkeiten sowie schließlich notwendigen bilanziellen Überlegungen auseinandergesetzt. Damit bietet diese Veröffentlichung unverändert einen umfassenden Überblick über alle praxisrelevanten Parameter. Checklisten und ein Vertragsmuster runden die Kommentierung in bewährter Manier ab.

Aus Gründen der besseren Lesbarkeit wird im Übrigen grundsätzlich von Ärzten (ohne Verwendung der weiblichen Form) gesprochen. Wir bitten dafür um Verständnis.

Ich danke meinen BDO-Kollegen sehr herzlich für ihr großes Engagement bei der Überarbeitung der einzelnen Kapitel.

Für Hinweise und Anregungen aus der Leserschaft sind wir stets sehr dankbar.

Köln, im Juni 2018   Ralf Klaßmann,
Leiter des Branchencenters „Gesundheitswirtschaft" der BDO AG Wirtschaftsprüfungsgesellschaft und Geschäftsführer der BDO Legal Rechtsanwaltsgesellschaft mbH

INHALTSÜBERSICHT

INHALTSVERZEICHNIS

LITERATURVERZEICHNIS

In diesem Literaturverzeichnis sind – ohne Anspruch auf Vollständigkeit – Kommentare, Monographien sowie ausgewählte Fachaufsätze, die mehrfach zitiert werden, aufgeführt. Spezialliteratur ist vor den entsprechenden Ausführungen angegeben.

B

Beermann/Gosch, Kommentar AO/FGO, Bonn, Loseblatt, Stand Februar 2018

Blümich, Kommentar EStG, KStG, GewStG, München, Loseblatt, Stand Januar 2018

Bunjes, Umsatzsteuer-Kommentar, 16. Auflage, München 2017

E

Ehlers, Fortführung von Arztpraxen, 3. Auflage, München 2009

Erfurter Kommentar zum Arbeitsrecht, 11. Auflage, München 2011

G

Grobshäuser/Maier/Kies, Besteuerung der Gesellschaften,5. Auflage, Stuttgart 2017

K

Klapp, Abgabe und Übernahme einer Arztpraxis, 3. Auflage, Berlin/Heidelberg 2005

Klaßmann/Lewejohann/Pass/Salzberger/Stein, Die Besteuerung der Ärzte, Zahnärzte und sonstiger Heilberufe, 9. Auflage, Herne 2016

Korn, „Übergangsbesteuerung" bei der Aufnahme von Partnern in Einzelpraxen und Sozietäten mit Gewinnermittlung nach § 4 Abs. 3 EStG, FR 2005 S. 1236 ff.

Küffner/Stöcker/Zugmaier, Umsatzsteuer-Kommentar, Herne, Loseblatt, Stand Februar 2018

L

Lange/Bilitewski/Götz, Personengesellschaften im Steuerrecht, 10. Auflage, Herne 2018

Laufs/Kern, Handbuch des Arztrechts, 4. Auflage, München 2010

Liebold/Zalewski, Kassenarztrecht Kommentar, Berlin, Loseblatt, Stand Oktober2017

M

Michels/Ketteler-Eising, Ertragsteuerliche Behandlung des Kaufpreises für Kassenarztpraxen, DStR 2006 S. 961 ff.

Michels/Möller/Ketteler-Eising, Ärztliche Kooperationen, 4. Auflage, Herne 2018

Münchener Kommentar zum BGB, 5. Auflage, München

P

Palandt, Bürgerliches Gesetzbuch, 77. Auflage, München 2018

R

Rand, Steuerberater-Praxisnachfolge, Berlin 2010

Ratzel/Luxenburger, Handbuch Medizinrecht, 3. Auflage, Bonn 2015

Rau/Dürrwächter, Umsatzsteuer-Kommentar, Köln, Loseblatt, Stand: März 2018

Rieger, Rechtsfragen beim Verkauf und Erwerb einer Arztpraxis, 5. Auflage, Köln 2004

Rieger/Dahm/Katzenmeier/Steinhilper, Heidelberger Kommentar Arztrecht, Krankenhausrecht, Medizinrecht, Stand: 72. Aktualisierung, April 2018

Rödder/Hötzel/Mueller-Thuns, Unternehmenskauf Unternehmensverkauf, München 2003

S

Schallen, Zulassungsverordnung für Vertragsärzte, Vertragszahnärzte, Medizinische Versorgungszentren, Psychotherapeuten, Kommentar, 9. Auflage, Heidelberg 2017

Schmid-Domin, Horst G., Bewertung von Arztpraxen und Kaufpreisfindung – Methoden-Beispiele-Rechtsgrundlagen, 4. Auflage, Berlin 2013

Schmidt, Ludwig, Kommentar EStG, 37. Auflage, München 2018

Schmitz/Binz/Oerter, Der Praxiskaufvertrag für die Arzt- und Zahnarztpraxis, 2. Auflage, Frankfurt a. M. 2013

Steinbrück, Praxisabgabe und Praxisübernahme, 2. Auflage, Frankfurt a. M. 2009

Z

Zur Mühlen/Witte/Rohner/Boos, Praxisbewertung, Köln 2010

Zwingel/Preißler, Ärztekooperationen und Medizinische Versorgungszentren, 2. Auflage, Köln 2008

ABKÜRZUNGSVERZEICHNIS

A

a. A.	anderer Ansicht
a. a. O.	am angegebenen Ort
Abs.	Absatz
Abschn.	Abschnitt
abw.	abweichend
AEAO	Anwendungserlass zur Abgabenordnung
AfA	Absetzung für Abnutzung
Alt.	Alternative
Anl.	Anlage
Anm.	Anmerkung
AO	Abgabenordnung
Art.	Artikel
Aufl.	Auflage
Az.	Aktenzeichen

B

BAG	Berufsausübungsgemeinschaft
BB	Betriebs-Berater (Zeitschrift)
Bd.	Band
Beschl.	Beschluss
betr.	betreffend
BewG	Bewertungsgesetz
BfF	Bundesamt für Finanzen
BFH	Bundesfinanzhof
BFH/NV	Sammlung amtlich nicht veröffentlichter Entscheidungen des BFH (Zeitschrift)
BGB	Bürgerliches Gesetzbuch
BGBl	Bundesgesetzblatt
BGH	Bundesgerichtshof
BMF	Bundesfinanzminister(ium)
BR	Bundesrat
BSG	Bundessozialgericht
bspw.	beispielsweise
BStBl	Bundessteuerblatt
BT	Bundestag
BT-Drucks.	Bundestags-Drucksache

Buchst.	Buchstabe
BVerfG	Bundesverfassungsgericht
bzw.	beziehungsweise

D

DB	Der Betrieb (Zeitschrift)
dgl.	dergleichen
d. h.	das heißt
DStR	Deutsches Steuerrecht (Zeitschrift)
DStRE	DStR-Entscheidungsdienst (Zeitschrift)
DV	Durchführungsverordnung

E

EBM	Einheitlicher Bewertungsmaßstab
EFG	Entscheidungen der Finanzgerichte (Zeitschrift)
EG	Europäische Gemeinschaft(en); Einführungsgesetz
EGAO	Einführungsgesetz zur Abgabenordnung
einschl.	einschließlich
EN	Eilnachricht
Entw.	Entwurf
ErbSt	Erbschaftsteuer
ErbStG	Erbschaftsteuergesetz
Erl.	Erlass
ESt	Einkommensteuer
EStDV	Einkommensteuer-Durchführungsverordnung
EStH	Einkommensteuer-Hinweise
EStG	Einkommensteuergesetz
EStR	Einkommensteuer-Richtlinien
et al.	et alia (lat. „und andere")
EÜR	Einnahmen-Überschuss-Rechnung
EuGH	Gerichtshof der Europäischen Gemeinschaften
EW	Einheitswert

F

f. (ff.)	folgend (folgende)
F.	Fach
FA (FÄ)	Finanzamt (Finanzämter)
FG	Finanzgericht
FinBeh	Finanzbehörde
FinMin	Finanzminister(ium)

FinVerw	Finanzverwaltung
Fn	Fußnote
FR	Finanz-Rundschau (Zeitschrift)

G

GbR	Gesellschaft des bürgerlichen Rechts
gem.	gemäß
GewSt	Gewerbesteuer
GewStG	Gewerbesteuergesetz
GG	Grundgesetz
ggf.	gegebenenfalls
gl. A.	gleicher Ansicht
GmbH	Gesellschaft mit beschränkter Haftung
GoÄ	Gebührenordnung für Ärzte
GrESt	Grunderwerbsteuer
GrEStG	Grunderwerbsteuergesetz
GrS	Großer Senat
GSG	Gesundheitsstrukturgesetz
GWG	Geringwertige Wirtschaftsgüter

H

H	Hinweis
h. A.	herrschende Auffassung
Halbs.	Halbsatz
HGB	Handelsgesetzbuch
h. M.	herrschende Meinung
HNO	Hals-, Nasen-, Ohrenarzt
Hrsg.	Herausgeber

I

i. d. F.	in der Fassung
i. d. R.	in der Regel
i. E.	im Einzelnen
IGeL	Individuelle Gesundheitsleistungen
insb.	insbesondere
i. S. d.	im Sinne des (der)
i. S. v.	im Sinne von
i. V. m.	in Verbindung mit

J

Jg.	Jahrgang

K

Kap.	Kapitel
Kfz	Kraftfahrzeug
KG	Kommanditgesellschaft
KÖSDI	Kölner Steuerdialog (Zeitschrift)
KSt	Körperschaftsteuer
KStG	Körperschaftsteuergesetz
KV	Kassenärztliche Vereinigung
KZV	Kassenzahnärztliche Vereinigung

L

lfd.	laufend
LG	Landgericht
LSG	Landessozialgericht
LSt	Lohnsteuer

M

m. Anm.	mit Anmerkung
MBO	Musterberufsordnung
MedR	Medizinrecht (Zeitschrift)
m. w. N.	mit weiteren Nachweisen
MwSt	Mehrwertsteuer
MwSt-RL	Mehrwertsteuer-Richtlinie
MVZ	Medizinisches Versorgungszentrum

N

n. F.	neue Fassung
NJW	Neue Juristische Wochenschrift (Zeitschrift)
Nr. (Nrn.)	Nummer (Nummern)
nrkr.	nicht rechtskräftig
NRW (NW)	Nordrhein-Westfalen
nv	nicht veröffentlicht
NWB	Neue Wirtschafts-Briefe (Zeitschrift)
NWB DokID	NWB Dokumenten-Identifikationsnummer

O

o a.	oben angeführt
OFD	Oberfinanzdirektion
o. g.	oben genannt

P

PartGG	Partnerschaftsgesellschaftsgesetz
Pkw	Personenkraftwagen

R

R	Richtlinie
Rn.	Randnummer
Rev.	Revision
rkr.	rechtskräftig
Rspr	Rechtsprechung
Rz.	Randziffer(n)

S

S.	Seite
s.	siehe
Schr.	Schreiben
SGB	Sozialgesetzbuch
SGG	Sozialgerichtsgesetz
s. o./s. u.	siehe oben/siehe unten
sog.	sogenannte(r)
StB	Der Steuerberater (Zeitschrift)
Stbg	Die Steuerberatung (Zeitschrift)
StEntlG	Steuerentlastungsgesetz
StGB	Strafgesetzbuch
Stpfl.	Steuerpflichtiger
str.	streitig/strittig
st. Rspr.	ständige Rechtsprechung
StuW	Steuer und Wirtschaft (Zeitschrift)

T

teilw.	teilweise
Tz	Textziffer

U

u. a.	unter anderem
u. a. m.	und anderes mehr
u. E.	unseres Erachtens
UmwG	Umwandlungsgesetz
UmwStG	Umwandlungssteuergesetz
UR	Umsatzsteuer-Rundschau (Zeitschrift)
Urt. (U.)	Urteil
USt	Umsatzsteuer
UStAE	Umsatzsteuer-Anwendungserlass
UStDV	Umsatzsteuer-Durchführungsverordnung
UStG	Umsatzsteuergesetz
UStR	Umsatzsteuer-Richtlinien
usw.	und so weiter

V

v.	vom
Vfg.	Verfügung
vgl.	vergleiche

Z

z. B.	zum Beispiel
Ziff.	Ziffer
ZPO	Zivilprozessordnung
zzgl.	zuzüglich

Kapitel I: Rechtliche Rahmenbedingungen im Zusammenhang mit der Praxisübertragung

Literatur: *Rödder/Hötzel/Mueller-Thuns*, Unternehmenskauf, München 2003; *Rieger*, Rechtsfragen beim Verkauf und Erwerb einer Arztpraxis, 5. Auflage, Köln 2004; *Klapp*, Abgabe und Übernahme einer Arztpraxis, 3. Auflage, Berlin/Heidelberg 2007; *Bäune/Meschke/Rothfuß*, Kommentar zur Zulassungsverordnung für Vertragsärzte und Vertragszahnärzte (Ärzte-ZV, Zahnärzte-ZV), Heidelberg 2008; *Zwingel/Preißler*, Ärztekooperationen und Medizinische Versorgungszentren, 2. Auflage, Köln 2008; *Ehlers*, Fortführung von Arztpraxen, 3. Auflage, München 2009; *Steinbrück*, Praxisabgabe und Praxisübernahme, 2. Auflage, Frankfurt a. M. 2009; *Laufs/Kern*, Handbuch des Arztrechts, 4. Auflage, München 2010; *Ratzel/Luxenburger*, Handbuch Medizinrecht, 3. Auflage, Bonn 2015; *Kremer/Wittmann*, Vertragsärztliche Zulassungsverfahren, 3. Auflage, Stuttgart 2017; *Schallen*, Zulassungsverordnung für Vertragsärzte, Vertragszahnärzte, Medizinische Versorgungszentren, Psychotherapeuten, Kommentar, 9. Auflage, Heidelberg 2017; *Schmitz/Oerter/Binz/Hagedorn*, Der Praxiskaufvertrag für die Arzt- und Zahnarztpraxis, 2. Auflage, Frankfurt a. M. 2013; *Wenzel*, Handbuch des Fachanwalts Medizinrecht, 3. Auflage, Köln 2013; *Liebold/Zalewski*, Kassenarztrecht Kommentar, 6. Auflage, Berlin 2014; *Rieger/Dahm/Katzenmeier/Steinhilper*, Heidelberger Kommentar Arztrecht, Krankenhausrecht, Medizinrecht, Stand 71. Aktualisierung Juni 2017; *Jauernig*, Kommentar zum Bürgerlichen Gesetzbuch, 17. Auflage 2018; *Münchener Kommentar zum BGB*, Band 1, Allgemeiner Teil, §§ 1-240, 7. Auflage, München 2015; *Porten*, Die Verlegung von Arztstellen nach dem Versorgungsstärkungsgesetz, NZS 2015 S. 732 ff; *Münchener Kommentar zum BGB*, Band 4, Schuldrecht Besonderer Teil II, §§ 535-630h, 7. Auflage, München 2016; *Erfurter Kommentar zum Arbeitsrecht*, 17. Auflage, München 2017; *Münchener Kommentar zum BGB*, Band 6, Schuldrecht Besonderer Teil IV, §§ 705-853, 7. Auflage, München 2017; *Palandt*, Bürgerliches Gesetzbuch, 76. Auflage, München 2017; *Michels/Möller/Ketteler-Eising*, Ärztliche Kooperationen, 4. Auflage, Herne 2018.

1. Einführung

Wer seine Tätigkeit als niedergelassener Arzt beenden möchte, steht vor der Frage, wie er seine Arztpraxis rechtlich und wirtschaftlich optimal verwerten kann. Hierbei setzt sich die Arztpraxis aus unterschiedlichen Komponenten zusammen. Hierzu gehören neben dem medizinischen Gerät und Inventar auch die häufig über viele Jahre aufgebauten Bindungen von Patienten zur Arztpraxis und in den allermeisten Fällen auch die Zulassung als Vertragsarzt. Gerade diese Zulassung kann einen Wert an sich darstellen. So ermöglicht sie am Anfang des Berufslebens stehenden Ärzten in zulassungsbeschränkten Planungsgebieten überhaupt erst eine tragfähige Praxis aufzubauen.

1

Wer eine (Vertrags-)Arztpraxis kaufen oder verkaufen möchte, muss daher zwei unterschiedliche Rechtsbereiche beachten. Alle Rechtsfragen zum Verkauf der Arztpraxis mit den in ihr enthaltenen materiellen (Inventar) und immateriellen (Patienten-Goodwill) Werten sind dem Zivilrecht zuzuordnen. Käufer und Verkäufer schließen einen zivilrechtlichen Praxiskaufvertrag, der sich rechtlich im Prinzip nicht von anderen Kaufverträgen unterscheidet.

Demgegenüber gehören alle Rechtsfragen zur Vertragsarztzulassung zum Öffentlichen Recht. Unter einer Vertragsarztzulassung versteht man eine öffentlich-rechtliche Berechtigung des Betroffenen, Leistungen im System der vertrags(zahn-)ärztlichen Versorgung und zu dessen finanziellen Lasten zu erbringen.[1] Das Zulassungsrecht ist im Wesentlichen im SGB V und in der Ärztezulassungsverordnung (Ärzte-ZV) zu finden.

Entsprechend dieser Zweiteilung soll im Nachfolgenden zunächst der Praxiskaufvertrag behandelt werden und dann auf das Zulassungsrecht eingegangen werden. Beim Zulassungsrecht soll der (derzeit noch) praxisrelevantere Fall im Mittelpunkt stehen, dass sich die zum Verkauf stehende Vertragsarztpraxis in einem sog. zulassungsbeschränkten Planungsbereich befindet. Also in einem Bereich liegt, in dem bereits ausreichend Ärzte vorhanden sind, um eine bedarfsgerechte Versorgung der Bevölkerung sicherzustellen.[2] Hier ist eine Veräußerung einer „an sich überzähligen" Vertragsarztpraxis nur im Rahmen eines besonders geregelten Nachbesetzungsverfahrens gemäß §§ 103 f. SGB V möglich.

2. Der Praxiskaufvertrag

2 Ein gründlich verhandelter und rechtlich präzise ausgestalteter Kaufvertrag ist das A und O einer für Verkäufer und Käufer transparenten und risikoarmen Praxisübergabe. Beiden Vertragsparteien ist vor einer ungeprüften Übernahme eines „gebrauchten" Praxiskaufvertrages des Berufskollegen oder eines allgemeinen Vertragsmusters (auch des später abgedruckten) dringend abzuraten. In der täglichen Beratungspraxis haben sich solche Verträge häufig nicht bewährt, da sie nicht auf den konkreten Einzelfall passen, die aktuelle Rechtsprechung nicht berücksichtigen und/oder wichtige Fragestellungen falsch oder überhaupt nicht regeln. Von daher kann nur empfohlen werden, den Praxiskaufvertrag keinesfalls „selbst zu stricken", sondern sich bei diesem wichtigen und gleichsam komplexen Vertragsschluss rechtlich von einem fachlich

---

1 BSG v. 10.5.2000 - B 6 KA 67/98 R, NZS 2001 S. 160/161.
2 Zur Überversorgung im Einzelnen: § 16b Ärzte-ZV.

spezialisierten Anwalt beraten zu lassen. An dieser Stelle sei ein Vergleich erlaubt: Echte Heilungserfolge von Patienten, die sich als medizinische Laien selbst erfolgreich therapiert haben, ohne einen fachkundigen Arzt aufzusuchen dürften eher selten und wenn, dann eher zufällig anzutreffen sein. Bei der rechtssicheren Erstellung eines Praxiskaufvertrages verhält es sich ähnlich.

a) Vertragsgegenstand und Vertragsparteien

Der Vertrag über die Veräußerung einer Arztpraxis stellt einen Kaufvertrag im Sinne der §§ 433 ff., 453 BGB dar. Hierbei können neben die Grundpflichten aus dem Kaufvertrag (Übergabe und Übereignung der Kaufsache) weitere Nebenpflichten treten, wie z. B. Informationspflichten gegenüber Patienten usw. Diese ändern aber in der Regel nicht den Charakter des Vertrags als Kaufvertrag. 3

Die Praxisveräußerung vollzieht sich in zwei Rechtsvorgängen: Zunächst den Abschluss des schuldrechtlichen (Kauf-)Vertrages sowie die Übereignung der Praxiseinrichtung (hierzu Rz. 12).[1]

Unter dem Gegenstand des zivilrechtlichen Praxiskaufvertrages ist grundsätzlich die Arztpraxis in ihrer Gesamtheit zu verstehen. Aber was ist „die Praxis" eigentlich? 4

Unter einer Arztpraxis versteht man die Gesamtheit dessen, was die gegenständliche und personelle Grundlage der Tätigkeit des in freier Praxis tätigen Arztes bei der Erfüllung der ihm obliegenden Aufgaben bildet.[2] Eine Arztpraxis setzt sich aus materiellen und immateriellen Vermögensgegenständen zusammen.

Zur Praxis gehören beispielsweise die Praxiseinrichtung, die Patientenkartei, die medizinischen Gerätschaften, Instrumente, Vorräte, die EDV und Verbrauchsmaterialien. Diese „Praxisgegenstände" sind den materiellen Werten zuzuordnen.

Der sog. „Goodwill", also der ideelle (immaterielle) Praxiswert, besteht in dem wirtschaftlichen Wert und zugleich in der Chance, den Patientenstamm der veräußerten Praxis zu übernehmen, für sich zu gewinnen und den vorhandenen Bestand als Grundlage für den weiteren Ausbau der Praxis zu verwenden.[3] Der Begriff des Goodwill umfasst als Sammelbegriff für die immateriellen 5

1 Laufs/Kern, § 19 II., Rz. 3.
2 Rieger/Dahm/Katzenmeier/Steinhilper, Abschn. 4330 „Praxisveräußerung" Rz. 2.
3 Laufs/Kern, § 19 Rz. 1.

Werte einer Praxis die Gewinnaussichten der Praxis, die im Wesentlichen durch den Patientenstamm, den Ruf und die Lage der Praxis sowie durch deren Mitarbeiter bestimmt werden.[1]

6 Von ganz grundlegender Bedeutung für das Verständnis einer Praxisveräußerung ist, dass der Vertragsarztsitz bzw. die kassenärztliche Zulassung nicht Gegenstand des Praxiskaufvertrages sein kann.[2] Mit der Zulassung des Arztes ist eine öffentlich-rechtliche Berechtigung verbunden,[3] am Ort der Niederlassung als Arzt auf einem bestimmten Fachgebiet an der vertragsärztlichen Versorgung teilzunehmen.[4] Dieser Zulassungsstatus – quasi eine örtlich begrenzte Konzession – ist nicht übertragbar.[5]

Von daher sollte im Praxisübernahmevertrag nicht von einer „Veräußerung des Vertragsarztsitzes" oder einem „Verkauf der Kassenzulassung" gesprochen werden. Leider finden sich in der Praxis immer wieder Vertragsentwürfe, in denen von einem „Verkauf der Zulassung" die Rede ist.

7 Zur Praxis gehören regelmäßig auch der Mietvertrag über die Nutzung der Praxisräume[6] sowie die Dienstverträge mit den Arzthelferinnen und sonstigen Mitarbeitern und – gegebenenfalls – Nutzungsverträge über die entgeltliche Nutzung von medizinischen Gerätschaften einschließlich etwaiger Leasingverträge. Zu den typischen Dauerschuldverhältnissen einer Arztpraxis gehören darüber hinaus Versicherungsverträge, Wartungsverträge und Dienstleistungsverträge (z. B. Beraterverträge).

Zur Arztpraxis gehören grundsätzlich auch die Gesellschaftsanteile des Praxisveräußerers an einer Betreibergesellschaft bzw. einer Apparategemeinschaft, wenn die dieser Organisationsgemeinschaft zuzuordnenden Wirtschaftsgüter bislang von der Arztpraxis gegen Entgelt genutzt wurden.

Grundsätzlich kann für den Fall einer Praxisnachfolge i. S. d. § 103 Abs. 4 SGB V festgehalten werden, dass eine „Gesamtschau" im Sinne einer umfassenden Würdigung der Praxisveräußerung dahin gehend stattfinden muss, ob eine Gesamtheit der gegenständlichen und personellen Grundlagen der abzugeben-

---

1 Schmitz/Oerter/Binz/Hagedorn, S. 40
2 BSG v. 10.5.2000 - B 6 KA 67/98 R; BSG v. 5.11.2003 - B 6 KA 11/03 R; BGH v. 20.1.1981 - VI ZR 202/79, MedR 2001 S. 160.
3 BGH v. 4.6.1981 - III ZR 31/80, NJW 1981 S. 2001.
4 Klapp, S. 25.
5 BSG v. 10.5.2000 - B 6 KA 67/98 R, MedR 2001 S. 159; BSG v. 5.11.2003 - B 6 KA 11/03 R, MedR 2004 S. 697 ff.; BGH v. 4.6.1981 - III ZR 31/80, NJW 1981 S. 2002.
6 Klapp, a. a. O.

den Arztpraxis übergeben werden soll oder nicht.[1] Allerdings wird für eine zulassungswirksame Praxisfortführung nicht vorausgesetzt, dass „auf Dauer dieselben Patienten in denselben Praxisräumen mit Unterstützung desselben Praxispersonals und unter Nutzung derselben medizinisch-technischen Infrastruktur behandelt" werden müssen.[2]

Unabhängig davon, dass der Vertragsgegenstand eines Praxiskaufvertrages grundsätzlich die Arztpraxis ist, kommt der individuellen Ausgestaltung des Praxiskaufvertrages hinsichtlich der vorgenannten Praxisbestandteile eine besondere Bedeutung zu.   8

Im Folgenden wird daher auf einzelne Regelungspunkte zum Vertragsgegenstand eines Praxiskaufvertrages Stellung genommen. Aus verständlichen Gründen kann es sich hierbei nicht um einen abschließenden Katalog handeln. Die nachfolgenden Punkte sollen dem Leser ein Gefühl dafür vermitteln, welche typischen Regelungstatbestände unter den Vertragsgegenstand eines Praxiskaufvertrages zu subsumieren sind.

▶ Vorüberlegungen zum materiellen/immateriellen Praxiswert   9

Aus steuerlichen Gründen, die in der Sphäre des Praxiserwerbers liegen, ist im Praxiskaufvertrag zwischen den materiellen Praxisgegenständen, mithin dem Substanzwert, und den immateriellen Wirtschaftsgütern („Goodwill") zu differenzieren.[3] Der Praxiserwerber kann in seiner Eröffnungsbilanz die entgeltlich erworbenen materiellen und immateriellen Vermögenswerte mit den tatsächlichen Anschaffungskosten in Ansatz bringen und diese nach § 7 Abs. 1 EStG (Absetzung für Abnutzung) steuerlich abschreiben. Hierdurch wird der von dem Praxiserwerber in den ersten Jahren nach der Praxisübernahme erzielte Gewinn steuerlich gemindert. Auswirkungen auf die Liquidität sind mit den Abschreibungen nicht verbunden.

▶ Materielle Vermögensgegenstände   10

Die entgeltlich erworbenen Vermögensgegenstände, z. B. die Praxiseinrichtung oder medizinische Gerätschaften können von dem Praxiserwerber unter Inanspruchnahme der steuerlichen Abschreibungsmöglichkeiten abgeschrieben werden. In diesem Abschreibungszeitraum kann der von dem Praxiserwerber erzielte Gewinn bzw. Überschuss steuerlich – ohne dass dies Auswirkungen auf die Liquidität hätte – gemindert werden. Damit stehen dem Erwerber fi-

---

1 LSG Nordrhein-Westfalen v. 21.10.1998 - L 11 KA 74/98, MedR 1999 S. 238; Steinbrück, Rz. 115.
2 BSG v. 29.9.1999 - B 6 KA 1/99 R.
3 Die Abschreibungsmöglichkeiten für den materiellen Substanzwert der Praxis betragen 5 - 10 Jahre, für den ideellen Praxiswert (Goodwill) 3 - 5 Jahre.

nanzielle Mittel für die Rückzahlung des für den Praxiserwerb aufgenommenen Darlehens zur Verfügung.

11 Um dem sachenrechtlichen Bestimmtheitsgrundsatz Genüge zu tun, hat es sich bewährt, die materiellen Vermögensgegenstände, also z. B. die Praxiseinrichtung in einem Inventurverzeichnis aufzuführen, welches als Anlage dem Praxiskaufvertrag beigefügt wird. Durch ein solches Verzeichnis wird darüber hinaus ein Streit der Vertragsparteien darüber verhindert, welche Vermögensgegenstände mit zu übergeben sind und welche nicht. Nicht selten gibt es ohne ein Klarheit schaffendes Inventarverzeichnis eine Auseinandersetzung darüber, ob dieses oder jenes Wirtschaftsgut seinerzeit bei Praxisbesichtigung mitverkauft wurde oder nicht. Da der Bestand der für den Betrieb einer Arztpraxis benötigten Verbrauchsmaterialien schwankt, fällt es regelmäßig schwer, diesen im Praxiskaufvertrag zu dokumentieren. In der Praxis hat es sich daher bewährt, eine Regelung in den Kaufvertrag darüber aufzunehmen, dass die am Tag der Praxisübergabe vorhandene Menge an Verbrauchsmaterialien übergeben wird und mit Zahlung des Kaufpreises abgegolten ist. Sollte der Erwerber ein besonders Interesse an der genauen Höhe des Bestandes an Verbrauchsmaterialien haben, empfiehlt sich, eine speziellere Regelung in den Praxiskaufvertrag aufzunehmen.

12 Der Abschluss des Kaufvertrages und die Übertragung der Praxis vollziehen sich aus rechtlicher Sicht in zwei Schritten. Praxisveräußerer und Praxiserwerber müssen sich im ersten Schritt über den Kaufpreis und die übergehenden materiellen und immateriellen Wirtschaftsgüter einig werden. Hierzu schließen sie den Praxiskaufvertrag i. S. v. § 433 BGB. Im zweiten Schritt erfolgt die Eigentumsübertragung oder Besitzverschaffung nach § 929 Satz 1 BGB. Diese erfolgt durch Übergabe der beweglichen Sachen. Unbewegliche Sachen werden durch Überlassung übertragen. Im Fall von Praxisräumen erfolgt dies u. a. durch Übergabe sämtlicher Schlüssel. Sollte der Praxiserwerber das Eigentum an der Praxis erworben haben, anstelle diese zu mieten ist zusätzlich die Erklärung über die erfolgte Einigung – sog. Auflassung – vor einem Notar erforderlich sowie eine Eintragung ins Grundbuch (§ 873 Abs. 1 BGB).

13 Mit der Übergabe bzw. Besitzverschaffung geht die Gefahr des Untergangs oder der Beschädigung des Inventars auf den Erwerber über. Sollte also beispielsweise einige Tage nach der vereinbarten und durchgeführten Praxisübergabe in die Arztpraxis eingebrochen werden und Inventar zerstört oder gestohlen werden, ist der neue Praxisbetreiber nach wie vor zur Zahlung des Kaufpreises an den Praxisveräußerer verpflichtet.

An dieser Stelle ist darauf hinzuweisen, dass der Praxisveräußerer durch Ver-   14
einbarung eines entsprechenden Eigentumsvorbehaltes bis zur Zahlung des
vollständigen Kaufpreises durch den Praxiserwerber Eigentümer der materiellen Praxisgegenstände bleiben sollte, vgl. § 449 BGB. Die Eigentumsübertragung sollte daher in dem Praxiskaufvertrag unter die aufschiebende Bedingung gestellt werden, dass der Kaufpreis vollständig bezahlt ist und die
bestandskräftige Zulassung des Praxisnachfolgers zur Teilnahme an der vertragsärztlichen Versorgung vorliegt.

▶ Immaterielle Vermögensgegenstände und „Goodwill"   15

Hierunter ist der wirtschaftliche Wert des ideellen Praxiswertes zu verstehen,
an dem der Praxiserwerber ein erhebliches Interesse hat: Der Patientenstamm
des Praxisveräußerers sowie die damit verbundenen zukünftigen Gewinnaussichten sind der Hintergrund dafür, warum sich der Praxiserwerber gerade für
die Arztpraxis des veräußernden Arztes interessiert.[1]

▶ Vertragsarztzulassung als nicht abnutzbares Wirtschaftsgut?   16

Das FG Niedersachsen hat mit Urteil vom 28.9.2004 die Feststellung getroffen,
dass der mit dem Vertragsarztsitz verbundene wirtschaftliche Vorteil ein nicht
abnutzbares immaterielles Wirtschaftsgut darstelle, da er nicht aus der öffentlich-rechtlichen Zulassung als solcher bestehe, sondern in der damit verbundenen wirtschaftlichen Chance, auf einem beschränkten Markt als Arzt tätig werden zu können.[2]

Die OFD Koblenz hat sich dieser Sichtweise angeschlossen und ebenfalls eine
steuerliche Abschreibungsmöglichkeit der Vertragsarztzulassung verneint, weil
diese nicht abnutzbar sei.[3]

Konsequenz dieser steuerlichen Sichtweise wäre, dass in den Praxiskaufverträgen derjenige Anteil am Kaufpreis, der auf die Vertragsarztzulassung entfällt,
gesondert ausgewiesen werden müsste, wenn verhindert werden soll, dass das
zuständige Betriebsstättenfinanzamt die steuerliche Abschreibungsmöglichkeit für den gesamten Goodwill zuungunsten des Praxiserwerbers verneint.[4]
Steinbrück weist daher zu Recht darauf hin, dass im jeweiligen Einzelfall über
den steuerlichen Berater in Erfahrung gebracht werden sollte, wie sich die Ver-

---

1 Laufs/Kern, § 19 Rz. 1.
2 FG Niedersachsen v. 28.9.2004 - 13 K 412/01, EFG 2005 S. 420.
3 OFD Koblenz - S 2134a A-St 31 4, DStRE 2006 S. 610.
4 Welper, NWB 2006 S. 3007; Steinbrück, Rz. 127.

waltungspraxis des zuständigen Finanzamtes zur (Nicht-)Abschreibungsfähigkeit der Vertragsarztzulassung verhält.[1]

Das FG Rheinland-Pfalz hat mit Urteil vom 9.4.2008 der o. g. Auffassung des FG Niedersachsen widersprochen und richtigerweise festgehalten, dass die Vertragsarztzulassung bei Übergang einer eingeführten Praxis kein eigenes Wirtschaftsgut darstelle, sondern ein unselbständiger Teil des Praxiswertes sei.[2] Die Revision des Klägers auf das Urteil des FG Rheinland-Pfalz wurde durch den BFH abgewiesen und damit rechtskräftig bestätigt.[3] Wird daher im Praxiskaufvertrag ein gesonderter Wert für die Vertragsarztzulassung angegeben, wird allgemein angenommen, dass dies von der zuständigen Finanzbehörde als Indiz dafür zu werten wäre, dass dem Vertragsarztsitz doch ein eigenständiger Wert zuzuordnen sei, mit der für den Erwerber unerwünschten Folge, dass zumindest dieser Wert dann steuerlich nicht für eine Abschreibung zur Verfügung stünde.

Von daher kann der allgemeinen Empfehlung nur zugestimmt werden, dass im Praxiskaufvertrag möglichst kein gesonderter Teilkaufpreis für die Vertragsarztzulassung vereinbart werden sollte.[4]

17 *(Einstweilen frei)*

18 Im Schrifttum wird zu Recht auf diejenigen Fälle hingewiesen, in welchen in der Praxis der gesamte Kaufpreis für die Vertragsarztzulassung gezahlt wird. Dies kann z. B. bei einem MVZ als Erwerber der Fall sein, wenn dieses weder am materiellen Praxisvermögen noch am Patientenstamm der zum Verkauf stehenden Praxis interessiert ist. Hieraus ergäbe sich, dass der gesamte Kaufpreis wegen des Charakters der Zulassung als nicht abnutzbares Wirtschaftsgut nicht abschreibungsfähig sein dürfte.[5]

b) Übergabedatum

19 Das **Übergabedatum** bestimmt den Zeitpunkt, ab wann die Praxis auf den Erwerber übergeht, wann also der Erwerber die Arztpraxis als Inhaber in eigenem Namen und auf eigene Rechnung und mit allen Rechten und Pflichten

---

1 Steinbrück, Rz. 128.
2 FG Rheinland-Pfalz v. 9.4.2008 - 2 K 2649/07, Rev. anhängig beim BFH, Az. VIII R 13/08.
3 BFH v. 9.8.2011 - VIII R 13/08, BStBl 2011 II S. 875.
4 So z. B. Steinbrück, Rz. 131.
5 Steinbrück, Rz. 132.

fortführt.[1] Dieser Zeitpunkt (Übergabedatum oder Übergabestichtag) sollte im Praxisübernahmevertrag kalendarisch genau bestimmt sein.[2]

BEISPIEL: ▶ Die Praxisübernahme erfolgt mit Wirkung zum 1.1.2018.

Bei der Praxisübernahme in **gesperrten Gebieten** sind bei der Festlegung des Übergabedatums zwingend auch die bürokratischen Vorgaben des **Nachbesetzungsverfahrens** zu berücksichtigen (vgl. Rz. 124 ff.). Insoweit ist darauf zu achten, dass die Übernahme der Praxis im Vertrag zwar kalendermäßig genau bezeichnet wird, nicht jedoch vor dem Tag erfolgt, an dem der Erwerber bestandskräftig zur Teilnahme an der vertragsärztlichen Versorgung zugelassen wird.[3]   20

BEISPIEL: ▶ Die Praxisübernahme erfolgt mit Wirkung zum 1.1.2013, frühestens jedoch mit bestandskräftiger Zulassung des Erwerbers zur Teilnahme an der vertragsärztlichen Versorgung.

Hintergrund dieser Regelung ist die Wechselbeziehung zwischen dem öffentlich-rechtlichen Nachbesetzungsverfahren einerseits und dem zivilrechtlichen Praxisübernahmevertrag andererseits. Beide Bereiche sind zwar einerseits strikt voneinander zu trennen, andererseits jedoch hinsichtlich der Interessen der Beteiligten – insbesondere des Praxiserwerbers – untrennbar miteinander verknüpft. Denn für den Erwerber ist die Übernahme der Praxis i. d. R. nur dann von Interesse, wenn er zugleich auch die vertragsärztliche Zulassung erhält. Anderenfalls wäre er zwar zivilrechtlicher Eigentümer der Praxis, dürfte aber mangels Zulassung keine vertragsärztliche Tätigkeit ausüben.[4] Den Praxiskaufpreis hätte der Erwerber somit vergeblich aufgewendet.

Um dies zu vermeiden, empfiehlt es sich, den Zeitpunkt der Praxisübernahme an die bestandskräftige Zulassung des Erwerbers zur Teilnahme an der vertragsärztlichen Versorgung zu knüpfen.[5]

Damit der von den Beteiligten avisierte konkrete kalendarische Praxisübergabetermin und der Zeitpunkt der Bestandskraft der vertragsärztlichen Zulassung des Erwerbers in zeitlicher Hinsicht nicht zu weit auseinander fallen, ist eine möglichst frühzeitige und umfassende Planung erforderlich. In die Planungen und Überlegungen sollten insbesondere auch die – ggf. zu erfragenden – Gepflogenheiten des zuständigen Zulassungsausschusses (z. B. Zeitpunkt der je-   21

---

1 Schmitz/Oerter/Binz/Hagedorn, S. 27.
2 Klapp, S. 89.
3 Schmitz/Oerter/Binz/Hagedorn, a. a. O.
4 Schmitz/Oerter/Binz/Hagedorn, S. 27.
5 Rieger/Dahm/Katzenmeier/Steinhilper, Abschn. 4330 Rz. 73 „Kaufvertrag unter der aufschiebenden Bedingung der Zulassung".

weiligen Zulassungsausschusssitzungen, voraussichtlicher Zeitraum zwischen Erstellung und Zustellung der Zulassungsentscheidung) einbezogen werden. Hier erscheint erfahrungsgemäß im Hinblick auf eine optimale zeitliche Planung eine **vorherige Abstimmung mit dem Zulassungsausschuss** sinnvoll.[1]

BEISPIEL: Die Praxisübernahme ist seitens der Vertragsparteien mit Wirkung zum 1.1.2018 gewollt. Der Zulassungsausschuss tagt jeweils zum Monatsende. Für das Abfassen der Zulassungsentscheidung und die Versendung an die Verfahrensbeteiligten sind zwischen 2 und 4 Wochen anzusetzen. Die Widerspruchsfrist beträgt einen Monat und beginnt mit Zustellung der Entscheidung an die Verfahrensbeteiligten. Unter Berücksichtigung dieser Eckdaten sollte über die Zulassung **spätestens** in der Zulassungsausschusssitzung Ende Oktober entschieden werden. Dementsprechend frühzeitig sollte dann auch der Antrag auf Nachbesetzung eingereicht werden. Sofern keine Widersprüche eingelegt würden, würde die Zulassungsentscheidung dann voraussichtlich Ende Dezember 2017 bestandskräftig werden, so dass die geplante Praxisübernahme – wie von den Beteiligten gewollt – zum Jahresbeginn 2018 erfolgen kann.

22 Insgesamt ist also darauf zu achten, dass zwischen dem Zeitpunkt der Zulassungsausschusssitzung (bzw. dem Zeitpunkt der Antragstellung auf Nachbesetzung) einerseits und dem gewünschten Praxisübergabedatum andererseits ein ausreichendes Zeitfenster vorhanden ist. Sollte es hier, aus welchen Gründen auch immer, zu Verzögerungen kommen, sollte also der von den Beteiligten gewünschte Zeitpunkt der (tatsächlichen) Praxisübernahme zeitlich vor Eintritt der Bestandskraft der Zulassungsentscheidung liegen, wäre anzuraten, über eine zeitliche Verschiebung der Praxisübergabe nachzudenken.[2]

23 Auf einen wichtigen Aspekt soll an dieser Stelle noch hingewiesen werden: der Praxiserwerber muss sich, soweit die Übergabe der Praxis an die bestandskräftige Zulassung geknüpft wird, darüber im Klaren sein, dass der **Praxisbetrieb** (mindestens) einen Monat **ruht**, bevor die ärztliche Tätigkeit aufgenommen werden kann. Hintergrund ist, dass die Zulassung des Praxisveräußerers mit dem Zeitpunkt endet, in dem der Erwerber seinerseits zur vertragsärztlichen Versorgung zugelassen wird. Diese Zulassung des Erwerbers erfolgt durch Bekanntgabe bzw. Zustellung des Zulassungsbescheids an diesen (vgl. § 41 Abs. 5 Zulassungsverordnung für Vertragsärzte, Ärzte-ZV). **Bestandskräftig** wird der Zulassungsbescheid allerdings erst nach Ablauf der Widerspruchsfrist, mithin (frühestens) einen Monat nach Zustellung.[3] Da die Übergabe der Praxis – gemäß der vertraglichen Vereinbarung – erst mit Bestandskraft der Zulassung

---

1 Schmitz/Oerter/Binz/Hagedorn, S. 28.
2 Schmitz/Oerter/Binz/Hagedorn, S. 28.
3 Klapp, S. 89.; Bäune/Meschke/Rothfuß, § 41 Rz. 20.

erfolgt, kann der Erwerber (frühestens) erst nach Ablauf dieses Monats die ärztliche Tätigkeit in der übernommenen Praxis aufnehmen.

Teilweise wird, um dieses zeitweise Ruhen des Praxisbetriebs zu vermeiden, vorgeschlagen, nicht auf die Bestandskraft, sondern auf die **Wirksamkeit des Zulassungsbescheids** abzustellen.[1] In diesem Fall würde die Praxisübergabe bereits mit Bekanntgabe bzw. Zustellung des Zulassungsbescheids an den Erwerber erfolgen, so dass die Praxis bereits ab diesem Zeitpunkt, d. h. anknüpfend an das Ende der Zulassung des Praxisveräußerers, fortgeführt werden könnte.

24

Eine solche – durchaus wünschenswerte nahtlose – Fortführung des Praxisbetriebs ist jedoch dann regelmäßig nicht möglich, wenn ein anderer Bewerber gegen den Zulassungsbescheid **Widerspruch** einlegt bzw. den Berufungsausschuss anruft. Da dieser Widerspruch bzw. die Anrufung grundsätzlich aufschiebende Wirkung haben (§ 96 Abs. 4 SGB V, § 86a Abs. 1 Satz 1 SGG), kann die (wirksame) Zulassung nicht vollzogen werden, d. h. der zugelassene Erwerber kann an der vertragsärztlichen Versorgung (zunächst) nicht teilnehmen,[2] mithin auch den Praxisbetrieb nicht fortführen. Er hat dann zwar noch die Möglichkeit, ggf. die sofortige Vollziehung des Zulassungsbescheids zu erreichen.[3] Ob dies letztlich aber erfolgreich sein wird, ist offen.

Für den Erwerber stellt dies eine äußerst missliche Situation dar: er muss einerseits, da er bereits mit Zustellung/Wirksamkeit des Zulassungsbescheids Inhaber der Praxis wird, den Kaufpreis an den Veräußerer zahlen, kann jedoch andererseits seine ärztliche Tätigkeit wegen des (aufschiebenden) Widerspruchs erst ggf. Monate später aufnehmen. In dieser Zeit kann es zu **Abwanderungen von Patienten** kommen, was ein erhebliches Sinken des Praxiswerts zur Folge hätte. Die Praxis wäre schon nach kurzer Zeit des Stillstands deutlich weniger wert als der Kaufpreis, den der Erwerber aufgewendet hat. Hinzu tritt die Gefahr, dass bei einem monatelangen Ruhen des Praxisbetriebs die **vertragsärztliche Zulassung entzogen** werden kann (vgl. § 19 Abs. 3 Ärzte-ZV). Der Erwerber stünde also im schlimmsten Fall, trotz Zahlung eines Kaufpreises für die Praxis, ohne Zulassung da.

25

Ob diese für den Erwerber äußerst prekäre Fallkonstellation durch die vertragliche Einräumung eines Rücktrittsrechts entschärft werden kann,[4] begegnet insoweit Bedenken, als der Erwerber im Falle eines Rücktritts vom Vertrag das Bonitäts- bzw. Liquiditätsrisiko des Veräußerers tragen würde. Wäre Letzterer,

26

---

1 So Klapp, a. a. O.
2 Klapp, S. 38, Schallen, § 44 Rz. 22 ff.
3 § 97 Abs. 4 SGB V bzw. § 86a Abs. 2 Nr. 5 SGG; vgl. hierzu Schallen, § 44 Rz. 33 ff.
4 Klapp, S. 111.

aus welchen Gründen auch immer, nicht in der Lage, im Rahmen der Rückabwicklung des Praxiskaufvertrages den vom Erwerber geleisteten Kaufpreis zu erstatten, stünde der Erwerber – im Falle eines erfolgreichen Widerspruchs eines Mitbewerbers und einer fruchtlosen Vollstreckung gegen den Veräußerer – letztlich mit leeren Händen da (von der Praxiseinrichtung einmal abgesehen).

Um dieses Risiko auszuschließen, sollte der Zeitpunkt der Übergabe der Praxis grundsätzlich an die Bestandskraft des Zulassungsbescheids und nicht an dessen Wirksamkeit geknüpft werden.[1] Ein Anknüpfen an die Wirksamkeit der Zulassung würde sich allenfalls in den Fällen anbieten, in denen im Rahmen des Nachbesetzungsverfahrens mit etwaigen Widersprüchen von Verfahrensbeteiligten nicht zu rechnen ist bzw. in denen etwaige Widersprüche von vorneherein keine Aussicht auf Erfolg haben (z. B. bei einem Verzicht des Vertragsarztes auf seine Zulassung, um in einem Medizinischen Versorgungszentrum tätig zu sein, § 103 Abs. 4a SGB V[2]).

c) Patientenkartei

27 Die Patientenkartei dokumentiert den Patientenstamm. Sie ist Bestandteil des „ideellen Praxiswertes", der ein selbständiges immaterielles Wirtschaftsgut ist.[3]

Auf die Patientenkartei entfällt damit ein ganz wesentlicher Teil des Kaufpreises.

28 Verständlicherweise hat der Praxiserwerber ein großes Interesse an der Nutzung der Patientenkartei des Praxisveräußerers. Der Praxiserwerber darf aus rechtlichen Gründen die Patientenkartei jedoch nicht ohne Zustimmung des jeweiligen Patienten nutzen bzw. der Veräußerer einer Arztpraxis darf die Patientenkartei nicht ohne ausdrückliche Zustimmung seiner Patienten dem Praxisnachfolger zugänglich machen.

Demzufolge würde eine entsprechende Bestimmung im Praxiskaufvertrag darüber ohne Zustimmung der Patienten die Patientenkartei zu übergeben, das informelle Selbstbestimmungsrecht der Patienten verletzen und der jeweilige Arzt sich wegen Verstoßes gegen die ärztliche Schweigepflicht strafbar machen (gem. § 203 Abs. 1 Nr. 1 StGB). Eine Regelung im Praxiskaufvertrag, die diese Rechte der Patienten nicht berücksichtigt, ist nichtig (gem. § 134 BGB).

---

1 So auch Schmitz/Oerter/Binz/Hagedorn, S. 27; Steinbrück, Rz. 122.
2 Vgl. hierzu Liebold/Zalewski, § 103 SGB V Rz. C 103-16.
3 Schmitz/Oerter/Binz/Hagedorn, a. a. O.

Nach höchstrichterlicher Rechtsprechung besteht daher die Regelung, dass der 29
Praxisverkäufer seine Patientenkartei nicht ohne vorherige eindeutige und un-
missverständliche Zustimmung der Patienten zugänglich machen darf.[1]

Der Klarstellung halber wird an dieser Stelle darauf hingewiesen, dass bei der
Übergabe der Patientenkartei nicht per se von einer mutmaßlichen Einwilligung der Patienten ausgegangen werden kann.[2]

In der Praxis haben sich zwei kombinierte Verfahren zur Übergabe der Patien- 30
tenkartei etabliert, die in dem Praxiskaufvertrag sorgfältig geregelt werden
müssen.

Der Praxisveräußerer schreibt nach Abschluss des Praxiskaufvertrages, jedoch
vor der eigentlichen Praxisübergabe seine Patienten an, informiert sie über die
anstehende Praxisnachfolge und fügt seinem Anschreiben ein Rückantwort-
schreiben bei, in dem der Patient seine Zustimmung zur Aushändigung seiner
Krankenunterlagen an den namentlich genannten Erwerber erklären oder ihr
widersprechen kann.

Soweit ein Patient der Übergabe seiner Krankenakte zustimmt, sind dessen
Rechte gewahrt, so dass einer Aushändigung dieser Krankenunterlagen dieses
Patienten nichts im Wege steht. Dasselbe gilt für diejenigen Patienten, die in
der Praxis des Praxisnachfolgers erscheinen und durch konkludentes Tun ihr
Einverständnis mit einer Fortbehandlung durch den Praxisnachfolger unter
Verwendung der Krankenunterlagen des Praxisveräußerers erklären.

Ist ein Patient demgegenüber mit der Übergabe an den Praxisnachfolger nicht 31
einverstanden, muss der Praxisveräußerer die entsprechende Krankenakte bei
sich behalten und nach Maßgabe der gesetzlichen und berufsrechtlichen Vorschriften aufbewahren. Auf Wunsch des Patienten hat der Praxisveräußerer die
Krankenunterlagen an einen vom Patienten bestimmten Nachfolger herauszugeben.

Äußert sich der vom Praxisverkäufer angeschriebene Patient nicht, ist regelmä- 32
ßig nach dem sog. „Zwei-Schrank-Modell" oder „Münchner Modell" zu verfahren.[3]

Hiernach verpflichtet sich der Praxiserwerber in dem Praxiskaufvertrag, die Patientenkartei und sonstigen patientenbezogenen Unterlagen der nicht erschie-

---

1 BGH v. 11.12.1991 - VIII ZR 4/91, MedR 1992 S. 104, 105.
2 Vgl. die frühere Rechtsprechung, z. B. BGH v. 7.11.1973 - VIII ZR 228/72, NJW 1974 S. 602.
3 Münchner Empfehlungen zur Wahrung der ärztlichen Schweigepflicht bei Veräußerung einer
   Arztpraxis v. 1992, MedR 1992 S. 207.

nenen bzw. nicht zustimmenden Patienten treuhänderisch in einem gesonderten „Altschrank" zu verwahren. Ferner muss er sich verpflichten, diese Unterlagen nur dann einzusehen, zu entnehmen und in seinen eigenen „Neuschrank" mit den zustimmenden Patienten zu überführen, wenn der jeweilige Patient schriftlich oder durch Erscheinen in der Arztpraxis einer Weiterbehandlung durch den Praxisnachfolger zugestimmt hat.

Hinsichtlich des Eigentumsübergangs der Patientenkartei einschließlich weiterer Patientenunterlagen ist festzuhalten, dass diese erst bei vorliegender Zustimmung der Patienten erfolgen darf. In zivilrechtlicher Hinsicht ist deshalb im Praxiskaufvertrag ein sog. Eigentumsvorbehalt gemäß § 449 BGB bezüglich der Patientenkartei/-unterlagen zu vereinbaren.

d) Kaufpreis

33   Was ist die zu übertragende Arztpraxis wert? Die Bestimmung eines angemessenen Kaufpreises bildet das schwierigste Problem im Rahmen der Praxisveräußerung.[1] Zugleich stellt die Kaufpreisbestimmung eine der wesentlichen Regelungen des Praxisübernahmevertrages dar, zeigt sich hier doch deutlich die jeweils unterschiedliche Interessenlage der Vertragsparteien: der Veräußerer will möglichst einen hohen Kaufpreis erzielen, der Erwerber demgegenüber möglichst wenig für die Praxis zahlen. Dieser **Interessenwiderstreit** muss im Sinne beider Parteien sachgerecht aufgelöst werden.

aa) Wertgutachten

34   In der Praxis erfolgt dies regelmäßig durch Einschaltung eines unabhängigen **Sachverständigen**, der – i. d. R. vom Veräußerer beauftragt – ein Gutachten über den Wert der Praxis erstellt. Für die Ermittlung des Praxiswerts werden unterschiedliche betriebswirtschaftliche Methoden herangezogen, auf die an anderer Stelle (Kapitel III, Rz. 291 ff.) im Einzelnen einzugehen sein wird.

Die Beteiligten sollten, soweit ein Wertgutachten eingeholt wird, auf dieses in der Vertragsurkunde ausdrücklich verweisen.[2] Es muss deutlich werden, dass der zugrunde gelegte Kaufpreis auf Grundlage des Gutachtens ermittelt wurde. Sollte es im Nachhinein zu Streitigkeiten über einzelne Vermögenspositionen und deren Bewertung kommen, kann das Gutachten ggf. als Auslegungs-

---

1 Rieger/Dahm/Katzenmeier/Steinhilper, Abschn. 4330 „Praxisveräußerung", Rz. 16.
2 Schmitz/Oerter/Binz/Hagedorn, S. 41.

hilfe herangezogen werden. Vor diesem Hintergrund empfiehlt es sich auch, das Wertgutachten als Anlage dem Praxisübernahmevertrag beizufügen.[1]

Ferner sollte die **Haftung des Veräußerers** für die Richtigkeit des Wertgutachtens, mithin für die zutreffende Feststellung des Kaufpreises, im Vertrag **ausgeschlossen** werden. Dies erscheint sachgerecht, da sowohl für den Veräußerer als auch für den Erwerber die komplexe Ermittlung des Praxiswertes durch den Sachverständigen nur schwer nachvollziehbar sein dürfte. Hier allein den Veräußerer mit dem Risiko einer fehlerhaften Begutachtung zu belasten, erscheint nicht interessengerecht, zumal der Erwerber in diesem Falle nicht völlig schutzlos gestellt ist. Denn dem Erwerber können über das Rechtsinstitut des **Vertrages mit Schutzwirkung zugunsten Dritter** ggf. Schadensersatzansprüche unmittelbar gegen den Sachverständigen zustehen, falls es zu einer Falschbegutachtung durch diesen gekommen ist.[2]

bb) Aufteilung des Kaufpreises

Bei der Festlegung des Kaufpreises ist darauf zu achten, dass eine **Aufteilung** vorgenommen wird zwischen **materiellem Praxiswert** einerseits und **immateriellem Praxiswert** (sog. „Goodwill") andererseits.[3] Zum materiellen Praxiswert zählen regelmäßig die (körperlichen) Praxisgegenstände, insbesondere medizinische Gerätschaften, Praxiseinrichtung, Verbrauchsmaterialien etc.[4] Der immaterielle Praxiswert umfasst demgegenüber den wirtschaftlichen Wert der dem Erwerber gewährten Chance, den Patientenstamm des Veräußerers zu übernehmen, für sich zu gewinnen und den vorhandenen Bestand als Grundlage für den weiteren Ausbau der Praxis zu verwenden.[5] Der Goodwill umfasst grundsätzlich auch die künftigen Gewinnaussichten der Praxis, ferner ggf. auch die örtliche Lage und den „Ruf" der Praxis, sowie Mitarbeiter und Organisation der Praxis.[6]

Üblicherweise übersteigt der immaterielle Wert den materiellen Wert der Arztpraxis (hier sind Aufteilungsquoten von $^2/_3$ zu $^1/_3$ bzw. $^3/_4$ zu $^1/_4$ üblich), es sei denn, es handelt sich um Praxen mit besonders hochwertigen Gerätschaften, beispielsweise Radiologie- oder Laborpraxen. In diesen Fällen dürfte der materielle Praxiswert höher sein.

35

---

1 Schmitz/Oerter/Binz/Hagedorn, a. a. O.
2 Schmitz/Oerter/Binz/Hagedorn, S. 42.
3 Steinbrück, Rz. 133; Laufs/Kern, § 19 Rz. 6.
4 Rieger/Dahm/Katzenmeier/Steinhilper, Abschn. 4330 „Praxisveräußerung", Rz. 2; Klapp, S. 87 f.
5 Rieger/Dahm/Katzenmeier/Steinhilper, a. a. O.
6 Steinbrück, Rz. 124; Laufs/Kern, § 19 Rz. 7.

Die Aufteilung des Kaufpreises hat aus steuerlichen Gründen zu erfolgen, da für den materiellen und immateriellen Praxiswert unterschiedliche Abschreibungsmöglichkeiten anzuwenden sind.[1] Insoweit sei zur weiteren Vertiefung auf die steuerlichen Ausführungen in Rz. 201 ff. verwiesen. In jedem Fall ist anzuraten, im Vorfeld der Praxisübernahme einen Steuerberater hinzuziehen, um etwaige steuerliche Fallstricke von vorneherein auszuschließen.

cc) Fälligkeit des Kaufpreises

36 In dem Praxisübernahmevertrag ist zudem der Zeitpunkt zu regeln, an dem der Erwerber den Kaufpreis zu zahlen hat. Damit keine der Vertragsparteien in Vorleistung treten muss, sollten Kaufpreiszahlung und Übergabe der Praxis zeitlich zusammenfallen, d. h., der Kaufpreis ist am Übergabestichtag zur Zahlung fällig.[2]

37 Zu dem zuvor angesprochenen Punkt der „Vorleistung" sollte Folgendes beachtet werden: Nicht selten findet sich in Praxisübernahmeverträgen die Vereinbarung, wonach der Kaufpreis **„Zug-um-Zug"** gegen Übergabe der Praxis zu zahlen ist. Von einer solchen Regelung sollte abgesehen werden, da diese weder praktikabel noch interessengerecht ist. Heutzutage wird der Kaufpreis in aller Regel nicht in bar, sondern per Banküberweisung gezahlt. „Zug-um-Zug" bedeutet aber, dass die Übergabe der Praxis erst mit Gutschrift des Kaufpreisbetrages auf dem Konto des Veräußerers zu erfolgen hat. In diesem Fall würde der Erwerber indes in Vorleistung treten, da sein Konto in Ansehung des Kaufpreises bereits belastet wurde, bevor die Übergabe der Praxis an ihn erfolgt ist. Dies erscheint nicht interessengerecht.

38 Vorzugswürdigerweise sollte vielmehr im Praxisübernahmevertrag klargestellt werden, dass der Kaufpreis zwar am Übergabestichtag zur Zahlung fällig ist, dass der Erwerber aber am Fälligkeitstag lediglich die Überweisung des Kaufpreises zu veranlassen hat.[3] In diesem Fall tritt dann zwar der Veräußerer in Vorleistung, da er die Praxis übergeben muss, ohne seinerseits über den Kaufpreis verfügen zu können – der Zahlungseingang auf dem Konto des Veräußerers dürfte erst einige Tage später erfolgen. Dieser „Nachteil" für den Veräußerer wird jedoch dadurch ausgeglichen, dass er zur Sicherung des Kaufpreises über eine Bankbürgschaft verfügt (vgl. insoweit nachstehend Rz. 39 ff.).

---

1 Steinbrück, Rz. 119; Klapp, S. 100.
2 Klapp, S. 100; Steinbrück, Rz. 134.
3 Schmitz/Oerter/Binz/Hagedorn, S. 42.

dd) Kaufpreissicherung durch Bankbürgschaft

Es kann – aus Sicht des Praxisveräußerers – nur dringend davon abgeraten   39
werden, einen Praxisübernahmevertrag **ohne ausreichende Sicherung des
Kaufpreisanspruchs** abzuschließen.[1] Neben dem bereits angesprochenen Umstand der Vorleistung durch den Veräußerer ist auch zu berücksichtigen, dass
zwischen Vertragsabschluss und Übergabe der Praxis bzw. Fälligkeit des Kaufpreises unter Umständen mehrere Monate liegen können. In diesem Zeitraum
muss der veräußernde Arzt Gewissheit haben, dass die Zahlung des Kaufpreises am Übergabestichtag gesichert ist. Etwaige Unsicherheiten diesbezüglich
sind insbesondere vor dem Hintergrund zu beseitigen, dass der Praxisveräußerer in der Zulassungsausschusssitzung auf seine **vertragsärztliche Zulassung
verzichtet**, und zwar **unwiderruflich**.[2]

Wenn sich nach Erklärung des Verzichts auf die Zulassung später herausstellt,
dass der Erwerber den Kaufpreis nicht zahlen kann, nützen dem Veräußerer
letztlich auch keine etwaigen Regressansprüche gegen den Erwerber. Letzterer
wird voraussichtlich auch solche Ansprüche nicht bedienen können, so dass
der Veräußerer am Ende nicht nur ohne Kaufpreis, sondern auch ohne vertragsärztliche Zulassung dasteht.

In Anbetracht eines solchen Szenarios sollte die für die Bestellung einer Bank-   40
bürgschaft regelmäßig zu zahlende **Avalprovision** (ca. 1 % – 2,5 % der Bürg-
schaftssumme p. a.) keinen Grund darstellen, auf die Bürgschaft zu verzichten
– zumal diese Provision ohnehin in aller Regel vom Erwerber getragen werden
dürfte.[3]

Die zu bestellende Bürgschaft sollte   41

► selbstschuldnerisch,

► unbedingt,

► unbefristet und

► unwiderruflich

ausgestaltet sein.[4]

Insbesondere die Bestellung einer **selbstschuldnerischen Bürgschaft** ist dringend anzuraten, da anderenfalls der Veräußerer, bevor die Bank einstands-

---

1 Steinbrück, Rz. 134; Rieger, Rz. 160, 166.
2 Klapp, S. 26.
3 Schmitz/Oerter/Binz/Hagedorn, S. 43; anders Steinbrück, Rz. 134, der dem Veräußerer diese Pro-
  visionskosten auferlegen will.
4 Steinbrück, Rz. 134.

pflichtig wird, einen erfolglosen Vollstreckungsversuch gegen den Schuldner (Erwerber) zu unternehmen hätte. Dies wäre mit weiteren Kosten (Gerichts-, ggf. Rechtsanwalts- und Zwangsvollstreckungskosten) und Zeitaufwand verbunden, der zu vermeiden ist.[1]

Die Bestellung einer unbedingten, unbefristeten und unwiderruflichen Bürgschaft sollte aus Gründen einer effektiven Durchsetzung des Bürgschaftsanspruchs vereinbart werden.

42 Der Vollständigkeit halber sei noch darauf hingewiesen, dass neben der Bestellung einer Bankbürgschaft alternativ auch **weitere Sicherheiten** in Betracht kommen, so z. B. die (frühzeitige) Zahlung des Kaufpreises auf ein (Notar- oder Rechtsanwalts-)Anderkonto, die Abtretung von Ansprüchen aus einer (Kapital-)Lebensversicherung, ferner die dingliche Sicherung der Kaufpreisforderung durch beispielsweise Bestellung einer Grundschuld.[2]

Von der – in der Praxis von Käuferseite vielfach vorgeschlagenen – Übergabe einer **Finanzierungszusage** oder **Bankbestätigung** als vermeintliches Sicherungsmittel kann nur dringend abgeraten werden.[3] Eine solche Finanzierungszusage ist – im Vergleich beispielsweise zur Bürgschaft – völlig unverbindlich, da sie keinen eigenen Zahlungsanspruch des Veräußerers gegen die Bank beinhaltet, sondern grundsätzlich nur festlegt, dass die Bank den Kaufpreis finanziert. Eine solche Zusage bzw. Bestätigung der Bank stellt aber kein Sicherungsmittel dar und ist somit für den Veräußerer im Ergebnis wertlos.

Schließlich käme auch in Betracht, das Todesfallrisiko des Käufers durch Abschluss einer entsprechenden Risikolebensversicherung abzusichern.

Bei der Vereinbarung mehrerer Sicherheiten für die Kaufpreiszahlung ist stets daran zu denken, dass eine ermessensunabhängige Freigabeklausel zu Gunsten des Erwerbers in den Vertrag aufgenommen wird, die durch eine Deckungsgrenze (entspricht dem Sicherungsinteresse) geklärt wird; nur so kann eine Übersicherung verhindert werden.[4]

e) Gewährleistung

43 Gemäß § 433 Abs. 1 Satz 2 BGB ist der Verkäufer einer Sache verpflichtet, dem Käufer die Sache frei von Sach- und Rechtsmängeln zu verschaffen. Der Ver-

---

1 Steinbrück, a. a. O.
2 Vgl. auch die weiteren Beispiele alternativer Sicherungsmittel bei Steinbrück, Rz. 139 ff. und Klapp, S. 100 ff.
3 Klapp, S. 102; Rieger, Rz. 162; Steinbrück, Rz. 138.
4 Wenzel/Neef, Handbuch des Fachanwalts Medizinrecht, Kapitel 12 Rz. 71.

kauf einer Arztpraxis geht jedoch über eine Übertragung von Gegenständen hinaus. Über die Vorschrift des § 453 Abs. 1 BGB findet § 433 Abs. 1 BGB entsprechende Anwendung auf den Kauf von sonstigen Gegenständen, wozu allgemeinhin Unternehmen, und damit auch eine Arztpraxis zählen.

Eine Arztpraxis ist frei von Sachmängeln, wenn sie bei Gefahrübergang, d. h.   44 mit dem Praxisübergang (Übergabedatum) auf den Erwerber, die vereinbarte Beschaffenheit hat, vgl. § 434 BGB. Eine Arztpraxis ist frei von Rechtsmängeln, wenn Dritte in Bezug auf die Arztpraxis keine oder nur die im Praxiskaufvertrag übernommenen Rechte gegen den Praxiserwerber geltend machen können, vgl. § 435 BGB.

Bei der Frage, ob eine Abweichung von der vertraglich geschuldeten Beschaf-   45 fenheit und damit ein Mangel vorliegt, ist auf das Unternehmen „Arztpraxis" als Ganzes abzustellen.[1] Sind einzelne, zur Praxis gehörende Gegenstände mangelbehaftet, ist die Beschaffenheit des Gesamtunternehmens „Arztpraxis" nur betroffen, wenn die Funktionsfähigkeit der Praxis als Ganzes betroffen ist.[2]

Angaben des Veräußerers zum Umsatz und Ertrag seiner Praxis gehören eben-   46 falls zur Beschaffenheit der Praxis. Dies geschieht in der Praxis regelmäßig dadurch, dass der Praxisveräußerer im Rahmen der Verhandlungen dem Praxis-erwerber die Einnahmen-/Überschussrechnungen nach § 4 Abs. 3 EStG der letzten 3 Jahre, die letzten betriebswirtschaftlichen Auswertungen (BWAs) und die Abrechnungsbescheide der zuständigen Kassenärztlichen Vereinigung des vorausgegangenen Jahres und der laufenden Quartale vorlegt und hierzu ggf. ergänzend noch weitere Angaben macht.

Es ist üblich, dass in den Vertragsmustern für Praxiskaufverträge Gewährleis-   47 tungsrechte des Praxiskäufers so weitgehend wie möglich ausgeschlossen werden, vgl. § 444 BGB. Ein vollständiger Gewährleistungsausschluss für Sach-mängel ist nach der hier vertretenen Auffassung nicht interessengerecht. Der Praxisveräußerer sollte stattdessen die Praxisgegenstände in einem ordnungs-gemäßen, funktionsfähigen Zustand übergeben oder, wenn dies wegen eines nicht zu beseitigenden Mangels im Einzelfall nicht möglich sein sollte, den Mangel dem Praxiserwerber offenlegen. Denn der Praxiserwerber kann sich nach dem Übergang der Praxis nicht auf Mängel berufen, die ihm bereits vor dem Vertragsschluss bekannt waren bzw. im Inventarverzeichnis dokumentiert worden sind.[3]

---

1 Klapp, a. a. O.
2 BGH v. 4.12.1991 - II ZR 141/90, ZIP 1992 S. 324; v. 8.2.1995 - VIII ZR 8/94, NJW 1991 S. 1223; Klapp, S. 91.
3 Schmitz/Oerter/Binz/Hagedorn, S. 34.

48   Der Praxiswerber kann auch bei einem vertraglichen Ausschluss der gesetzlichen Gewährleistungsrechte diese geltend machen, wenn er von dem Praxisveräußerer über bestimmte Eigenschaften der Praxis getäuscht wurde und/oder Mängel der Praxis von dem Praxisveräußerer arglistig verschwiegen wurden, vgl. § 444 BGB. Eine arglistige Täuschung in diesem Sinne ist z. B. dann gegeben, wenn der Praxisveräußerer dem späteren Praxiserwerber gefälschte Einnahmen-Überschuss-Rechnungen i. S. v. § 4 Abs. 3 EStG oder den tatsächlichen Verhältnissen nicht entsprechende BWAs vorlegt, um diesen zur Zahlung eines überhöhten Kaufpreises zu bewegen. Sofern der Praxisveräußerer nicht bereit ist, das notwendige Zahlenmaterial seiner Praxis offen zu legen, ist absolute Vorsicht geboten. Immer häufiger wird auch bei Arztpraxen, wie bei Unternehmenskäufen üblich, seitens des an einem Praxiserwerb Interessierten eine „Due Dilligence" durchgeführt bzw. veranlasst, um die betriebswirtschaftlichen und rechtlichen Verhältnisse der angebotenen Arztpraxis einer Prüfung zu unterziehen.[1]

49   Hat der Praxiserwerber einen Sach- oder Rechtsmangel bei einer „Due Dilligence" fahrlässig übersehen, bleibt ihm eine Berufung auf die gesetzlichen Gewährleistungsrechte allerdings versagt, es sei denn, der Praxisveräußerer hat den Mangel arglistig verschwiegen.

Sofern die gesetzlichen Gewährleistungsrechte vertraglich nicht ausgeschlossen wurden und ein Sach- oder Rechtsmangel besteht, kann der Praxiserwerber primär Nacherfüllung verlangen, vgl. § 437 Nr. 1 BGB. Ist eine Nachbesserung nicht möglich, kommen subsidiär Minderung des Kaufpreises, Rücktritt vom Praxiskaufvertrag sowie die Geltendmachung von Schadensersatz und Aufwendungsersatz in Betracht, vgl. § 437 Nr. 2 und 3 BGB.

50   Zusammenfassend kann damit festgehalten werden, dass zur Vermeidung von Streitigkeiten im Praxiskaufvertrag eindeutige Vereinbarungen über die Beschaffenheit des „Unternehmens Arztpraxis" gemacht werden sollten.

f) Eintritt in bestehendes Mietverhältnis

aa) Beibehaltung der Räumlichkeiten

51   Der Praxiskaufvertrag sollte unbedingt eine Regelung darüber enthalten, ob der Praxisnachfolger die Praxisräume weiter nutzen möchte.[2]

---

1 Steinbrück, Rz. 147.
2 Siehe dazu unter Rz. 120 ff.

In aller Regel befindet sich die zu übertragende Arztpraxis in Räumlichkeiten, die der Veräußerer von einem Dritten angemietet hat. Der **Eintritt in dieses Mietverhältnis** und damit der Weiterbetrieb der Praxis in den bisherigen Räumlichkeiten sind für den Erwerber – und dies wird nicht selten von diesem unterschätzt – von erheblicher wirtschaftlicher Bedeutung.[1] Dies insbesondere aus zweierlei Gründen.

Zum einen ist erfahrungsgemäß für viele Patienten eine räumliche Kontinuität/Beständigkeit im Rahmen der ärztlichen Versorgung von erheblicher Relevanz. Wenn sie sich schon nach erfolgter Übergabe der Praxis in die Hände eines (oftmals) unbekannten Arztes begeben, dann soll die Behandlung wenigstens in den vertrauten Räumlichkeiten erfolgen. Bei einer örtlichen Verlegung der Praxis bestünde demnach die Gefahr, dass einige Patienten „abwandern", was wiederum mit Einbußen auf Honorarebene einhergehen dürfte. Will sich demnach der Erwerber den immateriellen Wert (Goodwill) der Praxis wirtschaftlich bestmöglich zunutze machen, sollte er daran interessiert sein, die räumliche Kontinuität zu gewährleisten, mithin die Praxis weiterhin in den bisherigen Räumlichkeiten des Veräußerers betreiben.

Ein weiterer Aspekt, der für ein Beibehalten der ursprünglichen Praxisräume spricht, hängt mit dem öffentlich-rechtlichen Zulassungsverfahren zusammen. So haben die Zulassungsausschüsse im Nachbesetzungsverfahren zu prüfen, ob tatsächlich eine Fortführung der bereits bestehenden Arztpraxis geplant ist oder nur der Vertragsarztsitz zum Aufbau einer neuen Praxis genutzt werden soll. Für eine solche Praxisfortführung spricht, wenn der Praxisnachfolger in den Praxismietvertrag eintritt und die übernommene Praxis in denselben Räumen fortführt. Sollte die Übernahme der Praxisräume nicht zumindest für einen Übergangszeitraum von ca. ein bis zwei Quartalen möglich sein, sollte frühzeitig mit dem Zulassungsausschuss gesprochen werden. Diesem sollte dargelegt werden, dass die bestehende Praxis dennoch fortgeführt wird, z. B. weil der neue Praxisort benachbart ist und so die Patienten weiterbetreut werden können. 52

Sollen die bisherigen Räume genutzt werden, sollten die Vertragsparteien idealerweise bereits vor Unterzeichnung des Praxiskaufvertrags mit dem Vermieter eine Regelung dazu treffen, ob die Übernahme des Mietvertrages durch den Erwerber möglich ist.[2]

---

1 Schmitz/Oerter/Binz/Hagedorn, S. 69; Steinbrück, Rz. 161; Rieger, Rz. 104.
2 Siehe unten unter Rz. 55 ff.

53 Bei einer Praxisverlegung ist immer zu beachten, dass sie grundsätzlich der Zustimmung des Zulassungsausschusses bedarf. Bereits die Verlegung des Praxissitzes „auf die andere Straßenseite" ist grundsätzlich zustimmungspflichtig.[1] Bei einer Sitzverlegung ohne Zustimmung des Zulassungsausschusses verliert der Vertragsarzt grundsätzlich seinen Honoraranspruch gegenüber der Kassenärztlichen Vereinigung, was seitens der Ärzteschaft vereinzelt unbeachtet bleibt. Die Fortführung der Praxis in den bisherigen Räumlichkeiten sollte daher seitens des Praxiserwerbers zwingend angestrebt werden.

bb) Stellung/Mitwirkung des Vermieters

54 Was nunmehr den Eintritt des Erwerbers in das bestehende Mietverhältnis anbelangt, so sind nachstehend **zwei weit verbreitete Vorurteile** auszuräumen, denen man in der anwaltlichen Beratungspraxis immer wieder begegnet:

▶ Der Veräußerer hat vor Ablauf der Vertragslaufzeit grundsätzlich keinen Anspruch gegen den Vermieter, vorzeitig aus dem Mietvertrag entlassen zu werden. Insoweit greift hier der noch aus dem römischen Recht stammende Grundsatz **„pacta sunt servanda"** („Verträge sind einzuhalten"), der die Vertragsparteien zur Vertragstreue anhalten soll.

▶ Der Erwerber hat grundsätzlich keinen Anspruch gegen den Vermieter, das bestehende Mietverhältnis zu übernehmen bzw. einen neuen Mietvertrag abzuschließen. Hier gilt der Grundsatz der **Vertragsfreiheit**, d. h. der Vermieter ist frei in seiner Entscheidung, wen er sich als Vertragspartner (Mieter) aussucht. Ein Kontrahierungszwang besteht mithin hier nicht.

Die beiden vorgenannten vertraglichen Grundsätze verdeutlichen, dass die Vertragsparteien zwingend auf die **Mitwirkung des Vermieters** der Praxisräumlichkeiten angewiesen sind, um eine reibungslose Praxisübergabe zu erreichen. Im Folgenden soll unterstellt werden, dass der Vermieter der Praxisräumlichkeiten grundsätzlich bereit ist, den Erwerber als neuen Mieter der Praxisräume zu akzeptieren.

cc) Übernahme bzw. Neuabschluss des Mietvertrages oder Eintritt in das bestehende Mietverhältnis

55 Im Idealfall endet der mit dem Veräußerer geschlossene Mietvertrag am Tag der Übergabe der Arztpraxis (Übergabedatum), sei es durch Ablauf der Kündigungsfrist oder – bei einem Zeitmietvertrag – durch Zeitablauf. In diesem Fall kann der Erwerber dann entweder den **bisherigen Mietvertrag** des Veräußerers

---

1 Schmitz/Oerter/Binz/Hagedorn, a. a. O.

übernehmen (ggf. zu den gleichen Konditionen), oder der Vermieter fordert den **Abschluss eines neuen Mietvertrages** (dann üblicherweise zu geänderten Konditionen). Da sich der Vermieter im Falle der Praxisübernahme seiner starken Verhandlungsposition in aller Regel bewusst ist – er kann letztlich die Übertragung der Praxis durch sein Veto erschweren oder gar verhindern –, wird er erfahrungsgemäß geänderte Konditionen verlangen, insbesondere bei der Festlegung der Miete.

Soweit das Ende des mit dem Veräußerer bestehenden Mietverhältnisses zeitlich nach dem Übergabestichtag liegen sollte, wovon in den meisten Fällen auszugehen sein wird, stellt sich die Situation etwas differenzierter dar. Oftmals wird der Vermieter nicht bereit sein, den Veräußerer, der ihm möglicherweise als langjähriger solventer Mieter bekannt ist, vorzeitig aus dem **Mietverhältnis zu entlassen**.[1] Hinzu kommt, dass dem Vermieter i. d. R. die Verlässlichkeit und Bonität des neuen Vertragspartners (Praxiserwerber) und dessen finanzieller Hintergrund nicht bekannt sein dürften.

Die Erfahrung zeigt daher, dass der Vermieter nur bereit ist, den Erwerber in den Mietvertrag eintreten zu lassen, wenn auch der Veräußerer – bis zum Ende der Vertragslaufzeit – Vertragspartner bleibt, mithin nicht aus dem Mietverhältnis entlassen wird. Dies hat zur Konsequenz, dass – im Außenverhältnis – sowohl Veräußerer als auch Erwerber gemeinsam für die Mietverbindlichkeiten gegenüber dem Vermieter haften. Dem Vermieter stehen somit fortan zwei Schuldner zur Verfügung, wobei ihm grundsätzlich ein Wahlrecht zusteht, wen von beiden (Veräußerer oder Erwerber) er auf Zahlung in Anspruch nimmt.[2] Man spricht insoweit auch von **Gesamtschuldnerschaft**, welche in den §§ 421 ff. BGB geregelt ist.

Im Innenverhältnis, also im Verhältnis zwischen Veräußerer und Erwerber, hat ab dem Zeitpunkt der Praxisübergabe allein der Erwerber die Miete zu tragen. Dieser nutzt ab der Übernahme die Praxisräumlichkeiten und hat demzufolge die Miete an den Vermieter abzuführen. Sollte gleichwohl der Veräußerer vom Vermieter auf Mietzahlung in Anspruch genommen werden, wobei der Vermieter selbstverständlich die vereinbarte Miete nur einmal fordern darf, so hat der Veräußerer im **Innenverhältnis** einen **Freistellungsanspruch** gegen den Erwerber. Dies bedeutet, dass der Veräußerer Erstattung der von ihm geleisteten Mietzahlungen vom Erwerber verlangen kann.

56

---

1 Schmitz/Oerter/Binz/Hagedorn, S. 70 f.
2 Klapp, S. 103; Schmitz/Oerter/Binz/Hagedorn, S. 71.

57 Die gesamtschuldnerische Haftung birgt freilich Risiken für den Veräußerer, der – ähnlich einem Bürgen – für die Bonität des Erwerbers einzustehen hat.[1] Kann der Erwerber, aus welchen Gründen auch immer, die Mietzahlungen nicht leisten, muss der Veräußerer an den Vermieter zahlen. Ob er den insoweit aufgewendeten Mietbetrag dann gegenüber dem Erwerber beitreiben kann, hängt von dessen Zahlungsfähigkeit und -willigkeit ab. Der Veräußerer trägt insoweit das Ausfallrisiko des Erwerbers.

Je nach Länge der verbleibenden Rest-Mietvertragslaufzeit sollte dieses Risiko für den Veräußerer, wenn möglich, ausgeschlossen bzw. minimiert werden. Auch wenn dies erfahrungsgemäß schwierig durchzusetzen ist, so sollte der Veräußerer doch versuchen, vorzeitig aus dem Mietvertrag entlassen zu werden. In diesem Punkt besteht sicherlich Verhandlungsspielraum in Bezug auf den Zeitpunkt der Entlassung. Sollte sich der Vermieter hierauf nicht einlassen, könnte ggf. – insbesondere bei einer **langen Rest-Mietvertragslaufzeit** – die Stellung einer (Bank-)Bürgschaft erwogen werden.

58 Auf die erhebliche Bedeutung der Fortführung der Praxis in den bisherigen Räumlichkeiten wurde bereits hingewiesen. Deshalb kann nur dringend angeraten werden, möglichst frühzeitig in die Verhandlungen mit dem Vermieter zu treten, damit rechtzeitig geklärt ist, ob der Erwerber das Mietverhältnis fortsetzen kann. Spätestens (!) zum Zeitpunkt der Zulassungsausschusssitzung muss feststehen, ob der Erwerber die Praxisräumlichkeiten als Mieter weiter nutzen kann.

Anderenfalls könnte ggf. die Situation eintreten, dass der Erwerber zwar die Vertragsarztzulassung erhält, die Praxis aber nicht in den bisherigen Praxisräumlichkeiten betreiben kann, weil der Vermieter dem Übergang des Mietverhältnisses auf den Erwerber widerspricht. Da ein Umzug mit der Praxis in andere Räumlichkeiten, wie zuvor dargelegt, unter Umständen negative Auswirkungen auf Honorarebene haben könnte, sollte eine Einigung mit dem Vermieter (spätestens) bis zur Zulassungsausschusssitzung erfolgt sein.[2]

dd) Aufschiebende Bedingung oder Rücktrittsrecht

59 Wichtig ist, dass diese Einigung mit dem Vermieter über eine Fortsetzung des Mietverhältnisses davon abhängig gemacht wird, dass der Erwerber auch als Vertragsarzt zugelassen wird. Denn im Falle des Scheiterns der Nachbesetzung wäre der Erwerber Mieter von Praxisräumlichkeiten, für die er mangels ver-

---

1 Schmitz/Oerter/Binz/Hagedorn, a. a. O.
2 Schmitz/Oerter/Binz/Hagedorn, S. 71.

tragsärztlicher Zulassung keine Verwendung hätte. Dem Praxiserwerber kann daher nur dringend angeraten werden, den Mietvertrag unter der **aufschiebenden Bedingung** der bestandskräftigen vertragsarztrechtlichen Zulassung abzuschließen.[1] Alternativ bietet sich auch die Vereinbarung eines **Rücktrittsrechts** für den Fall der fehlgeschlagenen Nachbesetzung an.[2] Hier hätte es der Erwerber selbst in der Hand, sich vom Mietvertrag zu lösen oder auch nicht, beispielsweise wenn er die Praxisräumlichkeiten ggf. auch für andere Zwecke nutzen könnte.

Für den Fall, dass der Abschluss des Praxisübernahmevertrags zeitlich vor der Einigung des Erwerbers mit dem Vermieter über die Fortsetzung des Mietverhältnisses erfolgt, sollte ein etwaiges Scheitern der Mietvertragsübernahme im Praxiskaufvertrag berücksichtigt werden.[3] Auch hier ist wieder die Vereinbarung einer aufschiebenden Bedingung oder alternativ die Aufnahme eines Rücktrittsrechts zu empfehlen. 60

Die aufschiebende Bedingung wäre an die Fortsetzung des Mietverhältnisses durch den Erwerber geknüpft, sei es durch Abschluss eines neuen Mietvertrages oder durch Eintritt in den bestehenden Mietvertrag (ggf. neben dem Veräußerer als Gesamtschuldner). In letzterem Fall der Gesamtschuldnerschaft müsste dann vertraglich klargestellt werden, dass im Innenverhältnis allein der Erwerber ab dem Übergabestichtag für die Mietverbindlichkeiten einzustehen hat. Insoweit wäre zu regeln, dass der Erwerber den Veräußerer für die Zeit ab Praxisübergabe von den Verbindlichkeiten aus dem Mietverhältnis freistellt.[4]

ee) Veräußerer ist Eigentümer der Praxisräumlichkeiten

Abschließend soll noch auf die Fallkonstellation eingegangen werden, wonach der Veräußerer nicht Mieter, sondern **Eigentümer der Praxisräume** ist. Sofern hier eine Veräußerung der Arztpraxis gemeinsam mit dem Gebäude/Räumlichkeiten an den Erwerber erfolgen soll, ist darauf zu achten, dass beide Verträge – Praxisübernahmevertrag und Grundstückskaufvertrag – notariell zu beurkunden sind. Dies gilt jedenfalls dann, sofern beide Verträge – wovon i. d. R. auszugehen sein wird – eine Einheit im Sinne eines einheitlich gewollten Rechtsgeschäfts darstellen, d. h., das Grundstück soll nur dann übereignet werden, wenn gleichzeitig auch die Praxis übertragen wird (und umgekehrt). In der 61

---

1 Schmitz/Oerter/Binz/Hagedorn, S. 72.
2 Steinbrück, Rz. 165; Klapp, S. 103.
3 Schmitz/Oerter/Binz/Hagedorn, S. 72.
4 Schmitz/Oerter/Binz/Hagedorn, a. a. O.

notariellen Praxis wird hier vielfach die Formulierung gewählt, dass beide Verträge „miteinander stehen und fallen" sollen. Ein Verstoß gegen die zwingende notarielle Form hat die **Nichtigkeit** sowohl des Praxiskaufvertrages als auch des Grundstückskaufvertrages zur Folge, § 125 BGB i. V. m. § 311b BGB.

g) Übergang der Arbeitsverhältnisse

aa) Betriebsübergang gemäß § 613a BGB

62 Geht ein Betrieb oder Betriebsteil durch Rechtsgeschäft auf einen anderen Inhaber über, so tritt dieser in die Rechte und Pflichten aus den im Zeitpunkt des Übergangs bestehenden Arbeitsverhältnissen ein. Dies bestimmt das Gesetz in § 613a Abs. 1 Satz 1 BGB. Die Übergabe einer Arztpraxis stellt grundsätzlich, da die Praxis (als „Betrieb") durch Rechtsgeschäft (Praxisübernahmevertrag) auf einen anderen Inhaber (Erwerber) übergeht, einen **Betriebsübergang** i. S. d. § 613a BGB dar.[1]

Rechtsfolge des Betriebsübergangs ist der („automatische") Eintritt des Erwerbers in die zum Übergabestichtag bestehenden Arbeitsverhältnisse. Der Erwerber wird also neuer Arbeitgeber der Mitarbeiter der Arztpraxis, wobei hierunter nicht nur die „aktiv Beschäftigten" fallen. Der Erwerber tritt auch in diejenigen Arbeitsverhältnisse ein, die im Zeitpunkt des Übergabestichtags „ruhen", z. B. wegen Elternzeit, Krankheit oder Mutterschutz.[2] Dies wird oftmals auf Seiten des Erwerbers übersehen.

63 § 613a BGB kann von den Beteiligten **nicht abbedungen** werden. Anderweitige vertragliche Regelungen zwischen Veräußerer und Erwerber, z. B. die Nicht-Übernahme leistungsschwacher Mitarbeiter („Low Performer"), sind unwirksam.[3] Hintergrund ist, dass die vom Betriebsübergang betroffenen Mitarbeiter infolge des Betriebsübergangs keine Nachteile erleiden sollen, insbesondere sollen deren **Arbeitsplätze erhalten** bleiben.[4]

Aus dem zuletzt genannten Gesetzeszweck folgt auch, dass eine Kündigung der Arbeitsverhältnisse „wegen des Betriebsübergangs" nicht zulässig ist. § 613a Abs. 4 BGB statuiert insoweit ein **gesetzliches Kündigungsverbot**, welches sich sowohl an den Veräußerer als auch an den Erwerber richtet. Beiden

---

1 Klapp, S. 103; das Bundesarbeitsgericht hat mit Urteil vom 22.6.2011 - 8 AZR 107/10 – bei einer Praxisübernahme, in deren Rahmen weder Patientenkartei noch Inventar übernommen wurden und die Praxis zudem noch an einen anderen Standort verlegt wurde, ausnahmsweise einen Betriebsübergang verneint.
2 Steinbrück, Rz. 169; Ratzel/Luxenburger, § 19 Rz. 101.
3 BGH, NJW 2006 S. 1792.
4 MüKoBGB/Müller-Glöge, BGB § 613a Rz. 6.

ist es demnach untersagt, Kündigungen auszusprechen, deren tragender – nicht notwendig alleiniger – Beweggrund der Betriebsübergang ist.[1]

Kündigungen, die demgegenüber unabhängig und losgelöst vom Betriebsübergang erfolgen, sind grundsätzlich wirksam, sofern hier die allgemeinen Wirksamkeitsvoraussetzungen für die Kündigung vorliegen (z. B. das Vorliegen eines Kündigungsgrundes, soweit das Kündigungsschutzgesetz einschlägig ist).[2]

BEISPIEL: ▶ Der Praxisveräußerer kündigt (in Abstimmung mit dem Erwerber) der Sprechstundenhilfe A, damit der Erwerber nach der Praxisübernahme weniger Mitarbeiter beschäftigen muss. Eine solche Kündigung wäre wegen Verstoßes gegen § 613a Abs. 4 BGB unwirksam, da sie „wegen des Betriebsübergangs" erfolgt ist.

Demgegenüber wäre eine Kündigung gegenüber A wirksam, wenn A wegen eines (nachgewiesenen) Fehlverhaltens (z. B. permanente Unpünktlichkeit) bereits mehrfach abgemahnt wurde und erneut einschlägig gegen ihre Pflichten verstoßen würde. In diesem Fall würde die Kündigung aus verhaltensbedingten Gründen, und nicht aus Gründen des Betriebsübergangs, erfolgen. Die Kündigung wäre damit, sofern die Vorwürfe zutreffend wären und nachgewiesen werden können, grundsätzlich wirksam.

Die beiden vorgenannten stark vereinfachten Beispiele sollen nicht darüber hinwegtäuschen, dass eine Abgrenzung, ob die Kündigung nun aus Anlass des Betriebsübergangs erfolgt ist oder nicht, oftmals schwierig ist. Aus diesem Grunde sollte, um hier keine unnötigen (Prozess-)Risiken einzugehen, davon abgesehen werden, Kündigungen in einem unmittelbaren zeitlichen Zusammenhang mit der Übergabe der Arztpraxis auszusprechen. Denn grundsätzlich spricht der erste Anschein dafür, dass die Kündigung, soweit sie kurz vor oder nach dem Übergabestichtag erklärt wurde, wegen der Praxisübergabe erfolgt ist.[3]

64

Zwar trägt die **Beweislast** für den kausalen Zusammenhang zwischen Betriebsübergang und Kündigung der Mitarbeiter, d. h. er muss in einem etwaigen Prozess den Nachweis erbringen, dass die Kündigung aus Anlass des Betriebsübergangs erfolgt ist. Dennoch sollte der kündigende Arbeitgeber (Veräußerer oder Erwerber) nicht darauf vertrauen, dem Arbeitnehmer werde dieser Nachweis schon nicht gelingen. Gelingt nämlich der Nachweis, und dies ist im Falle eines unmittelbaren zeitlichen Zusammenhangs zwischen Kündigung und Praxisübernahme nicht völlig auszuschließen, muss der Arbeitgeber den Gegenbeweis antreten und darlegen, dass die Kündigung nicht wegen des Betriebsübergangs, sondern aus anderen Gründen erfolgt ist. Dieser (Gegen-)Beweis ist

---

1 ErfK/Preis, BGB § 613a Rz. 153.
2 Klapp, S. 105.
3 Schmitz/Oerter/Binz/Hagedorn, S. 64.

erfahrungsgemäß nicht immer leicht zu führen. Vor diesem Hintergrund ist daher von einer arbeitgeberseitigen Kündigung kurz vor oder nach der Praxisübergabe abzuraten.

bb) Sichtung sämtlicher arbeitsvertraglicher Dokumente

65 Rechtsfolge des Betriebsübergangs ist, wie zuvor dargelegt, der Eintritt des Erwerbers in sämtliche Rechte und Pflichten aus den im Zeitpunkt des Praxisübergangs bestehenden Arbeitsverhältnissen. Der Erwerber tritt somit als Vertragspartei in Arbeitsverhältnisse ein, auf deren Ausgestaltung und Inhalt er keinen Einfluss hatte. Umso wichtiger ist es, dass sich der Erwerber im Vorfeld der Praxisübernahme ein genaues Bild davon macht, welche Verpflichtungen und Verbindlichkeiten mit dem Übergang der Arbeitsverhältnisse verbunden sind.

Hierbei sollte der Erwerber darauf achten, dass sich der Inhalt der Arbeitsverhältnisse nicht nur aus den schriftlichen Arbeitsverträgen ergibt. Auch die **Lohnlisten/Lohnbuchhaltungs-Unterlagen** sind für nähere Informationen heranzuziehen.[1] Hieraus können sich namentlich ggf. arbeitgeberseitige Zahlungsverpflichtungen ergeben, z. B. freiwillige Lohnbestandteile wie **Gratifikationen** oder **Sonderzahlungen** (Weihnachts- und/oder Urlaubsgeld), die in den schriftlichen Arbeitsverträgen nicht enthalten sind.[2]

Auf solche freiwilligen Zahlungen des Arbeitgebers kann seitens der Mitarbeiter grundsätzlich ein Anspruch bestehen, soweit diese Zahlungen aufgrund eines Vertrauenstatbestandes gewährt wurden.[3] Ein solcher Vertrauenstatbestand ist grundsätzlich gegeben, soweit der Arbeitnehmer aufgrund des Verhaltens des Arbeitgebers erwarten durfte, dass die gewährte Zahlung nicht nur einmalig, sondern fortan auch zukünftig weiter erfolgt.[4]

BEISPIEL: ▶ Der Arbeitgeber zahlt an die Mitarbeiter vorbehaltlos in drei aufeinanderfolgenden Jahren Weihnachtsgeld.

66 Ungeachtet der Einsichtnahme in die Lohnlisten und Lohnbuchhaltungsunterlagen sollte sich der Erwerber im Rahmen des Praxisübernahmevertrages vom Veräußerer schriftlich bestätigen lassen, dass sich sämtliche, die Arbeitsverhältnisse betreffende Verpflichtungen aus den überreichten Unterlagen ergeben bzw. dass keine mündlichen Zusagen erfolgt sind.[5] Nur durch eine solche

---

1 Schmitz/Oerter/Binz/Hagedorn, S. 64; Steinbrück, Rz. 170; Rieger, Rz. 134.
2 Schmitz/Oerter/Binz/Hagedorn, a. a. O.
3 ErfK/Preis, BGB § 611 Rz. 529.
4 ErfK/Preis, BGB a. a. O.
5 Schmitz/Oerter/Binz/Hagedorn, S. 65; Steinbrück, Rz. 170.

Bestätigung ist sichergestellt, dass der Erwerber nach dem Betriebs- bzw. Praxisübergang keine unliebsamen Überraschungen erlebt.

cc) Zustimmung des Erwerbers bei Änderung der Arbeitsverträge

Zwischen dem Zeitpunkt des Vertragsschlusses und der Übergabe der Arztpra-   67
xis können oftmals mehrere Monate liegen. In diesem Zeitraum könnte der Veräußerer grundsätzlich die bestehenden **Arbeitsverträge ändern** (z. B. Gehaltserhöhungen gewähren oder Urlaubsansprüche erweitern) sowie neue Mitarbeiter einstellen. Der Erwerber würde in aller Regel (frühestens) am Übergabestichtag von diesen neuen Vereinbarungen und Verpflichtungen erfahren und wäre hieran, da er in die Rechte und Pflichten aus den Arbeitsverhältnissen per Gesetz (§ 613a Abs. 1 BGB) eintritt, gebunden.

Um derartige Überraschungen zu verhindern, sollte der Erwerber darauf hinwirken, dass die bestehenden Arbeitsverträge ab Unterzeichnung des Praxisübernahmevertrages nur mit seiner Zustimmung abgeändert werden können. Eine solche Klausel sollte ebenso zwingend in den Praxiskaufvertrag aufgenommen werden wie die Vereinbarung, dass der Veräußerer Neueinstellungen nur mit Zustimmung des Erwerbers vornimmt.[1]

Nur durch die Aufnahme dieser beiden Regelungen in den Praxiskaufvertrag wird sichergestellt, dass der Veräußerer nicht mit zusätzlichen Kosten und Verpflichtungen belastet wird, die er bei seiner Kaufentscheidung und der Bemessung des Kaufpreises nicht berücksichtigt hat.[2]

dd) Unterrichtung der Mitarbeiter

Die vom Betriebsübergang betroffenen Mitarbeiter müssen über den beabsich-   68
tigten Übergang ihrer Arbeitsverhältnisse und den anstehenden Arbeitgeberwechsel **schriftlich informiert** werden. Diese Information ist für den Arbeitnehmer deshalb von Bedeutung, da er dem Übergang seines Arbeitsverhältnisses auf den Erwerber grundsätzlich widersprechen kann, vgl. § 613a Abs. 6 BGB. Im Falle eines Widerspruchs bleibt das ursprüngliche Beschäftigungsverhältnis mit dem Veräußerer bestehen.[3] Der Arbeitnehmer soll durch die vorstehende Informationspflicht demnach in die Lage versetzt werden, zu entscheiden, ob er den Übergang seines Arbeitsverhältnisses auf den Erwerber durch Wider-

---

1 Klapp, S. 106; Schmitz/Oerter/Binz/Hagedorn, S. 64.
2 Schmitz/Oerter/Binz/Hagedorn, a. a. O.
3 ErfK/Preis, BGB § 613a Rz. 105.

spruch verhindert oder nicht; oder anders gesagt: ob er weiterhin beim Veräußerer oder fortan beim Erwerber beschäftigt sein möchte.[1]

Eine solche Entscheidung kann der Arbeitnehmer aber nur treffen, wenn er über die **wesentlichen Umstände des Betriebsübergangs** aufgeklärt wird. Vor diesem Hintergrund schreibt § 613a Abs. 5 BGB vor, dass die vom Betriebsübergang betroffenen Arbeitnehmer in Textform zu unterrichten sind über:

► den Zeitpunkt oder den geplanten Zeitpunkt des Übergangs,

► den Grund für den Übergang,

► die rechtlichen, wirtschaftlichen und sozialen Folgen des Übergangs für die Arbeitnehmer und

► die hinsichtlich der Arbeitnehmer in Aussicht genommenen Maßnahmen.

Das Gesetz verlangt für die Unterrichtung der Mitarbeiter Textform (§ 126b BGB), nicht Schriftform (§ 126 BGB), so dass auch die Erklärung per E-Mail oder beispielsweise Computerfax[2] genügen würde. Aus Beweisgründen empfiehlt sich freilich die schriftliche Abfassung des Informationsschreibens und die Übergabe des Schreibens an die Mitarbeiter gegen Empfangsbestätigung oder die Übermittlung des Schreibens durch einen Boten.

Veräußerer und Erwerber sollten sich einigen, wer die Unterrichtung gegenüber den Mitarbeitern vornimmt. Zulässig und – aus psychologischen Gründen – zweckmäßig erscheint auch eine gemeinsame Unterrichtung, indem das Informationsschreiben sowohl vom Veräußerer als auch vom Erwerber unterzeichnet wird. Hierdurch treten ehemaliger und zukünftiger Arbeitgeber als „Einheit" auf und stärken dadurch das Vertrauen und die Bereitschaft der Arbeitnehmer, den Inhaberwechsel mit zu vollziehen.

69 Ist das Informationsschreiben vollständig und unter Berücksichtigung der gesetzlichen Vorgaben (§ 613a Abs. 5 BGB) korrekt abgefasst, steht den Arbeitnehmern, wie zuvor bereits skizziert, ein **Widerspruchsrecht** zu. Ein etwaiger Widerspruch des Mitarbeiters ist gem. § 613a Abs. 6 BGB binnen Monatsfrist, welche mit vollständiger und korrekter Unterrichtung durch den Arbeitgeber beginnt, zu erklären und hätte zur Folge, dass der widersprechende Arbeitnehmer beim Veräußerer zu unveränderten Bedingungen weiter beschäftigt bleibt. Das Arbeitsverhältnis ginge also nicht auf den Erwerber über.

---

1 ErfK/Preis, BGB § 613a Rz. 84.
2 LG Kleve v. 22.11.2002 - 5 S 90/02, NJW-RR 2003 S. 196.

Sofern der Veräußerer **keine Weiterbeschäftigungsmöglichkeit** für den widersprechenden Mitarbeiter hätte, wovon im Fall der Aufgabe der ärztlichen Tätigkeit beim Veräußerer regelmäßig auszugehen sein dürfte, hätte der Veräußerer das Arbeitsverhältnis unter Einhaltung der Kündigungsfrist zu kündigen. In Anbetracht einer solchen drohenden Kündigung erscheint es, jedenfalls im Falle der vollständigen Aufgabe der Praxistätigkeit durch den Veräußerer, nicht sehr wahrscheinlich, dass die Mitarbeiter dem Übergang ihrer Arbeitsverhältnisse widersprechen.[1]

Gleichwohl sollte der Praxisveräußerer bedenken, dass er die widersprechenden Mitarbeiter bis zum Ablauf der Kündigungsfrist weiter entlohnen muss. Da die (gesetzliche) Kündigungsfrist bei einer mehrjährigen Betriebszugehörigkeit bis zu 7 Monate betragen kann (vgl. § 622 Abs. 2 Nr. 7 BGB), ist zu empfehlen, das Informationsschreiben möglichst frühzeitig vor der Übergabe der Praxis zu versenden.

Würde die Unterrichtung der Mitarbeiter erst kurz vor dem Übergabestichtag erfolgen, hätte der Veräußerer einer dem Betriebsübergang widersprechenden Mitarbeiterin (Betriebszugehörigkeit mehr als 20 Jahre) noch mindestens 7 Monate Gehalt zu zahlen, und zwar ungeachtet einer Beschäftigungsmöglichkeit. Dies birgt ein erhebliches finanzielles Risiko für den Veräußerer, welches durch eine frühzeitige Unterrichtung der Mitarbeiter gem. § 613a Abs. 5 BGB vermieden werden kann.[2]

ee) Anteilige Zulagen

Sofern die Praxisübergabe nicht zum Jahreswechsel (1.1.), sondern unterjährig erfolgt, sollte noch Folgendes beachtet werden: 70

Unterjährige Sonderzahlungen wie Urlaubs- und/oder Weihnachtsgeld sollten, unabhängig vom Zeitpunkt der Fälligkeit, im Innenverhältnis zwischen Veräußerer und Erwerber **zeitanteilig aufgeteilt** werden.[3] Es erscheint hier nicht sachgerecht, diese Zahlungen allein demjenigen aufzuerlegen, der im Fälligkeitszeitpunkt (zufällig) Arbeitgeber und damit Schuldner der Zahlungen ist. Denn die Arbeitsleistungen der Mitarbeiter werden im Kalenderjahr von beiden Beteiligten in Anspruch genommen, namentlich vom Veräußerer bis zum Zeitpunkt der Praxisübergabe und vom Erwerber danach.

---

1 Rieger, Rz. 140; Schmitz/Oerter/Binz/Hagedorn, S. 66.
2 Anders Schmitz/Oerter/Binz/Hagedorn, S. 67, die eine möglichst späte Unterrichtung der Arbeitnehmer empfehlen, um keine unnötige Unruhe im Praxisablauf auszulösen; wie hier: Steinbrück, Rz. 173.
3 Schmitz/Oerter/Binz/Hagedorn, S. 67.

BEISPIEL: ▶ Die Praxisübergabe soll zum 1.10.2018 erfolgen. Die Mitarbeiter erhalten zum 31.7. eines jeden Jahres Urlaubsgeld. Die Zahlung des Urlaubsgeldes erfolgt (noch) durch den Veräußerer, da er zum Zeitpunkt der Fälligkeit als Arbeitgeber Schuldner des Urlaubsgeldanspruchs ist. Es erscheint hier sachgerecht, wenn der Erwerber für die 3 Monate seiner Arbeitgeberstellung ¼ des Urlaubsgeldanspruchs im Innenverhältnis gegenüber dem Veräußerer übernimmt, denn schließlich wird das Urlaubsgeld üblicherweise für das gesamte Kalenderjahr gewährt.

Insgesamt sollte eine Regelung in den Praxiskaufvertrag aufgenommen werden, wonach der Schuldner der Sonderzahlung im Innenverhältnis einen Anspruch gegen den Vertragspartner auf zeitanteilige Erstattung der geleisteten Vergütung hat.

ff) Betriebsteil

71 Nicht nur der Übergang eines Betriebs, sondern auch der Übergang eines **selbständigen Betriebsteils** kann die Rechtsfolgen des § 613a BGB auslösen.[1] Als selbständiger Betriebsteil kommt im ärztlichen Bereich beispielsweise eine Laboreinrichtung in Betracht.[2] Wird eine Solche als selbständige, wirtschaftliche Einheit übertragen, kann auch dies grundsätzlich die zuvor beschriebenen Rechtsfolgen des § 613a BGB auslösen.

h) Übernahme sonstiger Verträge

72 Neben dem Mietvertrag und den Arbeitsverträgen bestehen in der Regel noch weitere, die Arztpraxis betreffende Verträge, die der Veräußerer als Vertragspartner abgeschlossen hat. Es stellt sich nun für die Beteiligten die Frage, was mit diesen Verträgen geschieht. Im Folgenden soll hier wegen der unterschiedlichen Rechtsfolgen differenziert werden zwischen (Sach-)Versicherungsverträgen einerseits (s. Rz. 73 f.) und den sonstigen Verträgen andererseits (s. Rz. 75 f.).

aa) Sachversicherungsverträge

73 Gemäß § 95 Abs. 1 Versicherungsvertragsgesetz (VVG) tritt bei einer Veräußerung der versicherten Sache der Erwerber in die während der Dauer seines Eigentums aus dem Versicherungsverhältnis sich ergebenden Rechte und Pflichten des Versicherungsnehmers ein. Mit anderen Worten: Sollte der Veräußerer für die Praxis oder Praxisgegenstände **Sachversicherungen** (z. B. be-

---

1 Steinbrück, Rz. 176; Rieger/Dahm/Katzenmeiner/Steinhilper, Abschn. 4430 „Praxisveräußerung", Rz. 4.

2 LAG Köln v. 9.10.1997 – 5 Sa 859/97, MedR 1998 S. 225; Steinbrück, a. a. O.

triebliche Haftpflicht-, Hausrat- oder Gebäudeversicherung) abgeschlossen haben, gehen diese Versicherungsverträge per gesetzlicher Anordnung automatisch, d. h. ohne gesonderte Vereinbarung zwischen den Beteiligen, auf den Erwerber über.

Sollte dieser automatische Übergang der Versicherungsverträge nicht im Interesse des Erwerbers sein, z. B. weil er bei einer anderen Gesellschaft zu günstigeren Konditionen abschließen könnte, bestehen zwei Möglichkeiten: Entweder der Veräußerer kündigt unter Einhaltung der bestehenden Kündigungsfrist den Vertrag oder der Erwerber macht von seinem **Sonderkündigungsrecht** gem. § 96 Abs. 2 VVG Gebrauch. Dieses Sonderkündigungsrecht gestattet dem Erwerber, den Vertrag binnen eines Monats nach Übernahme der Arztpraxis entweder mit sofortiger Wirkung oder auf den Schluss der laufenden Versicherungsperiode zu kündigen.

Welche der beiden vorstehenden Varianten von den Beteiligten gewählt wird, dürfte regelmäßig von der Dauer der für den Veräußerer geltenden Kündigungsfrist abhängen. Sollte hier der Ablauf der Kündigungsfrist, mithin das Ende des bestehenden Versicherungsvertrages, auf den Übergabestichtag fallen, wäre ggf. der ersten Variante (ordentliche Kündigung durch den Veräußerer) der Vorzug zu geben. Es sollte hier aber sichergestellt sein, dass der Erwerber rechtzeitig – d. h. zum Übergabestichtag – einen neuen Versicherungsvertrag abschließt, um einen **lückenlosen Versicherungsschutz** zu gewährleisten.[1]

Sollte das Ende des „alten" Versicherungsvertrages, beispielsweise wegen einer langen Kündigungsfrist, nicht mit dem Übergabestichtag übereinstimmen, was gewöhnlich der Fall sein dürfte, wäre ggf. der zweiten Variante (Sonderkündigungsrecht für den Erwerber) der Vorzug zu geben.

bb) Sonstige Verträge

Bei den sonstigen vom Praxisveräußerer regelmäßig abgeschlossenen **Verträgen**, z. B. Leasing- oder Wartungsverträge, Stromlieferungsverträge oder Verträge über Telefon-, Fax- und Internetanschluss, ist zu beachten, dass ein **automatischer Übergang** der Verträge auf den Erwerber – anders als bei den Sachversicherungs- und Arbeitsverträgen – nicht stattfindet. Hier gilt uneingeschränkt der Grundsatz der Vertragsfreiheit, wonach man nicht nur entscheiden kann, ob man ein Vertragsverhältnis eingeht, sondern auch mit wem.[2]

74

75

---

1 Schmitz/Oerter/Binz/Hagedorn, S. 67.
2 Palandt/Ellenberger, Einf. vom § 145 Rz. 7.

Vor diesem Hintergrund ist es erforderlich, dass der Erwerber, soweit er bestimmte Verträge des Veräußerers übernehmen will, die **Zustimmung des jeweiligen Vertragspartners** einzuholen hat. Wird diese Zustimmung verweigert, kann der Erwerber nicht in die bestehenden Vertragsverhältnisse eintreten. Der Praxisveräußerer bleibt mithin Vertragspartner und muss seinerseits zusehen, dass er aus den entsprechenden vertraglichen Pflichten entlassen wird, sei es durch einvernehmliche Vertragsaufhebung oder – falls dies am Widerstand des Vertragspartners scheitern sollte – durch Ausübung des Kündigungsrechts.[1] Je nach Länge der Kündigungsfrist kann dies mit finanziellen Belastungen für den Veräußerer verbunden sein, so dass eine frühzeitige Abstimmung mit dem jeweiligen Vertragspartner zu empfehlen ist.

Im Falle des Scheiterns der Vertragsübernahme durch den Erwerber bestünde auch die Möglichkeit, dass der Praxisveräußerer die Verträge fortführt und die Rechte aus diesen Verträgen im Innenverhältnis für den Erwerber ausübt.[2] Gegebenenfalls wäre auch eine Abtretung der Ansprüche aus den Verträgen an den Erwerber denkbar,[3] vorausgesetzt natürlich, dass dies rechtlich zulässig wäre. Sollte in dem betreffenden Vertrag beispielsweise ein Abtretungsverbot geregelt sein, würden die vorgenannten Überlegungen nicht greifen. Hier wäre eine vorherige Prüfung zu empfehlen.

76 Ein Vertragsverhältnis, dessen Übernahme dem Erwerber nur dringend empfohlen werden kann, ist der Vertrag über den bestehenden Praxis-Telefonanschluss (bzw. zumindest die Übernahme der „alten" Telefonnummer).[4] Denn nur bei Beibehaltung der Telefonnummer ist eine Erreichbarkeit für frühere Patienten des Veräußerers, die möglicherweise von der Praxisübernahme nichts erfahren haben, auch nach der Praxisveräußerung sichergestellt.

77 Sollte der Veräußerer einen **Belegarztvertrag** mit einem Krankenhausträger abgeschlossen und sollte der Erwerber Interesse an einer Fortsetzung dieses Belegarztvertrages haben, so wäre frühzeitig und schriftlich die Zusage des Krankenhausträgers zur Übertragung des bestehenden Belegarztvertrages auf den Erwerber (ggf. auch der Neuabschluss eines solchen Vertrages) einzuholen.[5] Sollte der Erwerber noch keine Anerkennung als Belegarzt haben, so wäre diese ebenfalls zu beantragen. Adressat wäre hier die für seinen Niederlassungsort zuständige Kassenärztliche Vereinigung (vgl. § 40 BMV-Ä).

---

1 Steinbrück, Rz. 177.
2 Schmitz/Oerter/Binz/Hagedorn, S. 68.
3 Schmitz/Oerter/Binz/Hagedorn, a. a. O.
4 Klapp, S. 107 f.
5 Steinbrück, Rz. 182.

Sämtliche Verträge, die der Praxiserwerber vom Veräußerer übernehmen will, müssen im Praxiskaufvertrag erwähnt werden und sollten auch der Vertrags-urkunde als Anlage beigefügt werden.[1]

78

i) Haftung für Altverbindlichkeiten

Im Rahmen einer Praxisübernahme ist auch die Frage zu klären, ob der Praxis-erwerber für etwaige **Verbindlichkeiten**, die der Veräußerer vor der Übergabe der Praxis begründet hat, einzustehen hat.

79

Eine solche Einstandspflicht des Erwerbers gilt zunächst grundsätzlich für sol-che vertraglichen Verbindlichkeiten, in die der Erwerber per – gesetzlicher[2] oder freiwilliger – Vertragsübernahme eingetreten ist. Insoweit bewirkt die Vertragsübernahme, dass der Erwerber in alle Rechte und Pflichten aus dem Vertragsverhältnis eintritt, also auch für die bestehenden Altverbindlichkeiten haftet. Im Innenverhältnis bestünde dann i. d. R. ein Freistellungsanspruch ge-gen den Veräußerer, d. h. dieser hätte dem Erwerber die geleisteten Zahlungen zu erstatten.

Eine andere Frage ist, ob der Erwerber auch für solche Verbindlichkeiten des Veräußerers einzustehen hat, die nicht per Vertragsübernahme übergegangen sind. Von solchen Verbindlichkeiten hat der Erwerber gewöhnlich keine Kennt-nis, so dass eine etwaige Einstandspflicht für den Erwerber mit erheblichen Risiken behaftet wäre.

80

Fraglich ist, wie eine solche Haftung für Altverbindlichkeiten begründet wer-den könnte. Zu denken wäre hier beispielsweise an die Vorschrift des **§ 25 Abs. 1 HGB**. Diese Norm betrifft die Fortführung eines Handelsgeschäfts, also eines gewerblichen, kaufmännischen Unternehmens, durch einen Erwerber/ Käufer. Dieser haftet grundsätzlich auch für bestehende Altverbindlichkeiten des früheren Geschäftsinhabers, soweit diese Haftung nicht gegenüber dem Dritten (Gläubiger) ausdrücklich ausgeschlossen ist. Der Erwerber kann sich von der Haftung auch dadurch freizeichnen, indem der Haftungsausschluss im Handelsregister eingetragen wird, § 25 Abs. 2 HGB.

Eine direkte Anwendung des Haftungstatbestands des § 25 HGB auf die Über-tragung und Fortführung einer Arztpraxis kommt grundsätzlich nicht in Be-tracht. Die Ausübung des Arztberufs ist eine freiberufliche Tätigkeit und hat mit einem kaufmännischen Handelsgeschäft nichts zu tun. Es ist allerdings zu

---

1 Steinbrück, Rz. 179.
2 Z. B. § 613a BGB.

beobachten, dass vereinzelt immer wieder handelsrechtliche Vorschriften analog auch auf Freiberufler angewendet werden.[1] Eine (analoge) Anwendung des § 25 Abs. 1 HGB im Hinblick auf die Übertragung einer Arztpraxis ist daher nicht von vorneherein auszuschließen.[2]

81 Um hier den Praxiserwerber keinen unnötigen Risiken auszusetzen, sollte in den Praxiskaufvertrag aufgenommen werden, dass der Praxisveräußerer den Erwerber im Innenverhältnis freizustellen hat, falls es zu einer Inanspruchnahme des Erwerbers durch Dritte hinsichtlich Altverbindlichkeiten kommen sollte. Der Erwerber müsste dann zwar zunächst (im Außenverhältnis) für die Verbindlichkeit gegenüber dem Drittgläubiger einstehen, hätte aber (im Innenverhältnis) einen Ersatzanspruch gegen den Praxisveräußerer.

j) Laufende Behandlungen

82 Üblicherweise wird in Praxiskaufverträgen geregelt, dass die bis zum Übergabestichtag entstehenden Honorarforderungen noch dem Praxisveräußerer zustehen und er diese auch selbst einzieht. Von einer Mitveräußerung noch offener Forderungen muss wegen der Einhaltung der ärztlichen Schweigepflicht abgeraten werden, es sei denn, der Erwerber hat schon längere Zeit in der Praxis mitgearbeitet bzw. der Patient stimmt ausdrücklich zu.[3]

Der Praxiserwerber muss, da ihm sein Honorar erst zeitlich verzögert zufließt und er gleichzeitig sofort nach Übernahme der Praxis für sämtliche damit verbundene Kosten (z. B. Lohnaufwendungen, Miete etc.) einzustehen hat, mit seiner Hausbank einen entsprechenden Kontokorrentkreditrahmen vereinbaren, um Liquiditätsengpässe zu vermeiden oder zumindest abzumildern.

k) Zustimmung des Ehegatten gemäß § 1365 BGB

83 Soweit der Praxisveräußerer verheiratet ist und mit seinem Ehegatten im gesetzlichen Güterstand der Zugewinngemeinschaft lebt – was stets dann der Fall ist, wenn die Ehegatten nicht durch Ehevertrag etwas anderes vereinbart haben –, ist im Rahmen der Praxisübertragung die Vorschrift des § 1365 BGB zu beachten. Hiernach kann sich ein Ehegatte nur mit Einwilligung des anderen Ehegatten verpflichten, über sein Vermögen im Ganzen zu verfügen. Hat er sich ohne Zustimmung des anderen Ehegatten verpflichtet, so kann er die Verpflichtung nur erfüllen, wenn der andere Ehegatte einwilligt.

1 Z. B. BGH v. 10.4.2003 – III ZR 196/02, NJW 2003 S. 1864.
2 Schmitz/Oerter/Binz/Hagedorn, S. 63.
3 BGH v. 17.5.1995 - VIII ZR 94/94, NJW 1995 S. 2026.

Eine Verfügung über das „Vermögen im Ganzen" i. S. d. § 1365 BGB liegt nach der Rechtsprechung regelmäßig dann vor, wenn der zu übertragende Gegenstand mehr als 90 % des Vermögens des Veräußerers ausmacht.[1] Für den Fall der Praxisübertragung bedeutet dies, dass § 1365 BGB einschlägig ist, wenn das sonstige Vermögen des Veräußerers weniger als 10 % des Praxiswertes ausmacht.

Da der Praxiserwerber gewöhnlich keinen Überblick über die konkreten Vermögensverhältnisse des Veräußerers hat, sollte er vor dem Hintergrund des § 1365 BGB der Sicherheit halber davon ausgehen, dass die Arztpraxis das gesamte Vermögen des Veräußerers darstellt. Dies unterstellt, wäre nach dem Vorgesagten der Abschluss des Praxiskaufvertrages nur wirksam, wenn die Einwilligung des Ehegatten des Veräußerers vorliegt. Der Erwerber sollte sich daher im Rahmen des Praxiskaufvertrages vom Veräußerer bestätigen lassen, dass die Zustimmung seines Ehegatten zur Praxisveräußerung vorliegt. Um hier ganz sicher zu gehen, kann auch der Ehegatte den Kaufvertrag mit unterzeichnen.[2]

84

l) Wettbewerbsverbot/Vertragsstrafe

aa) Wettbewerbsverbot

Die Aufnahme eines **Wettbewerbsverbots** – auch als Wettbewerbsschutz- oder Konkurrenzschutzklausel oder Rückkehr- bzw. Niederlassungsverbot bezeichnet[3] – in den Praxiskaufvertrag ist vor folgendem Hintergrund dringend zu empfehlen: würde der Veräußerer nach der Übergabe der Arztpraxis im Umkreis der Praxis weiterhin ärztlich tätig sein, z. B. als angestellter Arzt in einem nahegelegenen MVZ oder einer Gemeinschaftspraxis bzw. Berufsausübungsgemeinschaft, bestünde für den Erwerber die Gefahr, dass die übernommenen Patienten teilweise „abwandern", um sich auch zukünftig (weiterhin) vom Veräußerer behandeln zu lassen.[4]

85

Der Praxiserwerber hat aber gerade für den „Goodwill" der Praxis einen erheblichen Betrag aufgewendet in der Erwartung, einen Großteil des Patientenstammes mit den entsprechenden Erwerbsaussichten übernehmen zu können. Im Falle der „Abwanderung" der Patienten wäre damit der Kaufpreis für den „Goodwill" – zumindest teilweise – vergeblich aufgewendet, mit anderen Wor-

---

1 BGH v. 13.3.1991 - XII ZR 79/90, NJW 1991 S. 1739.
2 Schmitz/Oerter/Binz/Hagedorn, S. 80.
3 Steinbrück, Rz. 189; Morawietz, ArztRecht 2008 S. 116.
4 Schmitz/Oerter/Binz/Hagedorn, S. 73; Steinbrück, Rz. 189.

ten: Der Veräußerer hätte einen Kaufpreis gezahlt, ohne seinerseits eine entsprechende Gegenleistung erhalten zu haben.[1] Um dies zu vermeiden, sollte die ärztliche Tätigkeit des Veräußerers nach erfolgter Praxisübergabe durch Aufnahme eines Wettbewerbsverbots in den Praxiskaufvertrag untersagt bzw. eingeschränkt werden.

86 Bei der vertraglichen Ausgestaltung des Wettbewerbsverbots ist jedoch Zurückhaltung geboten. Wettbewerbsverbote sind, da hierdurch die Berufs(ausübungs)freiheit des Adressaten (Veräußerer) gem. Art. 12 GG eingeschränkt wird, nur in engen Grenzen zulässig. Sie sind regelmäßig nach § 138 BGB i. V. m. Art. 12 Abs. 1 GG nur wirksam, wenn sie durch ein schützenswertes Interesse des Praxiserwerbers gerechtfertigt sind und das erforderliche Maß in örtlicher, zeitlicher und inhaltlicher Hinsicht nicht überschreiten.[2]

Ein schützenswertes Interesse des Erwerbers ist im Falle der Praxisübernahme regelmäßig gegeben, da dieser für die Übernahme des Patientenstammes bzw. für den „Goodwill" der Praxis einen konkreten Kaufpreis gezahlt hat, der im Falle einer Fortsetzung der ärztlichen Tätigkeit des Veräußerers – im Umkreis der verkauften Praxis – und der damit i. d. R. verbundenen verringerten Erwerbsaussichten infolge der „Mitnahme" der Patienten ggf. vergeblich aufgewendet wäre. Hierin liegt eine Störung des Äquivalenzinteresses (Leistung und Gegenleistung), die einen Eingriff in die Berufsfreiheit des Veräußerers (Wettbewerbsverbot) rechtfertigt.[3]

87 Darüber hinaus darf das vertraglich vereinbarte Wettbewerbsverbot nicht unangemessen bzw. unverhältnismäßig sein, insbesondere nicht dazu führen, dass dem Veräußerer nunmehr jedwede ärztliche Tätigkeit im gesamten KV-Bezirk über Jahre hinweg untersagt wird.[4]

BEISPIEL: Dem Erwerber einer Arztpraxis in Bonn kann es aus Gründen des Konkurrenzschutzes grundsätzlich gleichgültig sein, wenn der Veräußerer nach Übergabe der Praxis beispielsweise als Arzt in Münster tätig wird.

Vor diesem Hintergrund hat die Rechtsprechung vertraglich vereinbarten Wettbewerbsverboten Schranken auferlegt. Hiernach sind Wettbewerbsverbote nur dann wirksam, wenn sie in räumlicher, zeitlicher und inhaltlicher Hinsicht das notwendige Maß nicht überschreiten.[5] Wann dies jeweils der Fall ist, lässt sich

---

1 Schmitz/Oerter/Binz/Hagedorn, S. 73; Steinbrück, a. a. O.
2 BGH v. 18.7.2005 – II ZR 159/03, NJW 2005 S. 3061; Michels/Möller, S. 102.
3 Schmitz/Oerter/Binz/Hagedorn, a. a. O.
4 Laufs/Kern, § 19 Rz. 7.
5 BGH v. 8.5.2000 – II ZR 308/98, NJW 2000 S. 2584.

pauschal nicht beantworten und richtet sich immer nach den Umständen des Einzelfalls.[1] Gleichwohl lassen sich anhand der Rechtsprechung gewisse Tendenzen ablesen, die im Folgenden kurz skizziert werden sollen.

(1) Inhaltliche Grenzen des Wettbewerbsverbots

Dem Veräußerer darf im Rahmen des Wettbewerbsverbots, wie bereits oben angedeutet, nicht jedwede ärztliche Tätigkeit untersagt werden. Das Wettbewerbsverbot stößt an seine **inhaltlichen Grenzen**, wenn sich nach der Praxisveräußerung überhaupt keine Konkurrenzsituation gegenüber dem Erwerber ergibt.   88

So kann dem Veräußerer einer ausschließlich im ambulanten Bereich tätigen Praxis grundsätzlich nicht untersagt werden, nach Übergabe der Praxis im stationären Bereich tätig zu sein.[2] Daneben muss sich das Wettbewerbsverbot gegenständlich auf die frühere ärztliche Fachrichtung des Veräußerers beschränken, da anderenfalls keine Konkurrenzsituation zum Praxiserwerber besteht.[3] Auch die Untersagung gelegentlicher Praxisvertretungen, d. h. über einen Zeitraum von üblicherweise 4 – 6 Wochen, dürfte mangels Konkurrenzsituation unwirksam sein.

Bei der inhaltlichen Ausgestaltung des Wettbewerbsverbots sollte darauf geachtet werden, dass sich das Tätigkeitsverbot des Veräußerers nicht nur auf dessen erneute Niederlassung bezieht (die ohnehin grundsätzlich nur privatärztlich möglich sein dürfte), sondern auch auf sonstige freiberufliche oder angestellte Tätigkeiten, beispielsweise in einer Gemeinschaftspraxis/Berufsausübungsgemeinschaft oder in einem MVZ oder auch im Rahmen des Job-Sharings.[4]   89

(2) Zeitliche Grenzen des Wettbewerbsverbots

In **zeitlicher Hinsicht** war die Rechtsprechung zu Wettbewerbsverboten bislang nicht einheitlich. Es wurde regelmäßig auf den konkreten Einzelfall abgestellt, was immer wieder zu unterschiedlichen Ergebnissen führte. So wurde beispielsweise bei Ärzten für Laboratoriumsmedizin ein Wettbewerbsverbot, welches einen Zeitraum von einem Jahr überschreitet, als unwirksam angesehen.[5] Andererseits wurden, insbesondere im Rahmen der oberlandesgerichtlichen   90

---

1 Steinbrück, Rz. 192.
2 OLG Schleswig v. 24.10.1990 - 4 U 239/89, MedR 1993 S. 22; Michels/Möller, S. 102.
3 Schmitz/Oerter/Binz/Hagedorn, S. 74.
4 Steinbrück, Rz. 190.
5 BGH v. 13.6.1996 - I ZR 102/94, NJW 1997 S. 799.

Rechtsprechung, auch zeitliche Obergrenzen von bis zu 5 Jahren für zulässig erachtet,[1] namentlich bei Praxen in ländlichen Gebieten.

Inzwischen hat der BGH[2] für den Fall des Ausscheidens aus einer ärztlichen Gemeinschaftspraxis entschieden, dass ein nachvertragliches Wettbewerbsverbot maximal einen Zeitraum von 2 Jahren umfassen dürfe, und zwar ohne etwaige Einzelfallumstände zu berücksichtigen. Die vorstehend skizzierten anderslautenden Entscheidungen dürften damit, jedenfalls soweit hier die vom BGH statuierte Höchstgrenze von 2 Jahren überschritten wird, grundsätzlich überholt sein.[3]

91 Im Falle eines Überschreitens der von der Rechtsprechung als zulässig erachteten zeitlichen Höchstgrenze ist darauf hinzuweisen, dass dies nicht automatisch zur Unwirksamkeit des Wettbewerbsverbots führt. Insoweit wird von der Rechtsprechung eine sog. **geltungserhaltende Reduktion** vorgenommen, d. h., die Dauer des Wettbewerbsverbots wird auf ein rechtlich zulässiges Maß reduziert.[4] Die Wettbewerbsklausel bleibt dann, trotz der zunächst vereinbarten unzulässigen zeitlichen Höchstgrenze, wirksam, es sei denn, die Klausel wäre auch in inhaltlicher und/oder räumlicher Hinsicht unwirksam.

(3) Räumliche Grenzen des Wettbewerbsverbots

92 Schließlich muss das Wettbewerbsverbot auch in **räumlicher Hinsicht** angemessen sein. Zu dieser Thematik sind in der Vergangenheit eine Fülle von Gerichtsentscheidungen ergangen, auf die hier im Einzelnen nicht eingegangen werden soll.[5] Gleichwohl lassen sich bestimmte „Eckpfeiler" feststellen, an denen sich die Rechtsprechung im Rahmen der räumlichen Grenzen des Wettbewerbsverbots immer wieder orientiert.

93 Ausgangslage der Rechtsprechung ist, dass das Wettbewerbsverbot nicht über den Einzugsbereich der zu veräußernden Arztpraxis hinausgehen darf. Damit ist freilich nicht viel gewonnen: wonach bemisst sich dieser Einzugsbereich? Dies lässt sich abstrakt nicht feststellen, sondern hängt insbesondere von der Art und Größe der Praxis sowie von deren Lage und Erreichbarkeit für die Patienten ab.

---

1 OLG Koblenz v. 25.5.1994 - 9 U 1007/93, MedR 1994 S. 450; OLG Karlsruhe v. 24.9.1993 - 10 U 72/93, MedR 1995 S. 156.
2 BGH v. 7.5.2007 - II ZR 281/05, NJW-RR 2007 S. 1257.
3 So auch Morawietz, ArztRecht 2008 S. 116.
4 BGH v. 14.7.2007 - II ZR 238/96, NJW 1997 S. 3089; Klapp, S. 113; Goette, MedR 2002 S. 1.
5 Zur Vertiefung sei auf die umfangreiche Rechtsprechungsübersicht bei Morawietz, ArztRecht 2008 S. 118 ff. hingewiesen.

Es liegt auf der Hand, dass es hinsichtlich der Beurteilung des Einzugsgebiets einer Praxis einen Unterschied macht, ob es sich beispielsweise um eine (häufig vertretene) Hausarztpraxis in einer Großstadt handelt oder um eine hoch spezialisierte Facharztpraxis in einem ländlichen Gebiet mit einem weit überregionalen Patientenstamm.[1]

In dem einen Fall – Hausarztpraxis in der Großstadt – kann bereits ein Niederlassungsverbot im Umkreis von 5 km ggf. zur Unwirksamkeit des Wettbewerbsverbots führen. Andererseits kann im Falle der hoch spezialisierten Facharztpraxis auf dem Land eine tätigkeitsbezogene Sperrzone von 20 km noch zulässig sein. Es ist stets eine Frage des Einzelfalls, ob die räumlichen Grenzen des Wettbewerbsverbots noch den Einzugsbereich der Praxis erfassen oder darüber hinausgehen.[2] In diesem Zusammenhang ist auch zu berücksichtigen, dass die räumliche Grenze im Rahmen der Wettbewerbsklausel per Luftlinie ermittelt wird; auf Straßenkilometer wird mithin nicht abgestellt.[3]

Insgesamt sollte die räumliche Ausdehnung des Wettbewerbsverbots eher einschränkend vereinbart werden. Denn die Tendenz in der Rechtsprechung geht dahin, dass sie – von Ausnahmen abgesehen – eher zu engeren Einzugsbereichen neigt.[4] Als ungefähre Richtschnur kann hier folgende Faustformel dienen:[5] Bei einer Praxis in einer Großstadt sollte das Tätigkeitsverbot einen Radius von 2 km grundsätzlich nicht überschreiten;[6] im rein ländlichen Bereich könnte demgegenüber eine Sperrzone von ggf. 15 – 20 km grundsätzlich zulässig sein; in den übrigen Gebieten sollte man sich auf ein räumliches Wettbewerbsverbot von 5 – 10 km beschränken. **94**

Diese Angaben stellen lediglich eine **grobe Orientierungshilfe** dar, die nicht ohne Berücksichtigung der Besonderheiten des Einzelfalls übernommen werden dürfen. Im Zweifel sollte der Radius des Niederlassungsverbots eher gering gehalten werden.

Schließlich ist darauf hinzuweisen, dass eine geltungserhaltende Reduktion bei einem Verstoß gegen die räumlichen Grenzen des Wettbewerbsverbots – anders als bei den oben bereits angesprochenen zeitlichen Grenzen – nicht möglich ist. Sollte daher der Bereich des nachvertraglichen Niederlassungsverbots **95**

---

1 Morawietz, ArztRecht 2008 S. 118.
2 Vgl. hierzu auch die Beispiele aus der Rechtsprechung in: Steinbrück, Rz. 169 ff.
3 Michels/Möller, S. 102; Rieger/Dahm/Katzenmeier/Steinhilper, Abschn. 5550 „Wettbewerbsverbot", Rz. 14.
4 Steinbrück, Rz. 197.
5 Angelehnt an Steinbrück, Rz. 200.
6 So BGH v. 7.5.2007 - II ZR 281/05, BB 2007 S. 1578, NJW-RR 2007 S. 1256.

das räumlich erforderliche Maß überschreiten, ist die Wettbewerbsklausel insgesamt nichtig, d. h., der Erwerber kann sich auf das Wettbewerbsverbot und damit auf das Unterlassen einer Konkurrenztätigkeit des Veräußerers nicht berufen. Auch vor diesem Hintergrund ist zu empfehlen, den Umkreis des Tätigkeitsverbots eher restriktiv zu regeln.

bb) Vertragsstrafe

96 Die isolierte Vereinbarung eines Wettbewerbsverbots, d. h. ohne weitergehende Sanktion im Falle eines Verstoßes, ist ein (relativ) schwaches Schwert.[1] Dem Erwerber stünde in diesem Fall lediglich ein **Unterlassungsanspruch** gegen den Veräußerer zu. Weitaus „abschreckender" für den Veräußerer dürfte die Inaussichtstellung einer finanziellen Sanktion im Falle eines Verstoßes gegen das Wettbewerbsverbot sein. Zu diesem Zweck sollte im Rahmen des Praxiskaufvertrags das Wettbewerbsverbot durch eine **Vertragsstrafe** abgesichert werden.[2]

Bei der Ausgestaltung der Vertragsstrafe sollte regelmäßig ein fester, pauschalierter Betrag vorgesehen werden, der beispielsweise für jeden angefangenen Monat des Verstoßes an den Praxiserwerber zu zahlen ist.[3] Neben einem solchen pauschalierten Betrag sollte sich der Erwerber auch die Geltendmachung eines weiteren, darüber hinausgehenden **Schadensersatzanspruches** vorbehalten – auch wenn dieser regelmäßig nicht leicht zu beziffern sein dürfte. Dies für den Fall, dass der vereinbarte Pauschalbetrag den tatsächlichen Schaden nicht abdecken sollte.[4]

97 Es ist bei der Vertragsgestaltung darauf zu achten, dass die Vertragsstrafe **der Höhe nach angemessen** ist. Anderenfalls kann sie durch das Gericht auf ein angemessenes Maß **herabgesetzt** werden, vgl. § 343 BGB. Regelmäßig wird sich die Vertragsstrafe an dem gezahlten Kaufpreis für den Goodwill der Praxis orientieren.[5] Im Falle eines Verstoßes wäre dieser Betrag dann vollständig oder – je nach Art und Dauer des Verstoßes – teilweise an den Erwerber zurück zu zahlen.[6]

---

1 Michels/Möller, S. 103.
2 Steinbrück, Rz. 201.
3 Steinbrück, Rz. 204, schlägt eine Staffelung der Vertragsstrafe vor (abhängig von der Entfernung der Neuniederlassung des Veräußerers).
4 Schmitz/Oerter/Binz/Hagedorn, S. 75.
5 Rieger/Dahm/Katzenmeier/Steinhipler, Abschn. 5550 „Wettbewerbsverbot", Rz. 30.
6 Steinbrück, Rz. 203.

Im Falle eines Verstoßes des Veräußerers gegen das Wettbewerbsverbot hat   98
der Erwerber ein **Wahlrecht**, ob er entweder die Vertragsstrafe verlangt oder
einen Unterlassungsanspruch geltend macht, vgl. § 340 Abs. 1 BGB. Ein Unterlassen der Tätigkeit und zugleich die Vertragsstrafe kann der Erwerber nach
der Gesetzeskonzeption nicht verlangen. Im Praxisübernahmevertrag kann allerdings – in den Grenzen der §§ 138, 242 BGB – etwas anderes vereinbart
werden.[1]

Abschließend noch ein Hinweis zu den sog. **Patientenschutzklauseln**: Solche   99
Klauseln, wonach sich der Veräußerer verpflichtet, „seine" Patienten nach der
Praxisübergabe nicht mehr zu behandeln, dürften mit Blick auf den Grundsatz
der freien Arztwahl unwirksam sein.[2] Im Übrigen stellt sich auch in der prakti-
schen Handhabung die Frage, wie der Erwerber die Einhaltung des Patienten-
schutzes beim Veräußerer überhaupt überwachen will. Letzterer wird sich im
Zweifel auf seine ärztliche Schweigepflicht bzw. auf den patientenbezogenen
Datenschutz berufen. Die Aufnahme einer Patientenschutzklausel in den Praxiskaufvertrag kann daher nicht empfohlen werden.

m) Salvatorische Klausel/Schriftformklausel

aa) Salvatorische Klausel

Eine **Salvatorische Klausel** bezeichnet eine Regelung im Rahmen eines Ver-   100
tragswerkes, welche eine Bestimmung für den Fall enthält, dass sich einzelne
Vertragsbestandteile als unwirksam oder undurchführbar erweisen sollten. Die
Salvatorische Klausel hat insoweit den Zweck, einen teilweise unwirksamen
oder undurchführbaren Vertrag – unter entsprechender Berücksichtigung des
Parteiwillens – so weit wie möglich aufrecht zu erhalten.

Die Aufnahme einer solchen Klausel in den Vertrag empfiehlt sich vor dem
Hintergrund des § 139 BGB. Hiernach ist ein Rechtsgeschäft im Ganzen nichtig,
falls nur ein Teil des Rechtsgeschäfts nichtig ist, soweit nicht anzunehmen ist,
dass die Vertragsparteien das Rechtsgeschäft auch ohne den nichtigen Teil
vorgenommen hätten, mit anderen Worten: die Nichtigkeit eines Teils eines
Rechtsgeschäfts hat im Zweifel die Nichtigkeit des gesamten Rechtsgeschäfts
zur Folge.[3]

Dieser gesetzliche Grundsatz dürfte jedoch nur in den seltensten Fällen dem   101
Interesse und Willen der Vertragsparteien entsprechen. Interessengerechter

---

1 Michels/Möller, S. 103; Klapp, S. 115.
2 Klapp, S. 115.
3 Jauernig/Mansel, BGB § 139 Rz. 1.

dürfte es vielmehr sein, dass der Vertrag insgesamt wirksam bleibt und nur die unwirksame Regelung durch eine solche Regelung ersetzt wird, die dem (mutmaßlichen) Parteiwillen am ehesten entspricht.

Da § 139 BGB **dispositives Recht** ist, d. h. durch Parteiabrede abbedungen werden kann,[1] sollte eine von § 139 BGB abweichende Regelung in den Vertrag aufgenommen werden, die beispielsweise wie folgt lauten könnte:

"Sollten einzelne Bestimmungen dieses Vertrages unwirksam oder undurchführbar sein oder nach Vertragsschluss unwirksam oder undurchführbar werden, so wird die Wirksamkeit der übrigen Bestimmungen hierdurch nicht berührt. An die Stelle der unwirksamen oder undurchführbaren Bestimmung soll diejenige wirksame und durchführbare Regelung treten, deren Wirkungen der wirtschaftlichen Zielsetzung am nächsten kommen, die die Vertragsparteien mit der unwirksamen bzw. undurchführbaren Bestimmung verfolgt haben. Die vorstehenden Bestimmungen gelten entsprechend für den Fall, dass sich der Vertrag als lückenhaft erweist."

102   Bei Aufnahme einer solchen Salvatorischen Klausel in den Praxisübernahmevertrag bliebe dieser insgesamt auch dann grundsätzlich – zu einer Ausnahme vgl. beispielsweise BGH v. 11.10.1995[2] - VIII ZR 25/94 – wirksam, soweit sich einzelne Vertragsklauseln als unwirksam herausstellen sollten. § 139 BGB kann damit regelmäßig wirksam abbedungen werden.

bb)   Schriftformklausel

103   Neben der vorstehend skizzierten Salvatorischen Klausel sollte in den Praxiskaufvertrag zu Beweiszwecken bzw. aus Gründen der Rechtssicherheit auch eine sog. **Schriftformklausel** aufgenommen werden. Eine solche Klausel regelt, dass neben dem schriftlichen Vertragsinhalt keine sonstigen mündlichen Nebenabreden getroffen wurden und dass Änderungen und/oder Ergänzungen des Vertrages nur schriftlich erfolgen dürfen.

Die Aufnahme einer solchen Klausel in den Praxiskaufvertrag beseitigt die Gefahr, dass bei Vorliegen etwaiger mündlicher Absprachen der Vertragsparteien – die grundsätzlich zulässig sind, da Rechtsgeschäfte und sonstige vertragliche Absprachen regelmäßig auch formfrei möglich sind[3] – nicht mehr klar ist, was letztlich Vertragsbestandteil und damit von den Parteien gewollt ist. Dieser

---

1 MüKoBGB/Busche, BGB § 139 Rz. 7.
2 BGH v. 11.10.1995 - VIII ZR 25/94, NJW 1996 S. 773.
3 MüKoBGB/Einsele, BGB § 125 Rz. 1.

Zustand der **Rechtsunsicherheit** sollte durch Vereinbarung einer Schriftformklausel mit vorstehendem Inhalt von vorneherein ausgeschlossen werden.

Damit die Vertragsparteien die Schriftformklausel nicht einfach mündlich wie- 104
der aufheben können, was diese Klausel wiederum faktisch obsolet machen
würde, sollte eine sog. **doppelte Schriftformklausel** vereinbart werden. Diese
beinhaltet, dass ein etwaiger Verzicht auf die Schriftform wiederum nur
schriftlich erfolgen kann. Damit ist letztlich sichergestellt, dass ausschließlich
schriftliche Vereinbarungen Geltung beanspruchen, was aus Gründen der
Rechtssicherheit dringend zu empfehlen ist.

n) Schiedsgerichtsverfahren

Die Vertragsparteien sollten sich bei der Abfassung des Praxiskaufvertrages 105
auch dahin gehend Gedanken machen, welche Stelle/Institution über etwaige
Streitigkeiten aus dem Vertragsverhältnis entscheiden soll.

Grundsätzlich in Betracht kommen hier zunächst die **ordentlichen staatlichen
Gerichte.** Sollten die Parteien allerdings wenig Vertrauen in die ordentliche
Gerichtsbarkeit haben oder die Anrufung der ordentlichen Gerichte aus sonstigen Gründen nicht wünschen, könnte auch die Einrichtung einer privaten
Schiedsstelle erwogen werden. Ein solches **privates Schiedsgericht** würde
dann anstelle eines staatlichen Gerichts über Streitigkeiten, die sich zwischen
den Parteien aus dem Vertragsverhältnis ergeben, entscheiden.[1]

Grundlage für die Einschaltung einer privaten Schiedsstelle ist der Abschluss 106
einer **schriftlichen Schiedsvereinbarung** i. S. d. §§ 1029 ff. ZPO. Eine solche
Schiedsvereinbarung muss nicht gesondert abgeschlossen werden, sondern
kann grundsätzlich in den Praxisübernahmevertrag integriert werden.[2] Unter
einer Schiedsvereinbarung versteht man eine Vereinbarung, wonach alle oder
einzelne Streitigkeiten, die zwischen den Parteien in Bezug auf den Praxisübernahmevertrag entstanden sind oder künftig entstehen, der Entscheidung
durch ein Schiedsgericht unterworfen werden, vgl. § 1029 Abs. 1 ZPO.

Ob die Regelung einer Schiedsvereinbarung zweckmäßig und sinnvoll ist oder 107
ob die Anrufung der staatlichen Gerichte vorzugswürdig erscheint, lässt sich

---

1 Vereinzelt findet sich in (Praxiskauf-)Verträgen auch die Regelung, dass ein privates Schieds-
gerichtsverfahren einem staatlichen Gerichtsverfahren vorgeschaltet ist, d. h., das private
Schiedsgericht entscheidet hier nicht anstelle des staatlichen Gerichts, sondern gewissermaßen
als „Vorinstanz".
2 BGH v. 24.2.2005 - III ZB 36/04, NJW 2005 S. 1273.

pauschal nicht beantworten. Beide Varianten haben jeweils Vor- und Nachteile.[1]

Der **Vorteil** eines privaten Schiedsverfahrens liegt zum einen in der **Diskretion des Verfahrens**. Ein privates Schiedsverfahren ist – im Gegensatz zu einem staatlichen Gerichtsverfahren – nicht öffentlich. Der Ausschluss der Öffentlichkeit ist insbesondere vor dem Hintergrund von Vorteil, dass eine öffentliche Auseinandersetzung zwischen Veräußerer und Erwerber ggf. zu Misstrauen und Unsicherheit auf Seiten der Patienten führen kann, was wiederum Auswirkungen auf den Praxiswert (sinkende Honorareinnahmen) haben könnte.[2]

Weiterer Vorteil des privaten Schiedsverfahrens ist die i. d. R. **kurze Verfahrensdauer**, da regelmäßig nur eine Instanz zur Verfügung steht.[3] Zudem kann die **Besetzung des Schiedsgerichts**, und dies ist auch dringend anzuraten, im Vorhinein festgelegt werden. Hier sollte insbesondere darauf geachtet werden, dass die Schiedsrichter mit einschlägiger Fachkunde und Erfahrung, insbesondere im Bereich des Medizinrechts, ausgestattet sind. Mindestens ein Volljurist sollte dem Schiedsgericht, idealerweise als Vorsitzender, angehören. Die besondere Fachkompetenz des Schiedsgerichts führt erfahrungsgemäß dazu, dass sich die streitenden Parteien eher vergleichsbereit zeigen.[4]

Nachteil des privaten Schiedsverfahrens sind die – im Vergleich zur staatlichen Gerichtsbarkeit – häufig **höheren Verfahrenskosten**. Nicht selten rechnen die Schiedsrichter ihr Honorar auf Stundenbasis ab, was – je nach Umfang und Schwierigkeit des Streitstoffes – ggf. zu Beträgen in jeweils fünfstelliger Höhe – ggf. auch darüber hinaus – führen kann.

Bei einem Schiedsverfahren wirkt sich ferner der Umstand nachteilig aus, dass grundsätzlich **keine übergeordnete (Berufungs-)Instanz** vorgesehen ist, welche die Richtigkeit des Schiedsspruchs überprüfen kann. Eine solche „zweite Instanz" kann zwar in der Schiedsvereinbarung ohne weiteres vorgesehen werden. Dies würde aber die ohnehin nicht geringen Verfahrenskosten noch weiter in die Höhe treiben, so dass hiervon grundsätzlich abzuraten ist. Im Rahmen der staatlichen Gerichtsbarkeit steht den Parteien demgegenüber in aller Regel eine zweite – und ggf. auch dritte – Instanz zur Verfügung, in deren Rahmen Urteile auf ihre Richtigkeit überprüft und ggf. aufgehoben werden

---

1 Für die Einschaltung einer privaten Schiedsstelle: Ehlers/Möller, Rz. 498; Rieger, Rz. 199; die Anrufung der staatlichen Gerichte bevorzugt Steinbrück, Rz. 209. Wie hier: Klapp, S. 117.

2 Steinbrück, Rz. 209.

3 Steinbrück, Rz. 208; Klapp, S. 117.

4 Klapp, S. 118.

können. Das Risiko von Fehlurteilen wird dadurch reduziert, wenngleich nicht völlig ausgeschlossen.

Letztlich müssen die Vertragsparteien unter Berücksichtigung der vorstehenden Erwägungen selbst entscheiden, ob sie die Einrichtung eines Schiedsverfahrens vorsehen oder doch die staatlichen Gerichte mit ihrem Streit befassen wollen.

Sollten die Vertragsparteien das private Schiedsverfahren präferieren, so empfiehlt sich – zur Vermeidung einer umfänglichen eigenen Regelung zum Schiedsverfahren – ein Verweis auf die **Schiedsgerichtsordnung der Deutschen Institution für Schiedsgerichtsbarkeit e. V. (DIS)**. Dort ist neben der Bestellung des Schiedsgerichts auch der Ablauf des Schiedsgerichtsverfahrens geregelt.[1]   108

Der Vollständigkeit halber sei noch darauf verwiesen, dass inzwischen vermehrt die Kammergesetze sog. Schlichtungsverfahren vorsehen, in deren Rahmen von den Ärztekammern bestellte Schlichter zwischen den zerstrittenen Ärzten vermitteln. Die Beteiligten müssen sich jedoch auf die Durchführung eines solchen Schlichtungsverfahrens verständigen, was im Hinblick darauf, dass sie sich zu diesem Zeitpunkt bereits im Streit befinden, nicht immer zu erwarten ist.[2]   109

Hinzu kommt, dass der Schlichterspruch – im Vergleich beispielsweise zum Schiedsspruch im Rahmen eines Schiedsverfahrens – für die Parteien **nicht verbindlich** ist, d. h. diejenige Vertragspartei, für die der Schlichterspruch unter Umständen nachteilig ist, muss diesen nicht akzeptieren. Insbesondere der letztgenannte Umstand lässt doch erhebliche Zweifel an der Sinnhaftigkeit eines solchen Schlichtungsverfahrens aufkommen.

o) Veränderung der tatsächlichen Verhältnisse zwischen Vertragsschluss und Übergabe, insbesondere Berufsunfähigkeit oder Tod des Praxisverkäufers

In der Regel liegt zwischen dem Abschluss des privatrechtlich geschlossenen Praxiskaufvertrages und der tatsächlichen Übergabe der Praxis nach Durchführung des öffentlich-rechtlichen Nachbesetzungsverfahrens ein Zeitraum von mehreren Monaten. Der Praxiserwerber hat wegen des hohen Kaufpreisanteils, der auf den Patientenstamm bzw. den Goodwill entfällt, ein erhebliches Interesse daran, dass der Praxisbetrieb bis zu seiner Übernahme uneingeschränkt   110

---

1 Klapp, S. 118.
2 Klapp, S. 118.

weiter betrieben wird und nach Möglichkeit keine Patienten zu anderen Ärzten abwandern. Von daher macht es nur Sinn, dass in dem Praxiskaufvertrag vereinbart wird, dass der Praxisveräußerer verpflichtet ist, die Praxis bis zur tatsächlichen Übergabe an den Nachfolger in dem bisherigen Umfang fortzuführen.

In dem Praxiskaufvertrag sollte darüber hinaus geregelt werden, was gelten soll, wenn der Praxisveräußerer nach dem Vertragsschluss wegen Berufsunfähigkeit oder Tod nicht mehr in der Lage ist, die Praxis fortzuführen.

111   Ist der Praxisveräußerer wegen Krankheit oder Berufsunfähigkeit an der Ausübung seiner ärztlichen Tätigkeit gehindert, sollte der Praxiserwerber aufgrund einer entsprechenden Regelung im Praxiskaufvertrag dazu legitimiert sein, die Praxis entweder sofort zu übernehmen oder – vor dem Abschluss des förmlichen Nachbesetzungsverfahrens – den erkrankten Praxisveräußerer in Abstimmung mit der Kassenärztlichen Vereinigung zu vertreten.[1]

Gegebenenfalls ist zu überlegen, dass die Praxis von einem Dritten bis zur eigentlichen Übernahme fortgeführt wird, wenn der Praxiserwerber selbst für die Dauer der Abwesenheit des Praxisveräußerers nicht zur Verfügung steht.[2]

Im Falle des plötzlichen Todes des Praxisveräußerers haben dessen Erben den Praxiskaufvertrag nach den dort geregelten Bestimmungen durchzuführen. Die uneingeschränkte Fortführung des Betriebes der Praxis bis zur eigentlichen Praxisübergabe an den Nachfolger sollte entweder – sofern möglich – durch eine vorzeitige Übergabe der Praxis an den Erwerber oder durch die Einschaltung eines Dritten als Praxisvertreter sichergestellt werden.

p) Rücktrittsrechte

112   Sofern der von dem Praxisveräußerer favorisierte Erwerber trotz sämtlicher vertraglichen und tatsächlichen Maßnahmen die begehrte vertragsärztliche Zulassung nach Durchführung des förmlichen Nachbesetzungsverfahrens nicht erhält, stellt sich die Frage, welche Auswirkungen sich hierdurch auf den privatrechtlich geschlossenen Praxiskaufvertrag ergeben. In der Regel werden die Vertragsparteien des Praxiskaufvertrages den Wunsch haben, sich bei dieser Situation wieder von dem Vertrag lösen zu können.

113   Von daher wird in vielen Muster-Praxiskaufverträgen zur Lösung dieses Problems vorgeschlagen, den gesamten Vertrag unter die aufschiebende Bedin-

---

1 Klapp, S. 116.
2 Schmitz/Oerter/Binz/Hagedorn, S. 28.

gung zu stellen, dass der Praxiserwerber nach Durchführung des Nachbesetzungsverfahrens zur Teilnahme an der vertragsärztlichen Versorgung bestandskräftig zugelassen wird.

Dies hat jedoch zur Folge, dass bis zum Eintritt der aufschiebenden Bedingung, mithin der bestandskräftigen Zulassung des Praxiserwerbers, der Praxiskaufvertrag keine Wirksamkeit entfaltet und für die Vertragsparteien unverbindlich ist. So weist beispielsweise Klapp[1] in der medizinrechtlichen Literatur in diesem Zusammenhang darauf hin, dass ein unter einer aufschiebenden Bedingung stehender Vertrag „im Hinblick auf die von beiden Seiten zu erbringenden Vorleistungen inakzeptabel ist".[2]

Von daher sollte auch nach der hier vertretenen Auffassung nicht der Praxiskaufvertrag insgesamt, sondern allein die Übereignung der Praxisgegenstände unter die aufschiebende Bedingung der bestandskräftigen Zulassung des Praxiserwerbers zur Teilnahme an der vertragsärztlichen Versorgung gestellt werden.   114

Im Übrigen dürfte, um der Interessenlage von Praxisveräußerer und Praxiserwerber hinreichend Rechnung zu tragen, die Vereinbarung eines vertraglichen Rücktrittsrechts sachgerecht erscheinen.[3] Denn da die Vertragsparteien den Verlauf des öffentlich-rechtlichen Nachbesetzungsverfahrens nicht unmittelbar lenken bzw. beeinflussen können, muss für den Fall, dass es durch Widersprüche oder Klagen von Wettbewerbern zu Verzögerungen bei der von den Parteien favorisierten Nachfolgebesetzung kommt, die Möglichkeit bestehen, dass sich die Vertragsparteien ab einem bestimmten Zeitpunkt von dem Praxiskaufvertrag durch Rücktrittserklärung lösen können. Ein solches Rücktrittsrecht könnte beispielsweise dann ausgeübt werden, wenn sich durch Zeitablauf herausgestellt hat, dass innerhalb von 6 Monaten nach dem frühestmöglichen Übergabezeitpunkt der Praxiserwerber nicht als Nachfolger des Praxisveräußerers zur Teilnahme an der vertragsärztlichen Versorgung bestandskräftig zugelassen wurde.

q) Rückabwicklung des Praxiskaufvertrages

Sowohl bei Nichtigkeit des Praxiskaufvertrages (z. B. Anfechtung, Wegfall der Geschäftsgrundlage oder Sittenwidrigkeit) als auch bei Unwirksamkeit des Vertrages infolge der Geltendmachung eines vertraglichen Rücktrittsrechtes sind   115

---

1 Klapp, S. 111.
2 Klapp, S. 111, so auch Schmitz/Oerter/Binz/Hagedorn in der Vorauflage, dort S. 75.
3 Klapp, S. 111; so auch Schmitz/Oerter/Binz/Hagedorn in der Vorauflage, dort S. 75.

die gesetzlichen Folgerungen unbefriedigend. Entweder sind die Parteien gemäß den §§ 812 ff. BGB verpflichtet, das herauszugeben, was sie von der anderen Vertragspartei empfangen haben (bei Nichtigkeit des Vertrages), oder der Praxiskaufvertrag verwandelt sich (bei Ausübung eines Rücktrittsrechtes) in ein Rückabwicklungsverhältnis, so dass die gesetzlichen Vorschriften der §§ 346 ff. BGB zum Zuge kommen.

Da die gesetzlichen Regelungen den Fall der Rückabwicklung einer Arztpraxis nur unzureichend regeln, ist es aus Sicht der Vertragsparteien eines Praxiskaufvertrages ratsam, in dem Vertrag individuelle Regelungen für den Fall der Rückabwicklung zu treffen. Diese Empfehlung gilt insbesondere, wenn der Praxiserwerber in einem gesperrten Planungsbereich bereits als Nachfolger des Praxisveräußerers zur Teilnahme an der vertragsärztlichen Versorgung zugelassen wurde. Wegen des öffentlich-rechtlichen Status der vertragsärztlichen Zulassung ist es den privatrechtlich gebundenen Vertragsparteien verwehrt, über die Zulassung eigenständig zu verfügen bzw. diese wieder eigenmächtig auf den Praxisveräußerer zurück zu übertragen.[1]

116 Von daher sollte für diesen Fall in den Praxiskaufvertrag eine Regelung dergestalt aufgenommen werden, dass sich der Praxiserwerber, der die vertragsärztliche Tätigkeit bereits aufgenommen und die Praxis fortgeführt hat, im Falle der Rückabwicklung des Vertrages dazu verpflichtet, den über das Nachbesetzungsverfahren erhaltenen Vertragsarztsitz seinerseits auszuschreiben.[2]

117 Darüber hinaus verpflichtet sich der Praxiserwerber in dem Praxiskaufvertrag, in dem dann startenden Nachbesetzungsverfahren alle ihm zur Verfügung stehenden Maßnahmen zu ergreifen, damit der Praxisveräußerer (wieder) zur vertragsärztlichen Zulassung zugelassen wird. Gegebenenfalls kommt auch in Betracht, dass der Praxiserwerber mit Zustimmung des Praxisveräußerers die Praxis auf einen von diesem favorisierten Dritten übereignet und dieser – nach Rückabwicklung des „ersten" Praxiskaufvertrages – vorbehaltlich der Zulassung durch den Zulassungsausschuss – zum vertragsärztlichen Nachfolger bestimmt wird.

118 Ein praktisches Problem stellt sich bisweilen bei Rückabwicklung des Praxiskaufvertrages, wenn der Patientenstamm bereits den Wechsel zum Praxiserwerber vollzogen hat und nicht bereit ist, wieder zum „alten" Praxisbetreiber zurückzukehren. Gerade dann, wenn der Praxiserwerber die Praxis mit dem vorhandenen Patientenstamm erfolgreich fortgeführt und sich die Patienten

---

1 BGH v. 10.3.1981 - VI ZR 202/79, NJW 1981 S. 2002.
2 BSG v. 5.11.2003 - B 6 KA 11/03 R, MedR 2004 S. 701.

an den neuen Praxisbetreiber gewöhnt haben, dürfte eine Rückabwicklung des Praxiskaufvertrages und damit u. a. auch eine Herausgabe des Patientenstammes nicht mehr möglich sein. Die gesetzliche Regelung in § 818 Abs. 2 BGB sieht für den Fall, dass der Erwerber zur Herausgabe nicht in der Lage ist, einen Anspruch des Praxisveräußerers auf Wertersatz vor.[1]

In diesem Fall wird daher empfohlen, auch in dem schuldrechtlichen Praxiskaufvertrag dispositiv zu regeln, dass der Praxiserwerber – wenn eine Rückabwicklung aus den vorgenannten Gründen nicht möglich ist – zum Wertersatz verpflichtet ist.[2] Ergänzende Bestimmungen im Praxiskaufvertrag darüber, welche Parameter der Berechnung des Wertersatzes sinnvollerweise zugrunde gelegt werden sollten, können ggf. ebenfalls in den Praxiskaufvertrag mit aufgenommen werden. Die Entscheidung, ob der Praxiskaufvertrag bereits hierüber Regelungen enthalten soll, muss verständlicherweise dem Einzelfall vorbehalten bleiben.

r) Kosten

Üblicherweise wird in dem Praxiskaufvertrag hinsichtlich der Kostenübernahme eine Regelung dergestalt aufgenommen, dass jede Vertragspartei die ihr im Zusammenhang mit dem Abschluss dieses Praxiskaufvertrages entstehenden Kosten selbst trägt. Sinnvollerweise dürfte die Kostentragungsvereinbarung enthalten, dass derjenige die Kosten trägt, bei dem sie anfallen. Dies umfasst dann auch die aus der Durchführung des Nachbesetzungsverfahrens resultierenden Gebühren, Honorare etc.   119

3. Das Zulassungsverfahren

a) Bereiche ohne Zulassungsbeschränkungen

Im Rahmen des Zulassungsverfahrens wird darüber entschieden, ob ein Arzt als Vertragsarzt an der Versorgung gesetzlich Versicherter teilnehmen kann. Hierüber entscheidet der Zulassungsausschuss – und als „zweite Instanz" der Berufungsausschuss. Diese Gremien sind paritätisch mit Vertretern der Ärzte und Krankenkassen besetzt, wobei im Berufungsausschuss ein neutrales Mitglied, das Jurist zu sein hat, den Vorsitz führt. Die Zulassungsgremien sind meist örtlich bei den Kassenärztlichen Vereinigungen angesiedelt – formal aber von ihr unabhängig.   120

---

1 BGH v. 14.1.2002 - II ZR 354/99, NJW 2002 S. 1340.
2 Klapp, S. 121.

Wie das Zulassungsverfahren ausgestaltet ist, hängt wesentlich davon ab, ob für den Planungsbereich in dem die Zulassung beantragt wird, Zulassungsbeschränkungen gelten. Zulassungsbeschränkungen werden dann ausgesprochen, wenn in dem Planungsbereich bereits ausreichend Ärzte vorhanden sind, um eine bedarfsgerechte Versorgung der Bevölkerung sicherzustellen.[1] Auf den Internetseiten der Kassenärztlichen Vereinigungen wird veröffentlicht, ob ein Planungsbereich „gesperrt" oder „frei" ist.

In nicht gesperrten Planungsbereichen kann grundsätzlich jeder niederlassungswillige Arzt, der die persönlichen und fachlichen Zulassungsvoraussetzungen erfüllt, auf Antrag eine „eigene" bzw. „neue" Zulassung erhalten. Dies gilt solange, bis der Versorgungsbedarf gedeckt und der Bereich wieder „gesperrt" wird.

b) Bereiche mit Zulassungsbeschränkungen - Das Nachbesetzungsverfahren

121 Immer noch ist es der Regelfall, dass in einem Planungsbereich für das begehrte Fachgebiet Zulassungsbeschränkungen bestehen. Hierfür hat der Gesetzgeber ein besonders ausgestaltetes Nachbesetzungsverfahren (§ 103 Abs. 3a, 4, 4a und 5 SGB V) geschaffen. Dieses Verfahren soll sicherstellen, dass Ärzte, die sich u.U. über Jahre eine eigene Praxis aufgebaut haben, trotz grundsätzlich bestehender Überversorgung, die Möglichkeit haben, ihre Praxis zu veräußern oder weiterzugeben (z.B. an Nachkommen). Das Verfahren dient dem Ausgleich zwischen individuellen Grundrechten des Arztes (Eigentum, Beruf) einerseits und andererseits dem Interesse der Allgemeinheit an einer Vermeidung von unwirtschaftlichen Versorgungsstrukturen. Das Nachbesetzungsverfahren ist in letzter Zeit mehrfach Gegenstand gesetzgeberischer Änderungen und Korrekturen durch die Rechtsprechung geworden.

Das Nachbesetzungsverfahren bezieht sich allein auf die Vertragsarztpraxis. Die Privatpraxis ist von dem in § 103 Abs. 3a, 4, 4a und 5 SGB V verwendeten Begriff der „Praxis" hingegen nicht erfasst. Ihre Verwertung ist nicht an Nachbesetzungsverfahren gebunden. Der Zulassungsausschuss ist weder befugt, die Zulassung des Praxisnachfolgers von der Veräußerung der Privatpraxis zur Bedingung zu machen, noch verbindliche Vorschriften hinsichtlich der Höhe

---

1 Zur Überversorgung im Einzelnen: § 16b Ärzte-ZV.

des Verkehrswertes der Privatpraxis zu machen.[1] Hinsichtlich des Verkehrswertes für die Vertragsarztpraxis stellt sich dies bisweilen anders dar.[2]

Gegenstand des Nachbesetzungsverfahrens in überversorgten Gebieten ist damit die Vertragsarztpraxis, wobei vorausgesetzt wird, dass diese von dem Nachfolger überhaupt fortgeführt werden kann. Von daher muss ein „Minimum" an fortführungsfähiger Praxis, wie z. B. Patienten und funktionsfähige Praxiseinrichtung, vorhanden sein.[3]   122

aa) Einleitung eines Nachbesetzungsverfahrens nach § 103 Abs. 3a, 4 SGB V

Nach § 103 Abs. 3a SGB V setzt die Einleitung eines Nachbesetzungsverfahrens   123
voraus, dass die Zulassung eines Vertragsarztes in einem gesperrten Planungsbereich durch Tod, Verzicht oder Entziehung endet. Der Gesetzgeber kennt hier folgende Fälle:

► Tod des Praxisinhabers, vgl. § 95 Abs. 7 Satz 1 SGB V

► Verzicht auf die Zulassung, vgl. § 95 Abs. 7 Satz 1 SGB V

► Ablauf des Befristungszeitraums, vgl. § 95 Abs. 7 Satz 1 SGB V

► Entzug der Zulassung, vgl. § 95 Abs. 7 Satz 1 SGB V

► Wegzug aus dem Bezirk des Vertragsarztsitzes, vgl. § 95 Abs. 7 Satz 1 SGB V

Weitere Voraussetzungen zur Einleitung des Nachbesetzungsverfahrens sind,   124
dass der bisherige Vertragsarzt oder seine Erben einen Antrag auf Einleitung des Nachbesetzungsverfahrens stellen und dass die Praxis von einem Nachfolger weitergeführt werden soll.

Der Zulassungsausschuss „kann" – auch wenn alle Voraussetzungen vorliegen – die Verfahrenseinleitung ablehnen, wenn eine Nachbesetzung aus Versorgungsgründen nicht erforderlich ist (§ 103 Abs. 3a Satz 3, Halbsatz 1 SGB V). Bei einem festgestellten Versorgungsgrad von 140 % „soll" das Nachbesetzungsverfahren allerdings abgelehnt werden;[4] nur in besonderen Fällen kann dann quasi ausnahmsweise davon abgesehen werden. In diesem Fall hat die KV dem ausscheidenden Vertragsarzt bzw. seinen Erben eine Entschädigung zu zahlen (Abs. 3a Satz 8). Wann solche Versorgungsgründe vorliegen, ist schwer zu überblicken. Fraglich ist auch, ob weitere Gründe berücksichtigt werden   125

---

1 Preißler, MedR 1994 S. 224; Steinbrück, Rz. 274.
2 LSG Baden-Württemberg v. 22.11.2007 - L 5 KA 4107/07, GesR 2008 S. 154.
3 BSG v. 5.11.2003 - B 6 KA 11/03 R, Arztrecht 2000 S. 164 f.; BSG v. 11.12.2013 - B 6 KA 49/12 R, BSGE 115, 57-77.
4 Änderung durch das GKV-Versorgungsstärkungsgesetz.

dürfen, z. B. „wirtschaftliche Gesichtspunkte" – z. B. Auswirkungen der Sitzeinziehung auf eine Berufsausübungsgemeinschaft.[1] Soweit möglich, sollte sich der abgabewillige Arzt frühzeitig vor Sitzverzicht mit dem Zulassungsausschuss in Verbindung setzen.

126   Die Sitzeinziehung ist unzulässig, wenn der Arzt seine Praxis entweder dem Ehegatten, Lebenspartner oder einem Nachkommen übergeben will (§ 103 Abs. 3a Satz 3, Halbsatz 2 SGB V). Ansonsten hat der Zulassungsausschuss jedoch einen weiten Spielraum bei der Beurteilung der Versorgungssituation. Gerichte können seine Entscheidungen nur begrenzt überprüfen.

bb) Die Verzichtserklärung des bisherigen Praxisinhabers

127   Will der bisherige Vertragsarzt das Nachbesetzungsverfahren zu einer geplanten Praxisveräußerung nutzen, so muss er einen Verzicht auf die Vertragsarztzulassung erklären.[2] Dies erfolgt durch formlose Erklärung an den Zulassungsausschuss. Der einmal erklärte Verzicht ist in der Regel endgültig.

Verzichtet ein praxisveräußerungswilliger Vertragsarzt in einem überversorgten Planungsbereich unbedingt auf seine Vertragsarztzulassung, hat dies zur Folge, dass seine Zulassung gemäß nach § 28 Abs. 1 Ärzte-ZV mit dem Ende des auf den Erklärungszugang folgenden Quartals unwiderruflich und endgültig verloren geht; diese Rechtsfolgen treten unabhängig vom Willen des den Zulassungsverzicht erklärenden Vertragsarztes ein.[3]

Der Verzicht auf die eigene Zulassung im Rahmen eines Nachbesetzungsverfahrens birgt daher die Gefahr, dass dieser mit seinen Rechtsfolgen auch dann wirksam wird, wenn z. B. das Nachbesetzungsverfahren fehlschlägt, weil kein geeigneter Bewerber gefunden wird.

Das Gesetz geht nämlich davon aus, dass Praxiskauf und Nachbesetzung des Arztsitzes unabhängig voneinander sind. Die geplante Praxisübergabe ist nicht der Regelfall von dem das Gesetz ausgeht. Probleme ergeben sich hierbei daraus, dass das öffentlich-rechtliche Zulassungswesen und der privatrechtliche Praxisverkauf nicht miteinander verbunden sind. So wird der im Rahmen des öffentlich-rechtlichen Nachbesetzungsverfahrens ausgewählte Bewerber nicht automatisch auch Inhaber der Praxis mit ihren Praxisgegenständen etc. Umgekehrt hat derjenige Arzt, der sich mit dem praxisabgebenden Kollegen zivilrechtlich im Rahmen eines Praxiskaufvertrages geeinigt hat, keinen Rechts-

---

1 BT-Drucks. 17/8005 S. 148.
2 Vgl. Klapp, S. 26.
3 LSG Baden-Württemberg v. 16.2.2005 - L 5 KA 3191/04, MedR 2005, S. 671 ff.

anspruch darauf, als Praxisnachfolger zur Teilnahme an der vertragsärztlichen Versorgung zugelassen zu werden.[1]

Es versteht sich, dass Verkäufer und Käufer sicherstellen wollen, dass es hier keine unerwarteten Überraschungen gibt. Beide Rechtsbereiche müssen daher verknüpft werden. Hierzu steht den Parteien nur die Möglichkeit offen, entsprechende Regelungen im Praxiskaufvertrag zu treffen. Mit diesen soll vermieden werden, dass der Praxiskäufer eine Praxis erwirbt, mit der er sich mangels Zulassung nicht an der vertragsärztlichen Versorgung beteiligen darf.

Die Erklärung eines unbedingten Verzichtes auf die eigene Zulassung ist insbesondere dann problematisch, wenn sich in der Sitzung des Zulassungsausschusses abzeichnet, dass nicht der vom Praxisveräußerer favorisierte Praxisnachfolger, sondern ein anderer Bewerber zum Zuge kommen könnte. Mangels höchstrichterlicher Klärung dieses Problems, haben sich in der Praxis im Wesentlichen zwei Vorgehensweisen entwickelt, wie mit diesem Dilemma umgegangen werden kann.

Ein Weg ist es, den Zulassungsverzicht unter der Bedingung der bestandskräftigen Zulassung eines Nachfolgers (sog. bedingter Verzicht) zu erklären.[2] Eine andere Möglichkeit besteht darin, dass der Praxisabgeber nicht gleich einen rechtsverbindlichen Verzicht erklärt, sondern zunächst nur eine unverbindliche Verzichtsankündigung abgibt, d. h. die bloße Absichtserklärung im Fall der Zulassung eines Nachfolgers auf seinen Vertragsarztsitz zu verzichten.[3] Möglich sind auch Mischformen (z. B. Einleitung des Verfahrens aufgrund Absichtserklärung, endgültiger unbedingter Verzicht vor der Sitzung des Zulassungsausschusses). Alle Gestaltungsalternativen sind rechtsdogmatisch problematisch.

So ist zum einen fraglich, ob ein Verzicht überhaupt bedingt erklärt werden kann. Einigkeit besteht jedenfalls darüber, dass ein erklärter Zulassungsverzicht unter der Bedingung der Nachfolgezulassung des von dem Praxisveräußerer favorisierten Bewerbers und/oder des Zustandekommens eines Praxisübergabevertrages mit einem bestimmten Bewerber rechtlich unzulässig ist, da hierdurch das dem Zulassungsausschuss zustehende Auswahlrecht unterlaufen würde.[4] Zum anderen ist fraglich, ob die bloße Ankündigung eines Verzichts zur Einleitung des Nachbesetzungsverfahrens ausreicht. Dennoch werden in der Anwendungspraxis beide Modelle praktiziert. Die Gepflogenheiten

128

---

1 Schmitz/Binz/Oerter, S. 22.
2 Ratzel/Luxemburger, § 18 Rz. 92.
3 Seer, MedR 1995 S. 131.
4 Rieger, a. a. O., Rz. 33; Steinbrück, Rz. 279; Klapp, a. a. O., S. 26, Ziffer 4.1.2.

sollten im Vorfeld bei der Geschäftsstelle des Zulassungsausschusses erfragt werden.[1]

Es liegt nahe, dass der Praxisabgeber dran interessiert sein sollte, die Abgabe der endgültigen, unbedingten Verzichtserklärung solange hinauszuzögern, bis klarer wird, ob es Mitbewerber gibt und welches Votum des Zulassungsausschusses zu erwarten ist. Bleibt der endgültige Verzicht offen, kann der Abgeber, wenn sich in der mündlichen Verhandlung des Zulassungsausschusses eine Nachbesetzung mit einem nicht gewünschten Bewerber abzeichnet, dann sogar noch den lediglich angekündigten oder bedingten Verzicht bis zum Schluss der mündlichen Verhandlung zurücknehmen bzw. widerrufen.[2] Es ist insoweit dringend anzuraten, dass der veräußerungswillige Vertragsarzt an der mündlichen Verhandlung des Zulassungsausschusses persönlich teilnimmt.

cc) Die Fortführung der bisherigen Praxis

129   Voraussetzung für das Nachbesetzungsverfahren ist, dass die Praxis von einem Nachfolger weitergeführt werden soll. Das hat die Rechtsprechung in letzter Zeit konkretisiert, nachdem sich Fälle gehäuft hatten, in denen der Erwerber offenkundig kein Interesse an der Altpraxis hatte, sondern nur am Sitz interessiert war.

Das Bundessozialgericht[3] hat herausgestellt, dass das Nachbesetzungsverfahren einen Ausnahmecharakter habe. Wenn die Praxis in Wirklichkeit gar nicht veräußert werden solle, weil der neu zuzulassende Arzt sie nicht fortführen kann oder will, bestehe kein Grund für eine Nachfolgezulassung. In diesen Fällen diene die Zulassung in Wirklichkeit der Kommerzialisierung des Vertragsarztsitzes. Deshalb sollte dieser Aspekt von Abgeber und Erwerber unbedingt berücksichtigt werden. Von „Strohmann-Konstruktionen" in denen ein Arzt den Sitz lediglich vorübergehend innehaben soll, um ihn schnellstmöglich z. B. in ein MVZ einzubringen (so lag der Fall beim BSG), ist abzuraten.

Fortführen der Praxis heißt im Grundsatz, dass die Tätigkeit am bisherigen Praxisort und in denselben Praxisräumen mit Unterstützung desselben Praxispersonals und unter Nutzung derselben medizinisch-technischen Infrastruktur behandelt oder zumindest behandeln will („räumliche Komponente"). Eine Praxisfortführung wird daher nicht schon dann angestrebt, wenn ein Bewerber

---

1 So auch Steinbrück, Rz. 280.
2 So auch Steinbrück, Rz. 277.
3 BSG, Urteil vom 20.3.2013 - B 6 KA 19/12 R, MedR 2013 S. 814 ff.

lediglich die vertragsärztliche Tätigkeit im selben medizinischen Fachgebiet und im selben Planungsbereich wie der ausscheidende Vertragsarzt ausüben will.[1] Wer unmittelbar nach einer Übernahme den Praxissitz verändern möchte, sollte dies mit dem Zulassungsausschuss abstimmen. Wenn der Patientenstamm an der neuen Praxisadresse erwartungsgemäß nicht gehalten werden soll und kann, spricht dies gegen einen Fortführungswillen.

Die Rechtsprechung hält es für sachgerecht, den Fortführungswillen auf einen Zeitraum von fünf Jahren – gerechnet ab dem Zeitpunkt der Aufnahme der vertragsärztlichen Tätigkeit durch den Nachfolger – zu beziehen.[2] Auch bei Sitzverzicht gegen Anstellung im MVZ hält das Bundessozialgericht eine solche Zeitgrenze – hier allerdings von drei Jahren – für gerechtfertigt.[3] Das bedeutet nicht, dass die Praxis in jedem Fall für diesen Zeitraum weitergeführt werden muss. Jedoch müssen die Parteien zum Zeitpunkt der Nachbesetzung davon ausgegangen sein, dass die Nachbesetzung auf Dauer angelegt war (sog. „subjektives Element").

dd) Antrag auf Einleitung des Nachbesetzungsverfahrens

Das Nachbesetzungsverfahren wird nur auf Antrag eingeleitet. Antragsberechtigt ist der Praxisinhaber, sein Betreuer oder im Falle seines Todes seine Erben (als Gesamthandgemeinschaft). Es dürfte darüber hinaus auch den Partnern einer Berufsausübungsgemeinschaft ein Antragsrecht zustehen, wenn die Zulassung eines Partners endet und die Praxis mit einem neuen Partner fortgeführt werden soll.[4]

130

Soll die Praxis aus der Insolvenz erworben werden, dürfte weder der Zulassungsverzicht noch der Antrag auf Einleitung des Nachbesetzungsverfahrens dem Insolvenzverwalter zustehen. Die Zulassung als Vertragsarzt stellt sich als Zuerkennung einer öffentlich-rechtlichen Berechtigung dar. Sie fällt bei Vermögensverfall des Vertragsarztes nicht in die Insolvenzmasse, so dass der Insolvenzverwalter nicht über sie verfügen und sie verwerten kann.[5]

Wird kein Antrag zum Zulassungsende gestellt, erlischt die Zulassung. Das Gesetz sieht keine Ausschreibung von Amts wegen vor.

---

1 Vgl. BSG, Urteil v. 20.3.2013 - B 6 KA 19/12 R NWB DokID: RAAAE-42705; BSG, Urteil vom 11.12.2013 - B 6 KA 49/12 R NWB DokID: QAAAE-60252.
2 SG Marburg, Urteil v. 11.1.2017 - S 12 KA 584/16 m. w. N.
3 BSG, Urteil v. 4.5.2016 - B 6 KA 21/15 R NWB DokID: IAAAF-82619.
4 KassKomm/Hess SGB V § 103 Rz. 18.
5 BSG, Urteil v. 10.5.2000 - B 6 KA 67/98 R Rz. 2; OLG München, Beschluss v. 7.5.2008 - 34 Sch 8/07, 34 Sch 008/07.

ee) Das Ausschreibungsverfahren

131 Das Ausschreibungsverfahren wird durch einen von dem Vertragsarzt an die zuständige Kassenärztliche Vereinigung zu richtenden Ausschreibungsantrag, der grundsätzlich formlos gestellt werden kann, in Gang gesetzt. Ausschreibungen „von Amts wegen" sind nicht vorgesehen; in diesem Fall verfällt der Vertragsarztsitz.[1]

Die Kassenärztlichen Vereinigungen verwenden regelmäßig entsprechende Formblätter, nach denen man sich vor Antragstellung erkundigen sollte. Eine jederzeitige Rücknahme des Antrages und dessen spätere Wiederholung ist allerdings nicht unbeschränkt möglich; das BSG hat mit Entscheidung vom 23.3.2016 festgestellt, dass die wiederholte Rücknahme eines Ausschreibungsantrags rechtsmissbräuchlich und deswegen ausgeschlossen sein kann.[2]

132 Sofern der Vertragsarzt über das Ausschreibungsverfahren nach einem geeigneten Bewerber sucht, empfehlen sich regelmäßig folgende Angaben:

► Angabe der Praxisanschrift

► Angabe des Fachgebietes

► Angaben über Zusatzbezeichnungen, Tätigkeitsschwerpunkte und sonstige Besonderheiten der Praxis

► Angaben über die Geräteausstattung der Praxis

► Angaben über den Grund der Praxisabgabe

► Angaben über die Vorstellung des Vertragsarztes über den Kaufpreis

► Angaben, ob die Privatpraxis ebenfalls mitverkauft wird

Favorisiert der Vertragsarzt demgegenüber schon einen bestimmten Praxisnachfolger, mit dem er sich im Rahmen eines Praxiskaufvertrages bereits handelseinig geworden ist, stellt sich die Situation anders dar. In diesem Fall dürften grundsätzlich die Angaben des Praxisinhabers, der Praxisanschrift und der Fachgebietsbezeichnung reichen, allerdings sollte der Vertragsarzt unbedingt darauf hinweisen, dass es bereits einen Erwerber gibt.[3] Hierdurch werden regelmäßig andere Bewerber von einer Bewerbung abgehalten, was im Sinne der Vertragsparteien des Praxiskaufvertrages liegt.

133 Die Kassenärztliche Vereinigung ist verpflichtet, den Vertragsarztsitz nach Erhalt des Antrages auf Ausschreibung des Vertragsarztsitzes unverzüglich in

---

1 BSG, Urteil v. 25.11.1998 - B 6 KA 70/97 R, MedR 1999 S. 382.

2 BSG, Urteil v. 23.3.2016 - B 6 KA 9/15 R NWB DokID: YAAAF-79949.

3 Klapp, S. 27.

dem amtlichen Bekanntmachungsblatt (Ärzteblätter der regionalen Kassenärztlichen Vereinigungen) zur Nachbesetzung auszuschreiben. Regelmäßig
wird das Ausschreibungsverfahren mit Rücksicht auf den laufenden Praxisbetrieb anonym durchgeführt. Gibt es bereits einen vom Praxisveräußerer favorisierten Bewerber, sollte die Kassenärztliche Vereinigung (KV) hierauf hinweisen.

Die KV setzt interessierten Bewerbern eine Bewerbungsfrist von zwei Wochen,
die auf Antrag des Praxisveräußerers auf eine Woche verkürzt bzw. auf
drei Wochen verlängert werden kann.[1]

Nach Ablauf der gesetzten Bewerbungsfrist übersendet die KV eine Liste der
eingegangenen Bewerbungen an den Zulassungsausschuss und an den ausschreibenden Vertragsarzt, vgl. § 103 Abs. 4 Satz 2 SGB V. Mit Übersendung
der Bewerbungsliste ist das Ausschreibungsverfahren beendet.

Als Bewerber um einen Vertragsarztsitz wird nur berücksichtigt, wer die all-   134
gemeinen Zulassungsvoraussetzungen nach § 95 Abs. 1 – 2 SGB V erfüllt und
einen vollständigen Zulassungsantrag gemäß § 18 Abs. 1 Satz 1 Ärzte-ZV ein-
reicht. Der Bewerber sollte mit seiner Bewerbung deutlich machen, dass er
bereit ist, die Praxis zu übernehmen und fortzuführen, ein konkretes Angebot
zum Abschluss eines Kaufvertrages muss die Bewerbung allerdings nicht enthalten.[2]

Gemäß § 25 SGB V haben die beteiligten Bewerber gegenüber dem Zulas-   135
sungsausschuss ein Recht auf Akteneinsicht sowie Fertigung von Kopien gegen
Kostenerstattung. Die Akteneinsicht umfasst neben den allgemeinen Unterlagen des Zulassungsausschusses auch die Unterlagen der Mitbewerber.[3]

Sofern der Vertragsarzt nicht schon vor dem Ausschreibungsverfahren einen   136
geeigneten Nachfolger für seine Praxis gefunden hat, besitzt er aufgrund der
Bewerberliste die Möglichkeit, mit einem oder mehreren Bewerbern Vertragsverhandlungen hinsichtlich einer Praxisübernahme zu führen. Hat sich der Vertragsarzt mit einem Bewerber geeinigt, ist es ratsam, mit diesem sogleich einen Praxiskaufvertrag zu schließen und die anderen Bewerber entweder zu
einer Rücknahme der Bewerbung zu bewegen oder mit diesen zumindest dahin gehend eine Einigung zu erzielen, dass sie im Falle ihrer eigenen Ableh-
nung keine Rechtsmittel einlegen.[4]

---

1 Schmitz/Binz/Oerter, S. 23.
2 Klapp, S. 31.
3 Klapp, S. 31.
4 Klapp, S. 32.

ff) Das Zulassungsverfahren

137 Beteiligte des Zulassungsverfahrens sind der ausschreibende Vertragsarzt, die Kassenärztliche Vereinigung, die Landesverbände der Krankenkassen und alle Bewerber. Gemäß § 39 Abs. 1 Ärzte-ZV hat der Zulassungsausschuss den der Zulassungsentscheidung zugrunde liegenden Sachverhalt von Amts wegen zu ermitteln.

138 Hat der Zulassungsausschuss der Durchführung des Nachbesetzungsverfahrens zugestimmt, prüft er nach Eingang der Bewerbungen, welche Bewerber die persönlichen und fachlichen Zulassungsvoraussetzungen für eine Nachbesetzung erfüllen. Haben sich in einem gesperrten Planungsbereich mehrere geeignete Bewerber um die Praxisnachfolge beworben, wählt der Zulassungsausschuss gemäß § 103 Abs. 4 Satz 4 SGB V einen dieser Bewerber nach pflichtgemäßem Ermessen aus.

Derjenige Bewerber, der vom Zulassungsausschuss ausgewählt wurde, ist zuzulassen, wenn er bereit ist, mindestens den Verkehrswert der Praxis als Kaufpreis zu akzeptieren und zu zahlen, vgl. § 103 Abs. 4 Satz 6 SGB V. Dasselbe gilt, wenn sich nur ein Bewerber um die Praxisnachfolge beworben hat.

Haben sich Praxisveräußerer und ausgewählter Bewerber bereits über den Kaufpreis der Praxis geeinigt, spielt der Verkehrswert der Praxis als Mindestwert keine Rolle. Der Zulassungsausschuss hat diese einschränkende Voraussetzung dann nicht zu prüfen; der Kaufpreis kann in diesem Falle dann sowohl über als auch unter dem Verkehrswert liegen.[1]

139 Der Zulassungsausschuss hat bei der Auswahl des Praxisnachfolgers nach pflichtgemäßem Ermessen die in § 103 Abs. 4, 5 und 6 SGB aufgeführten Auswahlkriterien zu prüfen:

▶ Berufliche Eignung

▶ Approbationsalter

▶ Dauer der ärztlichen Tätigkeit

Hierbei findet nur die ärztliche Tätigkeit bis zu 5 Jahren seit Approbation Berücksichtigung, da der maximale Erfahrungsstand hiernach erreicht sein soll.[2] Zeiten in Eltern- oder Pflegezeit sind zu berücksichtigen.

---

1 Schmitz/Binz/Oerter, S. 25; Klapp, S. 33.
2 BSG, Urteil v. 8.12.2010 - B 6 KA 36/09 R NWB DokID: GAAAD-80955.

- mindestens fünf Jahre dauernde vertragsärztliche Tätigkeit in einem Gebiet, in dem der Landesausschuss nach § 100 Abs. 1 SGB V das Bestehen von Unterversorgung festgestellt hat

- Bewerber ist bereit besondere Versorgungsbedürfnisse, die in der Ausschreibung der Kassenärztlichen Vereinigung definiert worden sind, zu erfüllen

Der Zulassungsausschuss soll also eine Bestenauswahl unter den Bewerbern treffen. Interessen Dritter sollen allerdings in engen Grenzen auch berücksichtigt werden.   140

Interessen des Abgebenden daran, seine Praxis in der Familie weiterzugeben sollen berücksichtigt werden. So hat der Zulassungsausschuss zu berücksichtigen, ob der Bewerber

- Ehegatte/Lebenspartner oder Kind des Ausschreibenden ist   141

Das Interesse Dritter an einer Fortsetzung einer bereits gemeinsamen Berufsausübung sollen berücksichtig werden. Der Zulassungsausschuss hat entsprechend zu berücksichtigen, ob   142

- der Bewerber angestellter Arzt des Ausschreibenden ist, oder

- der Bewerber ein Vertragsarzt ist, mit dem die Praxis bisher gemeinschaftlich ausgeübt wurde

Wirtschaftliche Interessen des abgebenden Arztes oder seiner Erben sind ebenfalls – allerdings nur eingeschränkt – zu berücksichtigen, nämlich nur bis zur Höhe des Verkehrswertes der Praxis.

Daneben können weitere Kriterien eine Auswahlentscheidung zumindest mittragen. Zu nennen sei hier z. B. die Dauer der Eintragung des Bewerbers in die Warteliste der Kassenärztlichen Vereinigung.

In der Praxis ist von Bedeutung, wie die einzelnen Auswahlkriterien vom Zulassungsausschuss gewichtet werden. Insoweit gilt, dass der Zulassungsausschuss zwischen Kriterien, die im Interesse des Bewerbers und Kriterien, die im Interesse des Praxisverkäufers liegen, und Kriterien, die der Kontinuität der Patientenversorgung dienen, differenzieren muss.[1] Der Zulassungsausschuss hat diese Kriterien nach pflichtgemäßem Ermessen gegeneinander abzuwägen, wobei zu beachten ist, dass die im Gesetz genannten Auswahlkriterien nicht abschließend sind, sondern noch weitere ergänzende Auswahlkriterien maß-

---

1 Schmitz/Binz/Oerter, S. 24; Klapp, S. 33.

geblich sein können.[1] So kann z. B. eine anerkannte Schwerbehinderung des Bewerbers gemäß § 129 SGB IX maßgeblich sein.

143 Der Zulassungsausschuss entscheidet nach obligatorischer mündlicher Verhandlung gemäß § 37 Abs. 1 Satz 1 Ärzte-ZV im Rahmen einer Zulassungsausschusssitzung.

In dieser Zulassungsausschusssitzung sprechen die Mitglieder des Zulassungsausschusses mit jedem Bewerber, um sich über jeden ein Bild zu machen. Weiterhin führt der Zulassungsausschuss mit dem ausschreibenden Vertragsarzt ein Gespräch. Die Entscheidung des Zulassungsausschusses wird gemäß § 41 Abs. 4 Ärzte-ZV in einem einheitlichen, mit Gründen versehenen Beschluss niedergelegt, in dem ggf. ein Bewerber zugelassen wird und die anderen Bewerber zurückgewiesen werden. Je eine Ausfertigung des Beschlusses (Bescheid) ist allen Beteiligten nach § 41 Abs. 5 Ärzte-ZV zuzustellen.

144 Gegen den Beschluss des Zulassungsausschusses kann jeder Verfahrensbeteiligte, und damit auch jeder konkurrierende Mitbewerber, innerhalb einer Frist von einem Monat nach Zustellung des Bescheides Widerspruch einlegen. Sofern kein Beteiligter Widerspruch einlegt, wird der Bescheid nach einem Monat bestandskräftig.

Legt z. B. ein Mitbewerber gegen die Zulassungsentscheidung Widerspruch ein, hat dieser aufschiebende Wirkung, d. h., der im Bescheid zunächst positiv beschiedene Vertragsarzt erhält die Zulassung zunächst nicht und kann erst einmal nicht an der vertragsärztlichen Versorgung teilnehmen, vgl. § 96 Abs. 4 SGB V; § 86a Abs. 1 Satz 1 SGG. Über den Widerspruch gegen den Zulassungsbescheid entscheidet der Berufungsausschuss, der mit drei Ärzten, drei Krankenkassenvertretern und einem Vorsitzenden, der Volljurist sein muss, besetzt ist. Wird dem Widerspruch vom Berufungsausschuss nicht abgeholfen, steht dem Widerspruchsführer gegen die Entscheidung des Berufungsausschusses der Rechtsweg zum Sozialgericht offen. In der Regel dürfte mit der Klage zugleich die Zulassung eines anderen Bewerbers angegriffen werden, in diesem Fall wird auch von einer „verdrängenden Konkurrentenklage" gesprochen.[2]

145 Praktisch stellt sich die Frage, wie angesichts der o. g. Kriterien ein Zulassungsverfahren so gestaltet werden kann, dass der gewünschte Praxiserwerber auch voraussichtlich Berücksichtigung findet. Rechtssichere Wege gibt es insoweit nicht. Der Zulassungsausschuss wird bei Zweifeln an der Qualifikation des Bewerbers nicht mit sich reden lassen. Jedoch ergeben sich aus der Zulassungs-

---

1 LSG Nordrhein-Westfalen v. 30.11.2005 - L 10 KA 29/05, MedR 2006 S. 616.
2 Klapp, S. 39.

praxis der Zulassungsausschüsse einige Hinweise darauf, wie der gewünschte Erwerber sich besser positionieren kann. So unter anderem Folgende:

► Der ausschreibende Vertragsarzt und der von ihm favorisierte Praxisnach-   146
  folger schließen einen Praxiskaufvertrag, auf den der abgabewillige Praxisveräußerer in seinem Ausschreibungsantrag hinweist.

► Der vom Praxisveräußerer favorisierte Bewerber lässt sich unmittelbar nach
  Ausschreibung der Praxis zusammen mit seiner fristgerechten schriftlichen
  Bewerbung in die Warteliste bei der KV eintragen, sofern er dort nicht be-
  reits eingetragen war.

► Nach Übersendung der Bewerberliste erklärt der Praxisveräußerer den anderen, von ihm nicht favorisierten Bewerbern, dass er nicht bereit ist, mit
  diesen einen privatrechtlichen Praxiskaufvertrag zu schließen. Gleichzeitig
  sollte der Versuch unternommen werden, die Mitbewerber dazu zu bewegen, ihre Bewerbung zurückzuziehen oder – alternativ – zu erreichen, dass
  diese im Falle ihrer jeweiligen Zurückweisung durch den Zulassungsausschuss keine Rechtsmittel einlegen.

► Verläuft das Auswahlverfahren nicht im Interesse des Praxisveräußerers,
  sollte dieser überlegen, den Ausschreibungsantrag zurückzuziehen. Diese
  Möglichkeit hat das BSG jedoch nunmehr deutlich begrenzt, indem es festgestellt hat, dass die wiederholte Rücknahme eines Ausschreibungsantrags
  rechtsmissbräuchlich und deswegen ausgeschlossen sein kann.[1]

► Der Praxisveräußerer und der von ihm favorisierte Nachfolger bereiten frühzeitig die Praxisübergabe, indem der gewünschte Nachfolger in der Praxis
  angestellt wird, zumindest aber regelmäßige Praxisvertretungen durch-
  führt.

► Soll der Sitz in eine Berufsausübungsgemeinschaft eingebracht werden, so
  kann der Praxisveräußerer sich frühzeitig der Berufsausübungsgemeinschaft anschließen. Erfolgt nun die Nachbesetzung, sind die Interessen der
  anderen Ärzte zu berücksichtigen. Jedoch sollte hier vor allzu offenkundigen
  „Konstruktionen" gewarnt werden. So hat das Landessozialgerichts Berlin-
  Brandenburg entschieden, dass „bei der Nachbesetzung in gesperrten Planungsbereichen eine Missbrauchskontrolle zulässig und ggfs. geboten" ist.
  Daraus folgt, dass dieses Vorgehen dann unzulässig sein soll, wenn es nur
  dazu dient der BAG ein „faktisches Veto-Recht" zu ermöglichen.[2]

---

1 BSG, Urteil v. 23.3.2016 - B 6 KA 9/15 R NWB DokID: YAAAF-79949.
2 LSG Berlin-Brandenburg, Urteil v. 12.9.2012 - L 7 KA 70/11 NWB DokID: AAAAE-28978.

147 HINWEIS:

Ein Ausschreibungsverfahren, mit dem ein öffentlich-rechtliches Nachbesetzungsverfahren in Gang gesetzt wird, bedarf aufgrund der Komplexität der Materie einer eingehenden Vorbereitung und aufmerksamen Begleitung. Von daher kann nur empfohlen werden, sich zuvor einer rechtlich fundierten Beratung durch einen entsprechend qualifizierten Rechtsanwalt zu unterziehen. Dieser sollte das Ausschreibungsverfahren rechtlich begleiten, um unangenehme Konsequenzen für den Praxisveräußerer und den Wunschbewerber zu vermeiden.

gg) Sonderfall: Übernahme von Sitzen durch Medizinische Versorgungszentren

148 Für Medizinische Versorgungszentren (nachfolgend „MVZ" genannt) sind gemäß § 72 Abs. 1 SGB V die Vorschriften des SGB V entsprechend anzuwenden, die für Ärzte gelten, die an der vertragsärztlichen Versorgung teilnehmen. Auch MVZ unterliegen der Bedarfsplanung in überversorgten Gebieten. Eine Gründung und fachliche Erweiterung von MVZ in überversorgten Gebieten kann daher nur im Rahmen des Nachbesetzungsverfahrens nach § 103 Abs. 4a SGB V erfolgen.[1] Der Gesetzgeber hat mit der Einführung der an der vertragsärztlichen Versorgung teilnehmenden MVZ zum 1.1.2004 den Interessentenkreis möglicher Praxisnachfolger für den Praxisveräußerer deutlich vergrößert. Der Praxisveräußerer kann mithin seine Praxis nicht nur an einen Arzt oder eine ärztliche Berufsausübungsgemeinschaft, sondern auch an ein MVZ verkaufen. Sogar nur der Verkauf des Vertragsarztsitzes ist in den Grenzen des § 103 Abs. 4a Satz 2 SGB V möglich.

(1) § 103 Abs. 4a Satz 1 SGB V - Kein Nachbesetzungsverfahren

149 Niedergelassene Ärzte können in einem zulassungsbeschränkten Planungsbereich auf Ihre Zulassung zugunsten eines MVZ verzichten, um sich in diesem MVZ anstellen zu lassen. Von besonderem Interesse ist diese Art des Übergangs des Vertragsarztsitzes deshalb, weil in diesem Fall kein ordentliches Nachbesetzungsverfahren mit entsprechenden Mitbewerbern zu erfolgen hat. Der Zulassungsausschuss hat die Anstellung in diesem Fall ohne Ermessensspielraum zu genehmigen. Durch die Regelung erhöht sich die Anzahl der Vertragsarztsitze in dem zulassungsbeschränkten Planungsbereich nicht.[2] Dem Arzt bleibt hier nur die Möglichkeit, seine Praxis an das MVZ zu veräußern.

---

1 Zwingel/Preißler, S. 139.
2 Steinbrück, Rz. 248.

(2) § 103 Abs. 4c SGB V - Nachbesetzungsverfahren

Niedergelassene Vertragsärzte können darüber hinaus ihre Zulassung auch im 150
Rahmen des Nachbesetzungsverfahrens auf ein MVZ übertragen, also ohne
dass sie dort selbst angestellt werden. Der Zulassungsausschuss muss in diesen Fällen seine Auswahl nach pflichtgemäßem Ermessen nach den üblichen
Kriterien treffen. Erhält das MVZ den Zuschlag, übernimmt es den Vertragsarztsitz als Arztstelle und führt die vertragsärztliche Versorgung dieser Arztstelle mit angestellten Ärzten fort. Die Gesetzesformulierung und auch die
Gesetzesbegründung legen damit nahe, dass nur die isolierte Vertragsarztzulassung übertragen werden kann und zumindest in diesem speziellen Fall
der sonst gerade nicht zulässige „Konzessionshandel" legitimiert wird.[1]

Für das Auswahlverfahren gilt allerdings eine Besonderheit. Gemäß § 103
Abs. 4c SGB V sollen MVZ, in denen die Vertragsärzte nicht die Mehrheit der
Geschäftsanteile und Stimmrechte besitzen, bei der Bewerbung um die Praxisnachfolge (und anschließende Einbringung der Praxis in das MVZ) nachrangig
berücksichtigt werden. Damit soll verhindert werden, dass immer mehr Arztpraxen durch kapitalstarke MVZ-Träger in MVZ eingebunden werden.

(3) Nachbesetzung von Arztstellen im MVZ und bei Arztpraxen

Nach § 103 Abs. 4a Satz 5 SGB V kann ein MVZ im Falle eines Ausscheidens 151
eines angestellten Arztes aus dem MVZ die frei werdende Arztstelle mit einem
Nachfolger besetzen, ohne dass hierfür ein förmliches Nachbesetzungsverfahren durchgeführt werden muss. In diesem Fall hat der Zulassungsausschuss
auf bloßen Antrag des MVZ die Anstellung des Nachfolgers zu genehmigen.[2]

§ 103 Abs. 4b Satz 1 und 2 SGB V ist seinem Wortlaut nach so zu verstehen,
dass ein Arzt nach Verzicht auf seine Vertragsarztzulassung zugunsten eines
anderen Arztes ohne Weiteres ausscheiden könnte und die frei werdende Arztstelle dann wiederum ohne Nachbesetzungsverfahren mit einem Nachfolger
besetzt werden würde. Das birgt das Risiko, dass der Sitzverzicht zur Anstellung im MVZ sich in eine allgemeine Übertragungsform von Sitzen auf MVZ
losgelöst von der Person des Übertragenden entwickeln würde. Dieses Risiko
hat auch das BSG[3] gesehen. Es hat daher betont, dass für einen Sitzverzicht
gegen Anstellung im MVZ auch ein Fortführungswillen bei dem in die Anstel-

---

1 Rieger/Dahme/Steinhilper, a. a. O. Rz. 28; Ratzel, ZMGR 2004 S. 63; Dahm in: Dahm/Möller/
   Ratzel, Rechtshandbuch Medizinische Versorgungszentren, Kapitel VI., Rz. 26; Steinbrück, Rz. 249.
2 Dahm in: Dahm/Möller/Ratzel, a. a. O., Kapitel VI. Rz. 112; Behnsen, Das Krankenhaus 2004
   S. 700; Steinbrück, Rz. 334.
3 BSG, Urteil v. 4.5.2016 - B 6 KA 21/15 R NWB DokID: IAAAF-82619.

lung wechselnden Arzt bestehen muss. Zum Zeitpunkt des Sitzverzichts muss dieser einen subjektiven Fortführungswillen für einen Zeitraum von drei Jahren gehabt haben. Praktisch bedeutet dies, dass bei einem frühzeitigen Ausscheiden des Arztes zu klären ist, ob die Gründe hierfür schon vor dem Sitzverzicht vorlagen oder erst später entstanden sind. Je länger der Arzt in der Anstellung verbleibt, desto geringer sind die Bedenken hinsichtlich des Fortführungswillens.

4. Abgabe/Übernahme eines Anteils an einer Berufsausübungsgemeinschaft oder an einer MVZ-Gesellschaft

a) Allgemeines

152   Die bisherigen Ausführungen betrafen die Abgabe und Übernahme einer ärztlichen Einzelpraxis.

Eine Praxisnachfolge bei einer Berufsausübungsgemeinschaft oder einem Medizinischen Versorgungszentrum, welches in der Rechtsform einer Gesellschaft bürgerlichen Rechts (GbR) geführt wird oder in der Trägerschaft einer GmbH steht, vollzieht sich im Wege der Übernahme eines Gesellschaftsanteils. Regelmäßig erwirbt der Erwerber in diesen Fällen nicht sämtliche Gesellschaftsanteile, sondern nur einen bestimmten Gesellschaftsanteil, nämlich denjenigen des ausscheidenden ärztlichen Gesellschafters.

153–154   *(Einstweilen frei)*

b) Rechtskauf

155   Im Gegensatz zum Kauf einer Einzelpraxis handelt es sich hierbei um einen reinen Rechtskauf i. S. d. § 453 BGB.[1] Der aus der Berufsausübungsgemeinschaft (BAG) oder der MVZ-Gesellschaft ausscheidende Gesellschafter verpflichtet sich in einem einheitlichen Kauf- und Abtretungsvertrag bzw. Anteilsübertragungsvertrag (vgl. die §§ 398, 433 ff., 453 BGB), seinen Gesellschaftsanteil auf den in die BAG bzw. die MVZ-Gesellschaft eintretenden Gesellschafter zu übertragen.

Der ausscheidende Gesellschafter darf über seinen Gesellschaftsanteil nur mit Zustimmung der in der BAG oder der MVZ-Gesellschaft verbleibenden Gesell-

---

1 Rödder/Hötzel/Mueller-Thuns, Unternehmenskauf Unternehmensverkauf, § 1 Rz. 8.

schafter verfügen.[1] Diese Zustimmung hat der seinen Gesellschaftsanteil veräußernde ärztliche Gesellschafter entsprechend einzuholen.

c) Rechtsfolgen

Liegen alle Wirksamkeitsvoraussetzungen für den Kauf- und Abtretungsvertrag vor, wird der Erwerber Gesellschafter der BAG bzw. der MVZ-Gesellschaft, mit der Folge, dass grundsätzlich alle Rechte und Pflichten des ausscheidenden ärztlichen Gesellschafters auf den neu in die Gesellschaft eintretenden Gesellschafter übergehen. Der neue Gesellschafter der BAG bzw. der MVZ-Gesellschaft erwirbt mit dem Gesellschaftsanteil eine entsprechende Berechtigung an den materiellen Praxisgegenständen, darüber hinaus in Bezug auf den Goodwill auch an den immateriellen Gegenständen.[2]

156

d) Form, Anzeige- und Genehmigungspflichten

Grundsätzlich kann ein Kauf- und Anteilsübertragungsvertrag, mit dem ein Anteil an einer BAG oder einer MVZ-Gesellschaft veräußert und übertragen wird, formfrei geschlossen werden. Dies gilt auch dann, wenn zum Vermögen der BAG oder der MVZ-Gesellschaft ein Grundstück gehört, da Grundstückseigentümer die BAG oder die MVZ-Gesellschaft bleibt und lediglich ein Gesellschafter ausscheidet und für diesen ein anderer hinzutritt.[3] Eine notarielle Beurkundungspflicht kann sich jedoch im Einzelfall aus § 311b BGB ergeben, z. B., wenn der zu veräußernde Gesellschaftsanteil das gesamte Vermögen des ausscheidenden ärztlichen Gesellschafters darstellt, vgl. § 311 Abs. 3 BGB.

157

Sofern der Anteil an der BAG oder der MVZ-Gesellschaft im Wege der Schenkung übertragen werden sollte, ist darauf hinzuweisen, dass der Anteilsübertragungsvertrag ebenfalls notariell beurkundet werden muss.

In zulassungsrechtlicher und berufsrechtlicher Hinsicht bedarf die durch die Anteilsabtretung verbundene personelle Veränderung der BAG bzw. der MVZ-Gesellschaft der Genehmigung des Zulassungsausschusses nach § 33 Abs. 3 Ärzte-ZV[4] sowie gemäß § 24 MBO-Ä der Anzeigepflicht gegenüber der Ärztekammer durch die Vorlage entsprechender Verträge.

1 Palandt/Sprau, § 719 Rz. 6.
2 Rieger, Rz. 213.
3 Münchener Kommentar-Ulmer, § 719 Rz. 26.
4 Nach dem Urteil des BSG v. 16.7.2003 - B 6 KA 34/02 R (LSG Nordrh.-Westf.) ist für die Genehmigung die Vorlage des Gesellschaftsvertrages erforderlich.

e) Zustimmung der Patienten

158   Im Hinblick auf die Anforderungen des Bundesdatenschutzgesetzes sollte im Kauf- und Anteilsübertragungsvertrag geregelt werden, dass der neue ärztliche Gesellschafter die Patientenkartei der BAG bzw. der MVZ-Gesellschaft nur einsehen darf, sofern die Patienten dem schriftlich zugestimmt haben. Etwas anderes dürfte gelten, wenn der neue Gesellschafter vor seiner gesellschaftsrechtlichen Beteiligung bereits als angestellter Vertragsarzt in der BAG bzw. der MVZ-Gesellschaft gearbeitet hat.

f) Haftung für Altverbindlichkeiten

159   In analoger Anwendung des § 130 HGB haftet auch der in eine BAG oder eine MVZ-GbR eintretende neue ärztliche Gesellschafter für die vor seinem Eintritt begründeten Altverbindlichkeiten der Gesellschaft gesamtschuldnerisch gegenüber Dritten.

Hintergrund ist, dass die Gesellschaft bürgerlichen Rechts, soweit sie als Außengesellschaft am Rechtsverkehr selbständig teilnimmt, mittlerweile prozess- und rechtsfähig ist[1] und die Gesellschafter – mithin auch der neu eintretende Gesellschafter – für die Verbindlichkeiten der GbR u. U. auch mit Ihrem persönlichen Vermögen einstehen.

Von daher betrachtet ist die Übernahme eines Anteils an einer BAG oder einer MVZ-GbR für den Erwerber u. U. mit erheblichen haftungsrechtlichen Risiken verbunden. Dieses Risiko kann sich im Extremfall sogar dahin gehend realisieren, dass der neue Gesellschafter aufgrund der gesamthänderischen Haftung für Altverbindlichkeiten der GbR allein einzustehen hat und sein interner Regressanspruch gegenüber den Altgesellschaftern wegen deren Zahlungsfähigkeit ins Leere geht. Gleichwohl sollte auf jeden Fall in dem Kauf- und Anteilsübertragungsvertrag eine entsprechende Freistellungserklärung der Altgesellschafter aufgenommen werden, nach der die bisherigen Gesellschafter der BAG bzw. der MVZ-GbR den neu hinzutretenden ärztlichen Gesellschafter im Innenverhältnis von jedweder Haftung für die vor seinem Eintritt begründeten Altverbindlichkeiten freistellen, ggf. abgesichert durch eine entsprechende Bankbürgschaft.[2]

Aufgrund dieser Haftungssituation muss die sehr ernst zu nehmende Empfehlung ausgesprochen werden, dass sich der potenzielle Erwerber eines BAG-

---

1   Münchener Kommentar-Ulmer, § 705 Rz. 298 ff., m. w. N.; Palandt/Sprau, § 705 Rz. 24.
2   Steinbrück, Rz. 224.

oder MVZ-Gesellschaftsanteils vor (!) Abschluss des Kauf- und Anteilsübertragungsvertrages sehr sorgfältig darüber informieren muss, über welche Verbindlichkeiten die Zielgesellschaft verfügt. Möller[1] schlägt in diesem Zusammenhang völlig zu Recht vor, dass sich der an der Übernahme eines Gesellschaftsanteils an einer BAG interessierte Arzt wegen erheblicher Haftungsrisiken „ein genaues Bild der Verhältnisse" der Zielgesellschaft machen sollte und deshalb die allgemein für einen Unternehmenskauf geltenden Grundsätze einer „Due Diligence-Prüfung", die die rechtlichen, steuerlichen, finanziellen und betriebswirtschaftlichen Risiken der Gesellschaft zum Gegenstand hat, beherzigen sollte.

(Einstweilen frei)   160–176

5. Checkliste

Die nachstehende Checkliste erhebt keinen Anspruch auf Vollständigkeit, sondern soll lediglich dazu dienen, dem Veräußerer und Erwerber einen Überblick zu geben, welche Punkte im Zusammenhang mit der Praxisübergabe zu beachten sind.   177

a) Für den Veräußerer

Zeitrahmen für die Praxisabgabe einplanen (mind. 12 – 15 Monate zwischen Entschluss zur Veräußerung und Übergabetag)   178

► Frühzeitige Einschaltung von Beratern (Rechtsanwalt/Steuerberater, ggf. auch Finanzberater/Bank) und Analyse der rechtlichen und steuerlichen, ggf. auch finanziellen Situation

► Bei Bedarf Verbesserung des Erscheinungsbildes der Praxis, ggf. Renovierung der Praxisräume

► Wartung der apparativen Einrichtungen; ggf. betriebsbezogene Genehmigungen prüfen

► Sichtung und Zusammenstellung sämtlicher Praxisverträge (Arbeitsverträge, Miet- und Leasingverträge, Wartungsverträge, Versicherungsverträge usw.)

► Zusammenstellung der Praxisforderungen und Schulden

► Praxisbewertung durchführen, i. d. R. durch Einschaltung eines Sachverständigen; hierfür mindestens erforderlich:

---

1 Möller, MedR 2004 S. 69 (75).

- Inventarverzeichnis
- Betriebswirtschaftliche Auswertung (BWA)
- Einnahmen-/Überschussrechnung (mind.) der letzten 3 Jahre
- Abrechnungen der Kassenärztlichen Vereinigung (mind.) der letzten 3 Jahre

► Suche eines geeigneten Nachfolgers/Bewerbers (z. B. durch Schaltung von Inseraten, Sichtung von Praxisbörsen, Durchsicht der Wartelisten der KV, Einschaltung von Maklern, Nachfrage im Kollegen- und Bekanntenkreis usw.); ggf. auch MVZ als möglichen Nachfolger/Erwerber in Betracht ziehen

► Beginn der Vertragsverhandlungen mit Erwerber; hier insbesondere:

- Abstimmung bzgl. Übernahme Praxisverträge, insb. frühzeitige Abklärung Übernahme Mietverhältnis (unter Einschaltung des Vermieters)
- Einigung bzgl. Kaufpreis und sonstiger Vertragsmodalitäten

► Kaufpreisforderung durch Bankbürgschaft absichern

► Abschluss des Praxisübernahmevertrages und Vorlage bei der Ärztekammer

► Nachbesetzungsverfahren beantragen und durchführen

► Praxisbetrieb auf Übergabe vorbereiten, insb. Abstimmung Behandlungspläne mit Patienten, ggf. auch Einholung Zustimmung der Patienten bzgl. Patientenkartei; ggf. Mitarbeit des Erwerbers in der Praxis vor Übergabe regeln (z. B. im Rahmen einer Assistenten- oder Angestelltentätigkeit)

► (Gemeinsame) Unterrichtung der Mitarbeiter gem. § 613a Abs. 5 BGB

► Kündigung von Versicherungs- und sonstigen Verträgen, falls keine Übernahme durch Erwerber; Abstimmung mit Berufshaftpflichtversicherung bzgl. Nachhaftung

► Öffentlich-rechtliche (Ab-)Melde- bzw. Anzeigepflichten beachten (z. B. Gesundheitsamt, Gewerbeaufsichtsamt (z. B. bei Betrieb einer Röntgeneinrichtung), ärztlicher Berufsverband, Versorgungseinrichtungen, Berufsgenossenschaft für Gesundheitsdienst und Wohlfahrtspflege)

► Übergabe der Praxis bei bestandskräftiger Zulassung des Erwerbers

b) Für den Erwerber

179 Vorüberlegung: Abwägung der Vor- und Nachteile einer Praxisübernahme im Gegensatz zur Neugründung

▶ Zeitrahmen für die Praxisübernahme einplanen (mind. 12 – 15 Monate zwischen Kaufentschluss und Übernahmetag)

▶ Frühzeitige Einschaltung von Beratern (Rechtsanwalt/Steuerberater) und Analyse der rechtlichen und steuerlichen Situation

▶ Ermittlung des Finanzbedarfs und Planung der Finanzierung; Einschaltung Finanzberater/Bank

▶ In zulassungsbeschränkten Gebieten Eintragung in KV-Warteliste

▶ Suche nach geeigneter Praxis (z. B. durch Sichtung von Inseraten, Praxisbörsen und Veröffentlichungen der KV, Einschaltung von Maklern, Nachfrage im Kollegen- und Bekanntenkreis usw.) und Kontaktaufnahme mit Praxisinhaber

▶ Beginn der Vertragsverhandlungen mit Veräußerer; hier insbesondere:

– Sichtung und Analyse sämtlicher Praxisunterlagen, insb. Verträge (z. B. Mietvertrag, Arbeitsverträge, Leasingverträge, Wartungsverträge, Versicherungsverträge, Softwareverträge, Kooperations- und Belegarztverträge) und betriebswirtschaftliche und steuerliche Unterlagen (z. B. Inventarverzeichnis, Betriebswirtschaftliche Auswertung, Einnahmen-/Überschussrechnung, KV-Abrechnungen); ggf. Hinzuziehung Berater

– Abstimmung bzgl. Übernahme Praxisverträge, insb. frühzeitige Abklärung Übernahme Mietverhältnis (unter Einschaltung des Vermieters)

– Prüfung der apparativen Einrichtungen, insb. hinsichtlich Zustand, Wartung und betriebsbezogenen Genehmigungen

– Einigung bzgl. Kaufpreis und sonstiger Vertragsmodalitäten

▶ Gegebenenfalls Bestellung Bankbürgschaft

▶ Abschluss des Praxisübernahmevertrages und Vorlage bei der Ärztekammer

▶ In gesperrten Gebieten Nachbesetzungsverfahren überwachen, insbesondere Einhaltung der Bewerbungsfrist

▶ Überlegungen bzgl. Mitarbeit in der Praxis vor Übergabe (z. B. im Rahmen einer Assistenten- oder Angestelltentätigkeit)

▶ (Gemeinsame) Unterrichtung der Mitarbeiter gem. § 613a Abs. 5 BGB

▶ Wenn möglich Übernahme Telefon-/Fax- und Internetanschluss des Veräußerers (unter Beibehaltung der bisherigen Nummern)

▶ Öffentlich-rechtliche Anzeige- und Meldepflichten beachten (z. B. ärztlicher Berufsverband, Gesundheitsamt, Gewerbeaufsichtsamt (z. B. bei Betrieb einer Röntgeneinrichtung; hier auch Einholung der Genehmigung nach § 3

Röntgenverordnung beachten), Versorgungseinrichtungen, Berufsgenossenschaft für Gesundheitsdienst und Wohlfahrtspflege, Finanzamt, Agentur für Arbeit)

► Abschluss bzw. Anpassung Berufshaftpflicht- und sonstiger praxisbezogener Versicherungen

► Überlegung bzgl. Marketingmaßnahmen (unter Beachtung der (standes-) rechtlichen Vorgaben), z. B. Eintragung in Ärzte- und Branchenverzeichnisse, Telefonbücher und Internetsuchmaschinen; Anzeige in örtlicher Presse; Darstellung neuer Praxisphilosophie/Leitbild im Rahmen von Patienteninformationen oder Praxisbroschüren; Erstellung Praxishomepage; Vorstellung bei Kollegen in der Umgebung

6. Mustervertrag

180   Zwischen

Frau/Herrn Dr. ..., wohnhaft ...

- im Folgenden „Veräußerer" -

Und

Frau/Herrn Dr. ..., wohnhaft ...

- im Folgenden „Erwerber" -

wird folgender

Praxisübernahmevertrag

geschlossen:

§ 1 Gegenstand des Vertrages

1. Der Veräußerer ist Facharzt für ... und Inhaber einer Facharztpraxis in ... (Anschrift).

2. Er veräußert hiermit seine vorstehend bezeichnete Facharztpraxis an den Erwerber. Gegenstand der Veräußerung ist zum einen die Praxiseinrichtung, bestehend aus den medizinischen Gerätschaften und Instrumenten, Einrichtungsgegenständen, Materialien und Vorräten, die sich aus dem als **Anlage 1** beigefügten Inventarverzeichnis ergeben, sowie zum anderen der ideelle Praxiswert (Goodwill). Zur Praxiseinrichtung zählt auch die Patientenkartei, über die der Erwerber ausschließlich nach Maßgabe des § ... verfügen darf.

§ 2 Übergabedatum

Die Übergabe der Praxis erfolgt am ... (Datum), nicht jedoch vor Bestandskraft der Zulassung des Erwerbers zur Teilnahme an der vertragsärztlichen Versorgung. Ab diesem Zeitpunkt führt der Erwerber die Praxis in eigenem Namen und auf eigene Rechnung fort.

§ 3 Übertragung der Praxiseinrichtung

1. Der Veräußerer übereignet dem die Übereignung annehmenden Erwerber die Praxiseinrichtung gem. **Anlage 1**.

2. Soweit in der **Anlage 1** nichts anderes vermerkt ist, versichert der Veräußerer, dass die Praxiseinrichtung in seinem alleinigen Eigentum steht und frei von Rechten Dritter ist.

3. Die Übereignung der Praxiseinrichtung erfolgt unter den aufschiebenden Bedingungen der vollständigen Kaufpreiszahlung und der bestandskräftigen Zulassung des Erwerbers zur Teilnahme an der vertragsärztlichen Versorgung.

4. Nach bestandskräftiger Zulassung des Erwerbers wird der Veräußerer diesen in die Praxis einweisen. Zudem werden die medizinischen Gerätschaften und das sonstige Inventar überprüft und ein Übergabeprotokoll gefertigt, das für beide Teile verbindlich ist.

5. Der Veräußerer wird die Praxiseinrichtung (**Anlage 1**) bis zur Übergabe der Praxis sorgsam behandeln.

§ 4 Gewährleistung

1. Der Veräußerer hat die Praxiseinrichtung gem. **Anlage 1** in einem ordnungsgemäßen und funktionsfähigen Zustand zu übergeben, welcher in dem Übergabeprotokoll gem. § 3 Abs. 4 dieses Vertrages dokumentiert wird. Die Übernahme der Praxiseinrichtung (**Anlage 1**) erfolgt wie besichtigt und wird im Übergabeprotokoll festgehalten.

2. Eine Haftung des Veräußerers für Sach- und Rechtsmängel ist ausgeschlossen, es sei denn, der Veräußerer hat einen Mangel arglistig verschwiegen.

§ 5 Kaufpreis und Bankbürgschaft

1. Der Kaufpreis für die Praxiseinrichtung beträgt EUR ... (in Worten)

   Der Kaufpreis für den ideellen Praxiswert (Goodwill) beträgt EUR ... (in Worten)

   Der Gesamtkaufpreis beträgt EUR ... (in Worten)

2. Die Parteien haben sich in Ansehung des Kaufpreises anhand des als **Anlage 2** beigefügten Praxiswertgutachtens geeinigt. Der Praxisverkäufer übernimmt keine Gewähr für die Richtigkeit des Gutachtens.

3. Der Praxiskäufer hat die dem Gutachten zugrunde liegenden Unterlagen, insbesondere die Quartalsabrechnungen der Kassenärztlichen Vereinigung des letzten Jahres, den durchschnittlichen Bruttojahresumsatz aus vertragsärztlicher und privatärztlicher Tätigkeit während der letzten drei Jahre anhand der Einnahmen-/Überschussrechnung der letzten drei Jahre, den Privatpatientenanteil am Bruttojahresumsatz sowie ... eingesehen.

4. Eine Garantie für die künftige Umsatz- und Gewinnentwicklung der Praxis wird seitens des Veräußerers nicht übernommen.

5. Dem Veräußerer sind gegen ihn gerichtete Prüfungs- und/oder Regressverfahren der Kassenärztlichen Vereinigung nicht bekannt.

6. Der Kaufpreis wird mit Übergabe der Praxis (§ 2 dieses Vertrages) zur Zahlung fällig. Er ist zu zahlen auf das Konto des Veräußerers bei der

   (Bank)

   BLZ: ...

   Konto-Nr.: ...

7. Bis zur vollständigen Zahlung des Kaufpreises bleibt der Veräußerer Eigentümer der Praxiseinrichtung. Der Erwerber ist bis zu diesem Zeitpunkt nicht berechtigt, die Praxis oder Teile der Praxiseinrichtung ohne Zustimmung des Veräußerers zu veräußern.

8. Der Erwerber verpflichtet sich, bis spätestens zum ... eine selbstschuldnerische, unbedingte, unbefristete und unwiderrufliche Bürgschaft einer deutschen Bank oder Sparkasse in Höhe des Kaufpreises beizubringen. Erfüllt der Erwerber diese Verpflichtung nicht, hat der Veräußerer das Recht, vom Vertrag zurückzutreten. Der Anspruch des Veräußerers auf Schadensersatz bleibt unberührt.

§ 6 Patientenkartei

1. Mit der Übergabe der Praxis und der vollständigen Zahlung des Kaufpreises geht die Patientenkartei mit sämtlichen Patientenunterlagen vorbehaltlich der schriftlichen Einwilligungserklärung der Patienten in das Eigentum des Erwerbers über.

2. Liegt bis zum Datum der Praxisübergabe keine schriftliche Einwilligung der Patienten vor, nimmt der Erwerber die Patientenkartei für den Veräußerer in Verwahrung. Auf das Verwahrungsverhältnis finden die §§ 688 ff. BGB Anwendung, soweit sich nicht nachfolgend Abweichendes ergibt:

3. Der Erwerber wird gemäß den „Empfehlungen zur ärztlichen Schweigepflicht, Datenschutz und Datenverarbeitung in der Arztpraxis" der Bundesärztekammer und Kassenärztlichen Bundesvereinigung die übernommene Patientenkartei des Veräußerers in einem verschlossenen, von der neuen Kartei des Erwerbers getrennten Schrank aufbewahren und vor dem Zugriff des Praxispersonals sichern. Der Veräußerer erhält einen Zweitschlüssel zu diesem Aktenschrank und ein Zutrittsrecht nach Voranmeldung.

4. Der Erwerber verpflichtet sich, auf die Kartei des Veräußerers nur zurück zu greifen, wenn der Patient ihrer Nutzung durch den Erwerber schriftlich zugestimmt hat, oder wenn er durch sein Erscheinen in der Praxis schlüssig zum Ausdruck bringt, dass er die Nutzung der Kartei bzw. seiner Patientenunterlagen durch den Erwerber billigt. In diesem Fall dürfen die Unterlagen des zustimmenden Patienten aus der Kartei des Veräußerers entnommen und in die laufende Patientenkartei des Erwerbers übernommen werden. Die entnommenen Patientenunterlagen werden von dem Erwerber in einer fortlaufenden Liste erfasst.

5. Die Aufbewahrung der Kartei durch den Erwerber für den Veräußerer erfolgt unentgeltlich; § 690 BGB findet keine Anwendung. Die Aufbewahrungspflicht des Erwerbers endet grundsätzlich mit Ablauf der in den ärztlichen Berufsordnungen vorgeschriebenen Aufbewahrungsfristen. Die §§ 693, 695 und 697 BGB finden keine Anwendung.

6. Die vorstehenden Bestimmungen gelten für die mittels EDV archivierten Patientendaten und -unterlagen entsprechend. Der Datenbestand ist zu sperren und mit einem Passwort zu versehen, von dem nur nach entsprechender Zustimmung des Patienten und in ihn betreffendem Umfang Gebrauch gemacht werden darf.

7. Sollten Patienten dem Verbleib ihrer Patientenunterlagen widersprechen, kann der Erwerber hieraus keinerlei Ansprüche gegen den Veräußerer geltend machen.

8. Der Veräußerer ist befugt, nach Voranmeldung in die für ihn verwahrten bzw. gespeicherten Patientenunterlagen und -daten Einsicht zu nehmen und gegen Kostenerstattung Kopien anzufertigen, sofern er ein berechtigtes Interesse glaubhaft macht.

9. Die Übereignung der Patientenkartei steht unter den aufschiebenden Bedingungen der vollständigen Kaufpreiszahlung und der bestandskräftigen Zulassung des Erwerbers zur Teilnahme an der vertragsärztlichen Versorgung.

§ 7 Übernahme der Mitarbeiter

1. Der Erwerber übernimmt die Mitarbeiter der Praxis und tritt mit allen Rechten und Pflichten in die in der **Anlage 3** aufgeführten, bestehenden und ungekündigten Arbeitsverhältnisse ein. Der Veräußerer versichert, dass keine weiteren Beschäftigungsverhältnisse bestehen.

2. Mündliche Arbeitsverträge bestehen nicht. Schriftliche Arbeitsverträge wurden nicht durch mündliche Absprachen abgeändert.

3. Der Veräußerer versichert, dass die bestehenden Arbeitsverträge nach Unterzeichnung dieses Vertrages nicht mehr ohne vorherige schriftliche Zustimmung des Praxiskäufers geändert und keine neuen Mitarbeiterinnen/ Mitarbeiter eingestellt werden.

4. Die Parteien werden die in der **Anlage 3** aufgeführten Mitarbeiter vor der Praxisübergabe gemeinsam ordnungsgemäß und unter Beachtung der Vorgaben des § 613a Abs. 5 BGB über den Übergang der Praxis unterrichten.

5. Veräußerer und Erwerber erstatten der jeweils anderen Vertragspartei im Innenverhältnis bis zum Zeitpunkt der Praxisübergabe bzw. ab dem Zeitpunkt der Praxisübergabe regelmäßig wiederkehrende und gezahlte Gehaltszulagen, wie z. B. Weihnachts- oder Urlaubsgeld, zeitanteilig.

6. Der Veräußerer stellt den Erwerber im Falle der Inanspruchnahme für rückständige Beiträge zur Sozialversicherung und Lohnsteuer, die vor der Praxisübergabe entstanden sind, frei.

§ 8 Mietvertrag

1. Der Mietvertrag bezüglich der Praxisräumlichkeiten ist diesem Vertrag als **Anlage 4** beigefügt.

2. Die Parteien wirken gemeinsam auf eine einverständliche Regelung zur Mietvertragsübernahme bzw. zum Abschluss eines neuen Mietvertrages des Erwerbers mit dem Vermieter hin und bemühen sich um dessen Zustimmung.

3. Nach Übergabe der Praxis haftet allein der Erwerber für die ab diesem Zeitpunkt entstehenden Mietverbindlichkeiten. Insoweit wird er den Veräußerer im Falle der Inanspruchnahme durch den Vermieter im Innenverhältnis freistellen.

4. Der Vollzug dieses Vertrages steht unter der aufschiebenden Bedingung, dass eine Einigung mit dem Vermieter im Sinne des § 7 Abs. 2 erzielt wird.

§ 9 Sonstige laufende Verträge

1. Bezüglich des Kaufgegenstandes bestehen die in der **Anlage 5** aufgeführten Versicherungs-, Wartungs- und sonstigen laufenden Verträge. Der Erwerber tritt in diese Verträge vorbehaltlich der Zustimmung der jeweiligen Vertragspartner ein und stellt den Veräußerer ab dem Zeitpunkt der Praxisübergabe von allen aus diesen Verträgen resultierenden Verbindlichkeiten frei.

2. Der Veräußerer verpflichtet sich, dem Erwerber, soweit möglich, die Telefonanschlüsse mit den Rufnummern ... zu überlassen und die hierfür erforderlichen Erklärungen gegenüber dem Telekommunikationsunternehmen abzugeben.

3. Die Verbindlichkeiten aus diesen Verträgen hat der Veräußerer im Innenverhältnis bis zum Übergabedatum (§ 2) zu übernehmen. Im Übrigen stellt der Erwerber den Veräußerer von allen Verbindlichkeiten aus den genannten Verträgen frei.

§ 10 Forderungen und Verbindlichkeiten (Rechnungsabgrenzung)

1. Der Veräußerer wird alle von ihm bis zur Praxisübernahme erbrachten ärztlichen Leistungen abrechnen, die hieraus resultierenden Honorarforderungen stehen dem Veräußerer zu. Sollten Zahlungen irrtümlich auf dem Konto der anderen Vertragspartei eingehen, sind diese unverzüglich auf das Konto des berechtigten Vertragspartners zu überweisen.

2. Für Steuer- und Abgabenforderungen (z. B. Sozialabgaben) sowie sonstige den Kaufgegenstand betreffende Verbindlichkeiten haftet der Veräußerer,

soweit sie bis zur Praxisübergabe entstanden sind oder ihren Ursprung aus dem Zeitraum vor der Übergabe der Praxis haben. Dies gilt auch für solche Verbindlichkeiten, die erst nach der Praxisübernahme durch den Erwerber geltend gemacht werden (z. B. Nachforderungen aufgrund von steuerlichen Betriebsprüfungen). Der Veräußerer stellt den Erwerber im Innenverhältnis von entsprechenden Ansprüchen Dritter frei. Im Gegenzug stellt der Erwerber den Veräußerer von allen Forderungen Dritter frei, die nach der Praxisübernahme entstanden sind; für nach der Praxisübergabe entstandene Praxisverbindlichkeiten haftet ausschließlich der Erwerber.

§ 11 Altverbindlichkeiten

Für Steuer- und Abgabenforderungen (einschl. Sozialabgaben) sowie sonstige Verbindlichkeiten, die vor der Praxisübergabe vom Veräußerer begründet wurden und die der Erwerber nicht ausdrücklich übernommen hat, haftet ausschließlich der Veräußerer. Insoweit stellt er den Erwerber im Innenverhältnis von entsprechenden Ansprüchen und Verpflichtungen frei.

§ 12 Mitwirkungs- und Unterstützungspflichten

Die Vertragsparteien werden sich wechselseitig jegliche Auskünfte erteilen und an jeglichen Rechtsgeschäften, Erklärungen und sonstigen Rechtshandlungen mitwirken, die zur ordnungsgemäßen Durchführung dieses Vertrages erforderlich sind. Im Hinblick auf die Erteilung von Genehmigungen und Zustimmungen Dritter werden sich die Vertragsparteien gemeinsam hierum bemühen und im gegenseitigen Einvernehmen zusammenarbeiten. Der Veräußerer wird insbesondere zur Umschreibung der Verträge seine Zustimmung erteilen und im Übrigen auf Verlangen alle hierzu notwendigen Erklärungen abgeben.

§ 13 Vertragsarztzulassung und Nachbesetzungsverfahren

1. Der Erwerber versichert, dass hinsichtlich seiner Zulassung zur Teilnahme an der vertragsärztlichen Versorgung keine Hindernisse entgegenstehen. Veräußerer und Erwerber werden alle notwendigen Schritte unternehmen, Erklärungen abgeben, Maßnahmen einleiten und an Rechtshandlungen mitwirken, um zu erreichen, dass der Erwerber zum Übergabedatum (vgl. § 2 dieses Vertrages) im Wege des Nachbesetzungsverfahrens als Praxisnachfolger des Veräußerers zur Teilnahme an der vertragsärztlichen Versorgung zugelassen wird.

2. Sollten sich im Laufe des durch den Zulassungsausschuss für Ärzte durchzuführenden Nachbesetzungsverfahrens andere Bewerber um den Ver-

tragsarztsitz des Veräußerers bewerben, wird der Veräußerer versuchen, die weiteren Bewerber jeweils zu einer Rücknahme ihrer Bewerbung zu bewegen. Der Veräußerer wird die anderen Bewerber insbesondere darüber informieren, dass er bereits einen Praxisübernahmevertrag mit dem Erwerber geschlossen hat und nicht bereit ist, mit ihnen ebenfalls einen Praxisübernahmevertrag zu schließen.

§ 14 Einwilligung des Ehegatten

Der Veräußerer versichert, dass die zu übertragende Praxis nicht sein ganzes Vermögen im Sinne des § 1365 BGB darstellt. Die Einwilligung seines Ehegatten gemäß dieser Vorschrift ist daher entbehrlich. [Alt.: Da die Praxis das ganze Vermögen des Veräußerers im Sinne des § 1365 BGB bildet, versichert der Veräußerer hiermit, dass seine Ehefrau der Übertragung der Praxis auf den Erwerber zugestimmt hat.]

§ 15 Konkurrenzschutz

1. Der Veräußerer verpflichtet sich, sich innerhalb eines Zeitraumes von zwei Jahren nach dem Übergabedatum (§ 2 dieses Vertrages) im Umkreis von ... km von der übergebenden Praxis (Luftlinie) nicht als Facharzt für ... niederzulassen oder eine sonstige Tätigkeit im gleichen Fachgebiet in freiberuflicher oder abhängiger Stellung in einer Arztpraxis oder einer vergleichbaren ärztlich geleiteten Einrichtung (z. B. Medizinisches Versorgungszentrum) aufzunehmen. Gelegentliche Praxisvertretungen, die einen Zeitraum von insgesamt sechs Wochen im Kalenderjahr nicht überschreiten, werden durch dieses Verbot nicht berührt.

2. Im Falle der Zuwiderhandlung ist der Veräußerer verpflichtet, Schadensersatz in Höhe von pauschal EUR ... für jeden angefangenen Monat des Verstoßes an den Erwerber zu entrichten. Weitergehende Schadensersatzansprüche des Erwerbers bleiben hiervon unberührt.

§ 16 Schiedsgerichtsverfahren

Alle Streitigkeiten, die sich im Zusammenhang mit diesem Vertrag oder über seine Gültigkeit ergeben, werden nach der Schiedsgerichtsordnung des ... [genaue Bezeichnung der Schiedsgerichtsordnung, z. B. Deutsche Institution für Schiedsgerichtsbarkeit e. V. (DIS)] vom Schiedsgericht unter Ausschluss des ordentlichen Rechtsweges endgültig entschieden.

§ 17 Rücktrittsrecht

1. Der Veräußerer ist zum Rücktritt von diesem Praxisübernahmevertrag berechtigt, wenn ihm nicht bis zu dem in § 5 Abs. 8 dieses Vertrages genannten Zeitpunkt eine selbstschuldnerische, unbedingte, unbefristete und unwiderrufliche Bürgschaft einer deutschen Bank oder Sparkasse in Höhe des Kaufpreises vorliegt. Die schriftliche Erklärung des Rücktritts durch den Veräußerer erfolgt ohne Fristsetzung gegenüber dem Erwerber.

2. Sollte über die Zulassung des Erwerbers zur vertragsärztlichen Versorgung nicht spätestens sechs Monate nach dem Übergabedatum (§ 2 des Vertrages) bestandskräftig entschieden worden sein, sind beide Parteien berechtigt, durch schriftliche Erklärung gegenüber der anderen Vertragspartei von diesem Praxisübernahmevertrag zurückzutreten.

3. Der Erwerber ist im Falle der Ausübung des Rücktrittsrechtes durch ihn oder durch den Veräußerer verpflichtet, die übernommenen Praxisräumlichkeiten in dem Zustand zurückzugewähren, in dem diese sich im Zeitpunkt der Praxisübergabe befunden haben.

§ 18 Nebenabreden, Schriftform

1. Mündliche Nebenabreden sind nicht getroffen.

2. Änderungen und/oder Ergänzungen dieses Vertrages bedürfen zu ihrer Wirksamkeit der Schriftform. Dies gilt auch für die Aufhebung dieser Schriftformklausel.

§ 19 Salvatorische Klausel

Sollten einzelne Bestimmungen dieses Vertrages unwirksam oder undurchführbar sein oder nach Vertragsschluss unwirksam oder undurchführbar werden, so wird die Wirksamkeit der übrigen Bestimmungen hierdurch nicht berührt. An die Stelle der unwirksamen oder undurchführbaren Bestimmung soll diejenige wirksame und durchführbare Regelung treten, deren Wirkungen der wirtschaftlichen Zielsetzung am nächsten kommen, die die Vertragsparteien mit der unwirksamen bzw. undurchführbaren Bestimmung verfolgt haben. Die vorstehenden Bestimmungen gelten entsprechend für den Fall, dass sich der Vertrag als lückenhaft erweist.

§ 20 Kosten

Jede Vertragspartei trägt ihre im Zusammenhang mit dem Abschluss und der Durchführung dieses Praxisübernahmevertrages entstanden Kosten selbst.

§ 21 Änderung der Verhältnisse nach Vertragsschluss

1. Sollte sich nach Vertragsschluss herausstellen, dass der Veräußerer an der Ausübung seiner ärztlichen Tätigkeit nicht nur vorübergehend gehindert ist (z. B. wegen Krankheit und/oder Berufsunfähigkeit), ist dieser verpflichtet, die Praxis durch einen Praxisvertreter für die Dauer seiner Verhinderung fortzuführen. Der Veräußerer hat die durch die Einschaltung eines Praxisvertreters ausgelösten Kosten zu übernehmen. Sollte der Erwerber als Praxisvertreter zur Verfügung stehen, ist dieser vorrangig vor anderen Ärzten mit der Praxisvertretung zu beauftragen.

2. Stirbt der Veräußerer nach Vertragsschluss, haben dessen Erben dafür zu sorgen, dass die Praxis unverzüglich durch einen Praxisvertreter fortgeführt wird. Hinsichtlich der Beauftragung des Erwerbers als Praxisvertreter wird auf die Regelung des vorstehenden Abs. 1 Satz 3 verwiesen. Die Erben haben im Übrigen diesen Praxisübernahmevertrag gemäß den vereinbarten Bestimmungen durchzuführen und alles Erforderliche zu tun, damit das Nachbesetzungsverfahren in Abstimmung mit dem Erwerber eingeleitet bzw. fortgeführt wird.

(Einstweilen frei)   181–200

Kapitel II: Arztpraxisbewertung

1. Einführung

201 Insbesondere seit der vom Gesetzgeber im Jahr 1993 vorgegebenen Bedarfsplanung und der damit verbundenen **Zulassungsbeschränkungen** ist die Neugründung einer Arztpraxis gerade in deutschen Ballungsgebieten kaum mehr möglich.[1] Auch in vielen ländlichen Regionen, wo keine Zulassungsbeschränkung vorherrscht, entscheiden sich viele Ärzte aufgrund der vielfältigen Vorteile gegenüber einer Neugründung für eine Praxisübernahme.[2] Daran haben auch die Implikationen aus dem GKV-Versorgungsstrukturgesetz und die Neufassung der Bedarfsplanung-Richtlinie zum 1.1.2013 nichts Grundlegendes geändert. **Anlass einer Arztpraxisbewertung** ist somit in den meisten Fällen[3] die Veräußerung bzw. der Erwerb einer Arztpraxis bzw. der Gesellschaftsanteile einer Berufsausübungsgemeinschaft.[4]

202 Dabei spielt für Verkäufer sowie Erwerber der **Praxiswert** eine mitentscheidende Rolle in der Realisierung der Praxisübertragung. Was ist diese Praxis wert? Was ist meine Praxis wert? Was ist mir diese Praxis wert? Soll ein **objektiver Wert** der Praxis oder aber ein **subjektiver Wert** aus Sicht der Verkäufers bzw. Erwerbers ermittelt werden? Die eingenommene Perspektive hat entscheidenden Einfluss auf die Wertigkeit der Arztpraxis.

203 Unabhängig vom jeweiligen Bewertungsverfahren an sich, sind somit der Anlass, der Zweck und insbesondere auch die Funktion des Bewerters zentrale Einflussfaktoren der Praxisbewertung. Es ist dabei generell zwischen **drei Bewertungsfunktionen** zu unterscheiden:[5]

▶ neutraler Gutachter (→objektivierter Praxiswert)

▶ Berater (→subjektiver Entscheidungswert)

▶ Schiedsgutachter/Vermittler (→Einigungswert)

Analog der verschiedenen Rollen wird es im Ergebnis auch der Höhe nach zu unterschiedlichen Praxiswerten kommen. Somit muss der im Rahmen einer

---

1 Zum 2007 wurden die Zulassungsbeschränkungen bei Zahnärzten aufgehoben.

2 Vorteile können insbesondere sein: geringerer Investitionsaufwand, etablierte Praxisabläufe, vorhandener Patientenstamm.

3 Trotz der u. a. auch durch das Vertragsarztrechtsänderungsgesetz vermehrten Berufsalternativen für Ärzte.

4 Weitere Anlässe sind die Gründung von MVZ, Zugewinnausgleichsberechnungen bei Ehescheidungen, Insolvenz, Tod des Praxisinhabers.

5 Vgl. IDW-Standard: Grundsätze zur Durchführung von Unternehmensbewertungen (IDW S 1 i. d. F. 2008).

Praxisbewertung ermittelte Wert immer als **Annäherungswert** verstanden werden, der als Verhandlungs- und Diskussionsgrundlage bei der Praxisübertragung verwandt werden kann. Vom ermittelten Praxiswert ist also der tatsächlich gezahlte Kaufpreis, der sich durch den **Ausgleich von Angebot und Nachfrage** ergibt, abzugrenzen. Der Kaufpreis wird in zum Teil langwierigen Verhandlungen bestimmt.

Sowohl in der Praxis, als auch in der Theorie finden sich eine Vielzahl von Ansätzen zur Bewertung von Arztpraxen.[1] Ebenso wie es den einen „wahren" Praxiswert nicht gibt, gibt es auch die eine richtige Bewertungsmethodik nicht. Gleichzeitig fehlt es zum aktuellen Zeitpunkt an gesetzlichen Vorgaben, welche Bewertungsmethode anzuwenden ist.   204

Hier soll ein Überblick über verschiedene Methoden zur Arztpraxisbewertung gegeben, deren jeweilige Vor- und Nachteile mittels einer vergleichenden Bewertung analysiert und ein Praxisleitfaden zur Arztpraxisbewertung vorgestellt werden. Dabei werden sowohl Elemente des vom Institut der Wirtschaftsprüfer (IDW) festgelegten Standards zur Unternehmensbewertung, das gesetzlich verankerte vereinfachte Ertragswertverfahren nach §§ 199 ff. BewG, das Multiplikatorenverfahren, das Verfahren der Bundesärztekammer, als auch das modifizierte Ertragswertverfahren vorgestellt. Im Weiteren wird, wenn nicht anders ausgewiesen, in diesem Buch davon ausgegangen, dass sich die Arztpraxisbewertung auf den Sachverhalt der Veräußerung/des Erwerbs einer Einzelpraxis bezieht. Zu den Besonderheiten hinsichtlich der Bewertung von Medizinischen Versorgungszentren und Arztpraxen in ländlichen Regionen infolge des Versorgungsstrukturgesetzes siehe Rz. 273.

2. Unternehmensbewertung anhand IDW S 1 i. d. F. 2008

Der IDW-Standard legt die allgemeinen Grundsätze dar, nach denen Wirtschaftsprüfer Unternehmen bewerten. Dabei kann der Prüfer abhängig von Bewertungsanlass und Beauftragung die Rolle des **neutralen Gutachters, des Beraters und des Schiedsgutachters/Vermittlers** einnehmen. Analog der verschiedenen Rollen wird es im Ergebnis auch der Höhe nach zu unterschiedlichen Unternehmenswerten kommen: dem objektivierten Unternehmenswert, dem subjektiven Entscheidungswert und dem Einigungswert. Daher ist es im Rahmen der Beauftragung entscheidend, dass definiert wird, welcher   205

---

1 Eine entsprechende Übersicht gibt H.G. Schmid-Domin, Bewertung von Arztpraxen und Kaufpreisfindung – Methoden-Beispiele-Rechtsgrundlagen, 3., neu bearbeitete Auflage, Berlin 2009.

Bewertungszweck verfolgt wird und welche **Funktion der Gutachter** einzunehmen hat.

a) Begriffsbestimmung

206   Nach dem IDW-Standard wird der Wert des Unternehmens allein aus seiner Ertragskraft abgeleitet, d. h. aus seiner Eigenschaft, zukünftig finanzielle Überschüsse für die Unternehmenseigner zu erwirtschaften.

Dabei wird folgende Definition des Unternehmenswertes zugrunde gelegt:

*„Unternehmen sind zweckgerichtete Kombinationen von materiellen und immateriellen Werten, **durch deren Zusammenwirken finanzielle Überschüsse erwirtschaftet** werden sollen. Der Wert des Unternehmens wird deshalb nicht durch die Werte der einzelnen Bestandteile des Vermögens und der Schulden bestimmt, sondern durch das **Zusammenwirken aller Werte.**"*

Der Unternehmenswert ergibt sich dabei grundsätzlich aus den finanziellen Überschüssen, die bei Fortführung des Unternehmens und Veräußerung etwaigen nicht betriebsnotwendigen Vermögens erwirtschaftet werden. Dabei zielt der Unternehmenswert auf einen **in die Zukunft gerichteten wirtschaftlichen Erfolg.** Vergangenheitsbezogene Bewertungen und dem Substanzwert werden im IDW Standard **keine eigenständige Bedeutung** zugeschrieben.

207   Prinzipiell werden im IDW-Standard **das Ertragswertverfahren und die Discounted Cash Flow-Verfahren** als gängige Methoden der Unternehmensbewertungspraxis benannt. Beide Verfahren beruhen auf der konzeptionellen Grundlage, dass sich der Unternehmenswert, sofern ausschließlich finanzielle Ziele verfolgt werden,[1] aus dem **Barwert zukünftiger finanzieller Überschüsse** (= der dem Eigentümer zufließenden Nettozahlungsüberschüsse aus der unternehmerischen Tätigkeit) ergibt. Es wird also an der Stelle in Abgrenzung zu anderen Kennzahlen des Rechnungswesens klar der **Bezug zur Zahlungsebene** genommen. „Nur das, was bei den Kapitalgebern als „Zufluss" auftritt, ist bewertungsrelevanter Überschuss."[2] Aus Praktikabilitätsgründen wird bei der Arztpraxisbewertung in diesem Zusammenhang oftmals unterstellt, dass das

---

1 Ein Ziel, dass auch einem Arztpraxisinhaber zugesprochen werden kann. Immerhin hat dieser mit den Einnahmen aus freiberuflicher Tätigkeiten seine Lebensunterhaltskosten zu tragen.
2 Moxter, A., Grundsätze ordnungsgemäßer Unternehmensbewertung, Auflage, Wiesbaden 1983.

Jahresergebnis aus der Gewinn- und Verlustrechnung/Einnahmen-Überschuss-Rechnung[1] **voll ausgeschüttet** wird und anschließend reinvestiert wird.[2]

Die Barwerte (= Gegenstandswerte zum Verkaufszeitpunkt) der zukünftigen finanziellen Überschüsse werden ermittelt durch die **Diskontierung der Nettozahlungsüberschüsse** auf den Bewertungszeitpunkt. Unter Diskontierung versteht man den finanzmathematischen Ansatz, bei dem kalkuliert wird, welchen Wert ein in der Zukunft erwirtschafteter Geldbetrag zum Verkaufszeitpunkt hat. Je weiter die finanziellen Überschüsse in der Zukunft erzielt werden, desto geringer der Gegenstandswert.

208

Grundsätzlich geht der IDW S1 davon aus, dass unabhängig vom Bewertungsanlass die meisten Unternehmen eine unbegrenzte Lebensdauer aufweisen. Es gelten folgende Definitionen:

209

Unbegrenzte Lebensdauer

„Bei unbegrenzter Lebensdauer des zu bewertenden Unternehmens entspricht der Unternehmenswert dem Barwert der künftigen finanziellen Überschüsse aus dem betriebsnotwendigen Vermögen zuzüglich des Barwerts der künftigen finanziellen Überschüsse aus dem nicht betriebsnotwendigen Vermögen."

Begrenzte Lebensdauer

„Bei begrenzter Lebensdauer des zu bewertenden Unternehmens ist der Unternehmenswert zu berechnen als Summe aus dem Barwert der künftigen finanziellen Überschüsse aus dem betriebsnotwendigen Vermögen (bis zur Aufgabe des Unternehmens), dem Barwert der künftigen finanziellen Überschüsse aus dem nicht betriebsnotwendigen Vermögen (bis zur Aufgabe des Unternehmens) und dem Barwert der künftigen finanziellen Überschüsse, die aus der Aufgabe (z. B. der Liquidation) des Unternehmens resultieren."

Ob man bei einer Arztpraxis von einer unbegrenzten Lebensdauer ausgehen kann, ist Gegenstand zahlreicher Diskussionen. Insbesondere die sog. Praktikermethoden gehen von einer **begrenzten Lebensdauer einer Arztpraxis** aus (siehe auch die Ausführungen zur modifizierten Ertragswertmethode). Auch Knief geht in seiner Vergleichsrechnung „Unternehmensbewertung Light"[3] von einer begrenzten Lebensdauer der Arztpraxis aus. Er ermittelt hierbei eine **individuelle Lebensdauer** anhand des Alters und geplanten Renteneintritts des

---

1 Das Jahresergebnis beinhaltet per Definition auch nicht-zahlungsrelevante Größen, wie z. B. Abschreibungen und Rückstellungen.
2 Küntzel, Bewertung von Arztpraxen, DStR 26/2000.
3 www.knief.de

Arztpraxiserwerbers. Die letztgenannte Variante ist dabei natürlich nur anwendbar, wenn die individuellen Lebensumstände des Kaufinteressenten bekannt sind.

210 Zur Ermittlung der Gegenstandswerte zum Verkaufszeitpunkt (Barwerte) zukünftiger finanzieller Überschüsse wird ein so genannter **Kapitalisierungszinssatz** verwendet, der die Rendite aus der Investition in das Bewertungsobjekt im Vergleich zu einer adäquaten Alternativanlage repräsentiert. Im Rahmen der Ermittlung des individuellen Kapitalisierungszinssatzes wird insbesondere dem **Aspekt der Risikoaversion** Rechnung getragen, d. h., Risiken sind in der Bewertung stärker zu werten als etwaige Chancen. In der Bewertung kann dies durch einen Abschlag auf den prognostizierten Ertrag **(Ergebnisabschlagsmethode)** und/oder Zuschlag zum Kapitalisierungszinssatz **(Risikozuschlagsmethode)** berücksichtigt werden. Der Zuschlag auf den Kapitalisierungszinssatz lässt sich mittels der **marktorientierten/objektivierten Vorgehensweise** anhand des Capital Asset Pricing Model (CAPM) sowie im Rahmen von **subjektiven Entscheidungswerten** mit Hilfe von Annahmen und Typisierungen sowie der Berücksichtigung individueller Renditeerwartungen bepreisen. Es sei an dieser Stelle bereits angemerkt, dass im Rahmen der Arztpraxisbewertung aufgrund der vorliegenden Datenlage eher subjektive Entscheidungswerte zu ermitteln sind.

211 Der Unternehmenswert ergibt sich zusammenfassend also allein aus der Ertragskraft, d. h. der Möglichkeit, zukünftig finanzielle Überschüsse für die Eigentümer zu erwirtschaften. Es wird somit von der Fortführung des Unternehmens **(Going-concern-Prämisse)** ausgegangen. Sollte das Unternehmen jedoch eine derart ungünstige Ertragslage aufweisen, dass der Barwert, der sich bei der Liquidation des gesamten Unternehmens ergeben würde (Liquidationswert) den Fortführungswert übersteigt, kommt als Unternehmenswert der **Liquidationswert** in Betracht.

212 In der Regel ist eine Bewertung unabhängig von der Art und Größe des Unternehmens nach den allgemeinen Prinzipien durchzuführen. In Einzelfällen sind aber **Besonderheiten** zu beachten.[1] Auf die Besonderheiten von Arztpraxen wird im Allgemeinen jedoch nur insofern eingegangen, als dass bei der Bewertung kleiner und mittelgroßer Unternehmen (KMU)[2] gelegentlich auf vereinfachte Preisfindungen, wie z. B. Multiplikatorverfahren zurückgegriffen wird.

---

1 Im IDW S1 werden die folgenden Besonderheiten bei der Unternehmensbewertung genannt: Bewertung wachstumsstarker, ertragsschwacher, kleiner und mittelgroßer und nicht mit finanzieller Zielsetzung versehener Unternehmen.
2 Zu diesen kann dem Grunde nach auch die Arztpraxis gezählt werden.

Diese ersetzen jedoch keine Bewertung i. S. d. Ertragswert- und Discounted Cash Flow-Verfahren, sondern dienen dann eher der **Plausibilitätskontrolle**. Bei festgestellten signifikanten Abweichungen ist eine erneute Prüfung der Planungsprämissen im Rahmen des Ertragswert- oder DCF-Verfahrens die Konsequenz.

Eine weitere im IDW S1 angesprochene Besonderheit betrifft den Fall der **personengebundenen Unternehmen**, zu denen unzweifelhaft auch die Arztpraxis gezählt werden muss. Hier sind im Wesentlichen zwei Aspekte zu beachten. Zum Einen sollten bei der Prognose der zukünftigen finanziellen Überschüsse Ergebnisbeiträge, die alleine in der Person des Eigentümers begründet sind und nicht ohne den Eigentümer realisiert werden können, unberücksichtigt bleiben. Andererseits sind die prognostizierten finanziellen Überschüsse um einen angemessenen Unternehmerlohn (entsprechendes **Arztgehalt**) zu korrigieren. Dieser Unternehmerlohn sollte im Sinne des IDW S1 einem vergleichbaren externen Geschäftsführergehalt entsprechen; bei der Arztpraxisbewertung ist hier den Ausführungen des BGB-Urteils vom 9.2.2011 Folge zu leisten und ein individuell zu ermittelndes Arztgehalt in Ansatz zu bringen. Auch sind in diesem Zusammenhang die etwaige Mitarbeit von **Familienangehörigen** in der Arztpraxis[1] und/oder mögliche Beziehungen zur **Privatsphäre** des Praxisinhabers zu berücksichtigen.

In der Praxis erweist sich zum gegenwärtigen Zeitpunkt insbesondere die **Anwendbarkeit des Discounted Cash Flow-Verfahrens bei der Arztpraxisbewertung als unzureichend**.[2] Dies liegt nach Ansicht des Autors insbesondere in der für das DCF-Verfahren notwendigen Datenbasis zur Ermittlung des entsprechenden Kapitalisierungszinssatzes. Speziell das so genannte **CAPM-Modell** ist erkennbar für börsennotierte Unternehmen bestimmt. Auch die behelfsweise für nicht-börsennotierte Unternehmen entwickelten „**Accounting-Betas**" können mangels valider Datenbasis bei der Arztpraxisbewertung aktuell nicht verwandt werden. Zu Recht weist Küntzel daraufhin, dass „[...] z. B. im Rahmen eines Forschungsprojektes [...] und aufgrund eines noch zu entwickelnden durchdachten Konzepts, [...], spezielle Accounting-Betas für Arzt-

213

---

1 Die Mitarbeit von Familienangehörigen in der Arztpraxis kann unverhältnismäßig hoch oder niedrig ausfallen, je nach Intention und individueller Sachlage. In der Prognose der zukünftigen Erträge sind diese Gehälter zu bereinigen und mit einem üblichen Lohn für einen vergleichbaren Mitarbeiter anzusetzen.

2 Siehe hierzu auch Küntzel, Bewertung von Arztpraxen, DStR 26/2000, der zur gleichen Schlussfolgerung gelangt.

praxen entwickelt werden. Derzeit erscheint der Ansatz des DCF-Verfahrens in der Praxis noch nicht auf Arztpraxen anwendbar."[1]

Somit wird im Folgenden der Fokus auf das Ertragswertverfahren gelegt. Die Ausführungen zum Discounted Cash Flow-Verfahren sind für den interessierten Leser dem IDW S1 und der gängigen Literatur zur betriebswirtschaftlichen Unternehmensbewertung zu entnehmen.

b) Ertragswertverfahren

214 Das Ertragswertverfahren basiert auf der Annahme, dass der Wert eines Unternehmens maßgeblich durch das Potenzial, in Zukunft Gewinne erwirtschaften zu können, bestimmt wird. Dabei wird der Unternehmenswert durch Abzinsung der prognostizierten, zukünftig an den Praxisinhaber ausschüttbaren Ertragsüberschüsse ermittelt. **Diese Ertragsüberschüsse wiederum sind aus den geschätzten Jahresergebnissen abzuleiten.** Aus Praktikabilitätsgründen wird bei der Arztpraxisbewertung in diesem Zusammenhang oftmals unterstellt, dass das **Jahresergebnis** aus der Gewinn- und Verlustrechnung/Einnahmen-Überschuss-Rechnung[2] **voll ausgeschüttet** wird und anschließend reinvestiert wird.[3] Unter dieser Prämisse kann das Jahresergebnis als zahlungsrelevante Größe angesehen werden.[4] Als Datenbasis für die relevanten Größen des Ertragswertverfahrens dient hierbei entweder die Einnahmen-/Überschussrechnung oder die Bilanz der Arztpraxis.

Nach IDW S1 sind bei der Unternehmensbewertung die folgenden Schritte vorzunehmen:

aa) Bereinigung der Vergangenheitserfolgsrechnung

215 Als Grundlage für die Erstellung der Planungsrechnung dient die Vergangenheitserfolgsrechnung, die zur Erhöhung der Prognosegenauigkeit um folgende Sachverhalte zu bereinigen ist:

---

1 Küntzel, Bewertung von Arztpraxen, DStR 26/2000.
2 Das Jahresergebnis beinhaltet per Definition auch nicht-zahlungsrelevante Größen wie z. B. Abschreibungen und Rückstellungen.
3 Küntzel, Bewertung von Arztpraxen, DStR 26/2000.
4 Eine andere Alternative wäre den sog. Free Cash Flow zu kalkulieren. Dieser enthält ausschließlich zahlungsrelevante Größen. Kalkulatorische Kosten wie z. B. Abschreibungen, Rückstellungen werden in diesem Zusammenhang eliminiert. Investive Kosten werden dann nicht mit kalkulatorischen Abschreibungen, sondern mit den zahlungsrelevanten Größen angesetzt.

► Aufwendungen und Erträge des nicht betriebsnotwendigen Vermögens

► periodenfremde Aufwendungen und Erträge (außerplanmäßige Abschreibungen, Unfallschäden, Anlagenabgänge)

► personenbezogene und andere spezifische Erfolgsfaktoren (kalkulatorischer Lohn für den Praxisinhaber und dessen mitarbeitende Familienangehörigen, der Privatsphäre zuzuordnende Aspekte (Pkw, Wertpapiergeschäfte), und personenbezogene Abrechnungsgenehmigungen, Honorare aus Gutachtertätigkeiten, Betriebsärztliche Tätigkeiten, Miet- und Zinserträge, sonstige Besonderheiten (Krankheiten des Praxisinhabers)

► Honorare aus Belegarzttätigkeit (falls solche Verträge und damit Erlösbestandteile nicht auf den Erwerber übergehen sollen)

bb) Planung der Aufwendungen und Erträge

Der generellen **Planungsunsicherheit** wird Rechnung getragen, indem i. d. R.   216
zwei Planungsphasen gebildet werden. Die erste so genannte **Detailplanungsphase** umfasst zumeist einen Zeitraum von 3 – 5 Jahren. Für diesen ersten Zeitraum ist eine detaillierte Planung der einzelnen Bezugsgrößen (Aufwendungen und Erlöse) zu fertigen. Am Ende dieses Planungshorizontes erfolgt in der zweiten Phase auf Basis der letzten Schätzung eine pauschale Weiterführung der in der Detailplanungsphase prognostizierten Zahlungsüberschüsse. Man spricht hier auch, für den Fall, dass man bei einer Arztpraxis von einer unbegrenzten Lebensdauer ausgehen kann, von der Fortschreibung einer so genannten „ewigen Rente".

Anhand einer Planungsrechnung werden für die erste Planungsphase die zukünftigen Erträge im Detail prognostiziert. Dabei sollte als Planungsstruktur die Gewinn- und Verlustrechnung bzw. Einnahmen-Überschuss-Rechnung einer Arztpraxis gelten.

Nach aktuellen Gesichtspunkten setzt sich der **Praxisumsatz** aus den folgen-   217
den Erlöspositionen zusammen:

► KV-Erlöse:

  – Regelleistungsvolumen (RLV)

  – Qualifikationsgebundene Zusatzvolumen (QZV)

  – extrabudgetäre Leistungen

► Privaterlöse

► Sonstige Umsatzerlöse

Bei der Planung der Umsatzerlöse sind sowohl gesundheitspolitische Gesetzes-änderungen als auch Umstellungen in den entsprechenden Vergütungssyste-men zu antizipieren. Dies sollte ausschließlich dem sachkundigen Berater ge-lingen.

Insbesondere der **Bereich der KV-Erlöse** unterlag in den letzten Jahren ständi-gen Schwankungen. Hierbei ist einerseits zwischen Änderungen innerhalb des Vergütungssystems allgemein (Einheitlicher Bewertungsmaßstab EBM-Kata-log) und andererseits Modifikationen der Abrechnungsregelungen zu unter-scheiden. In diesem Zusammenhang sind insbesondere die Umstellungen auf die sog. **Regelleistungsvolumina** und die aktuellen Änderungen, die sich aus der Honorarreform zum 1.7.2010 ergeben haben (**qualifikationsgebundene Zu-satzvolumen**), zu berücksichtigen.

Das **Regelleistungsvolumen** (RLV) ersetzt das bisherige punktbezogene Praxis-budget und wird dabei nach folgender Systematik berechnet.

Fallzahl des Arztes x Fallwert der Arztgruppe x Morbiditätsfaktor Alter

Dabei gelten die folgenden Definitionen. Die **Fallzahl** gleicht der kurativ-ambu-lanten Fallzahl des **Vorjahresquartals**. D. h., abrechnungsrelevant für das aktu-elle Quartal sind die Leistungen aus dem Vorjahr. Entsprechende Leistungsstei-gerungen im aktuellen Quartal wirken sich zahlungstechnisch erst im nächsten Jahr aus. Der **Fallwert** der Arztgruppe ergibt sich aus dem Vergütungsvolumen (der Regelleistungsvolumina der jeweiligen Arztgruppe innerhalb der morbidi-tätsbedingten Gesamtvergütung) geteilt durch die Fallzahl der Arztgruppe.

Im **Morbiditätsfaktor Alter** wird der unterschiedliche Behandlungsaufwand verschiedener Altersklassen berücksichtigt. Leistungen innerhalb des RLV wer-den mit einem festen **Punktwert** von aktuell rd. 3,5 Cent vergütet. Zudem ist in der Ermittlung des RLV eine **Budgetdeckelung** vorgesehen, indem Fälle, die mehr als 50 % über dem Fachgruppendurchschnitt liegen, nur eingeschränkt berücksichtigt werden.

Bei der Ermittlung des Regelleistungsvolumens ist des Weiteren entscheidend, ob der Praxiserwerber bereits KV-seitig tätig gewesen ist. Von einer Neuzulas-sung wird ausgegangen, wenn der Arzt im Vorjahresquartal noch nicht unter Anrechnung auf die Bedarfsplanung tätig war. War der Arzt im Vorjahresquar-tal unter der Anrechnung auf die Bedarfsplanung tätig, basiert sein RLV immer auf seiner Fallzahl aus dem Vorjahresquartal (das gilt auch bei Änderung der Praxiskonstellation). Bei einer **Neuzulassung und/oder Praxisübernahmen** wird das RLV auf Basis der durchschnittlichen Fachgruppenwerte berechnet. Die durchschnittliche Fachgruppenfallzahl (des Vorjahresquartals) multipliziert mit dem zum jeweiligen Zeitpunkt gültigen KV-bezogenen arztgruppenspezifischen Fallwert der Fachgruppe ergibt das RLV. Der Morbiditätsfaktor wird hier auf den Wert 1 gesetzt. Wie bisher hat der Arzt bei der Übernahme eines Vertragsarztsitzes jedoch die Möglichkeit, einen Antrag zu stellen und die Fallzahlen seines Vorgängers zu übernehmen, falls diese günstiger (höher) sind.

Ein weiterer Faktor, der aktuell in der Prognose von Umsatzerlösen der Arztpraxis zu beachten sein sollte, ist die Honorarreform zum 1.7.2010. Ziel der Honorarreform war eine Stabilisierung der Regelleistungsvolumen mit der Konsequenz, dass bislang „freie Leistungen" ab dem 1.7.2010 über sog. **qualifikationsgebundene Zusatzvolumen (QZV)** gesteuert werden. Leistungen, die bislang also unbegrenzt zu festen Preisen honoriert wurden („freie Leistungen"), werden von nun an budgetiert. Diese ehemals „freien" Leistungen betreffen bspw. Leistungen, die bisher aus der begrenzten Morbiditätsorientierten Gesamtvergütung (MGV) aber außerhalb des Regelleistungsvolumens ohne Mengenbegrenzung honoriert wurden (z. B. Akupunktur). Des Weiteren betrifft es Leistungen, für die es bisher Fallwertzuschläge gegeben hat (z. B. Ultraschall und Psychosomatik bei Hausärzten, Teilradiologie bei Fachärzten) und spezielle Leistungen, die bisher im Regelleistungsvolumen enthalten waren, aber nur von weniger als 50 % der Ärzte der jeweiligen Arztgruppe erbracht wurden (z. B. Kleinchirurgie, Allergologie, kurative Mammografie, Bronchoskopie).

Nicht von der Neuregelung und den QZV betroffen sind die folgenden Leistungen. Diese werden weiterhin außerhalb der morbiditätsbedingten Gesamtvergütung bezahlt, sind also weiterhin „frei" **(extrabudgetäre Leistungen)**: belegärztliche (kurativ-stationäre) Leistungen, Ambulante Operationen, Früherkennung (insb. Krebsfrüherkennung, Kinder-Vorsorgeuntersuchungen), Hautkrebsscreening, Durchführung von Vakuumstanzbiopsien, Strahlentherapie, Phototherapeutische Keratektomie, Leistungen der künstlichen Befruchtung, Substitutionsbehandlung, Behandlung eines Patienten im Rahmen der qualitätsgesicherten Versorgung von HIV-Patienten.

Im Rahmen der Praxisübertragung erwirbt ein Käufer die Patientenkartei und damit die Chance, Umsätze und Erträge mit den Patienten zu erwirtschaften. Inwiefern **Patienten nach Praxisübertragung abwandern** und damit in der Planungsrechnung geringere Umsatzerlöse für einen Zeitraum angesetzt werden müssen, hängt maßgeblich vom spezifischen Vertrauensverhältnis des Praxisveräußerers zu seinen Patienten und von den Nachfolgeregelungen (z. B. gemeinsame Sprechstunde des Verkäufers und Erwerbers) ab. Generell kann davon ausgegangen werden, dass KV-Patienten im Verhältnis zu Privatpatienten weniger personengebunden sind. Das **Risiko von Umsatzeinbußen** ist somit im Bereich der KV-Erlöse weniger ausgeprägt als bei den Privaterlösen.

Im Umkehrschluss bedeutet dies, dass bei der Planung der **Privaterlöse** (das maßgebliche Vergütungssystem ist die Gebührenordnung für Ärzte – GOÄ) regelmäßig ein Abschlag auf die bestehenden Größen vorzunehmen ist. Kennzeichnend für die Vergütungsregelung im privatärztlichen Bereich ist (im Gegensatz zu den KV-Erlösen) die fehlende Budgetbindung und eine leistungsbezogene Abrechnung.

Bei der Planung der **sonstigen Erlöse** spielen u. a. auch die sog. individuellen Gesundheitsleistungen (IGeL) eine wichtige Rolle. Dies sind Leistungen, die Ärzte ihren gesetzlich krankenversicherten Patienten gegen Selbstzahlung anbieten können. Sie reichen über das vom Gesetzgeber definierte Maß einer ausreichenden und notwendigen Patientenversorgung hinaus und sind daher von den gesetzlichen Krankenversicherungen nicht gedeckt. Darunter fallen einige Untersuchungen zur Früherkennung von Krankheiten wie die Suche nach Hautkrebs oder die Untersuchung (Tonometrie) auf Grünen Star (Glaukom). Diese Untersuchungen gehören nicht (mehr) zum Früherkennungsprogramm der gesetzlichen Krankenversicherungen.

Weitere sonstige Erlöse betreffen bspw. Erlöse aus Verträgen zur Integrierten Versorgung nach § 140 SGB V, aus Konsiliarztverträgen, aus Belegarzttätigkeiten, aus Verträgen zu den Disease Management Programmen etc., falls sie vom Erwerber mit übernommen werden können.

218   Die Planung der **Aufwandspositionen** wird auf Basis der bereinigten (= „übertragbaren") Aufwendungen der bisherigen Praxisstruktur vorgenommen. Hierbei bietet es sich an, diese Aufwendungen mit den Konditionen aus bestehenden und zu übernehmenden Liefer-, Dienstleistungs- und Mietverträgen abzugleichen. Gegebenenfalls sollte man arztgruppen-spezifisch über **Referenzwerte** (Benchmarking) die Verhältnismäßigkeit der Aufwandsgrößen verplausibilisieren.

Entscheidenden Einfluss auf die zukünftige Ertragslage der Praxis und damit auf den Praxiswert hat ein möglicher **Investitions- und Finanzierungsbedarf**. Auf Basis des jeweiligen Beratungsauftrags und der Funktion des Bewerters muss in diesem Zusammenhang ein aus dem Anlagevermögen der Praxis abzuleitender objektiv festzustellender oder bei subjektiver Betrachtung ein individueller, käuferseitiger Investitions- und Finanzbedarf ermittelt werden. Der Investitions- und Finanzbedarf wirkt sich in Form von Abschreibungen und Zinsen **ergebnismindernd** aus.

Des Weiteren sind zwingend **steuerliche Aspekte** als ertragsmindernde Einflussgrößen zu berücksichtigen. Obwohl die Arztpraxis selbst keinen direkten steuerlichen Regelungen unterliegt, müssen die Ertragsteuern (Einkommensteuern) des Praxisinhabers in der Planungsrechnung als ergebnisreduzierender Faktor eingeplant werden.

cc) Ermittlung des Kapitalisierungszinssatzes bei objektivierten Unternehmenswerten

Die Diskontierung selbst ist notwendig, um dem unterschiedlichen zeitlichen Anfall der Zahlungsüberschüsse Rechnung zu tragen. Durch das Abzinsen der Zahlungen auf den Bewertungszeitpunkt, kann der gegenwärtige Wert (Barwert) der in der Zukunft liegenden Zahlungen bestimmt und ein Vergleich zweier alternativer Anlagemöglichkeiten vorgenommen werden. Die Erträge, die der potenzielle Käufer aufgrund seiner Eigentümereigenschaft erwarten kann, werden dann mit den finanziellen Konsequenzen einer adäquaten Handlungsalternative verglichen.   219

Die prognostizierten finanziellen Überschüsse sind mit Hilfe des **Kapitalisierungszinssatzes** auf den Bewertungszeitpunkt abzuzinsen, um die betrachtete Investition mit einer Alternativanlage vergleichbar zu machen. Das Ertragswertverfahren berücksichtigt bei der Ermittlung des Praxiswertes die alternativen Anlagemöglichkeiten des potenziellen Käufers. Grundsätzlich besteht neben der Möglichkeit des Praxiskaufs immer auch die Möglichkeit, in ein Angestelltenverhältnis überzutreten und das Kapital entsprechend am Kapitalmarkt anzulegen. Daher wird zur Diskontierung der prognostizierten Jahresüberschüsse immer der Zinssatz der Alternativanlage (i. d. R. langfristig erzielbare Rendite risikoarmer Anlagen) herangezogen, dem eine Risikoprämie zugerechnet wird, die vom Kaufinteressenten aufgrund der Übernahme des unternehmerischen Risikos gefordert wird. **Der Basiszins und die Risikoprämie ergeben den Kapitalisierungszins.**

In der Praxis werden diese Risikoprämien häufig mit Hilfe das Kapitalmarktmodells **„Capital Asset Pricing Modells" (kurz: CAPM)** ermittelt. Mittels des CAPM werden die entsprechenden Verzinsungs- bzw. Risikoerwartungen adjustiert und in die Berechnung des Unternehmenswertes integriert. Hierfür wird das erwartete Risiko in zwei Komponenten zerlegt. Das **systematische Marktrisiko** bildet Renditeschwankungen ab, die sich beispielsweise durch Umweltkatastrophen, die Änderung politischer Rahmenbedingungen oder Schwankungen des Kapitalmarktzinses ergeben. Im **unsystematischen unternehmensspezifischen Risiko** werden hingegen Renditeschwankungen abgebildet, die durch Fehler des Managements, wie falsche strategische Ausrichtung oder zu hohe Produktionskosten etc., drohen.

Die **Marktrisikoprämie** ergibt sich aus der Differenz zwischen der Rendite eines Aktienindex und der Rendite der risikolosen Anlage und stellt somit die zusätzliche Rendite der risikobehafteteren Investition dar. Der **Beta-Faktor** repräsentiert die Schwankungsbreite des Kurses einer Aktie im Verhältnis zum Gesamtmarkt. Um diese zu ermitteln werden Erhebungen über die Kursschwankungen von am Kapitalmarkt gehandelten vergleichbaren Unternehmen (Peer Group) durchgeführt. Ist der Beta-Faktor größer Eins, ist die Investition mit einem im Vergleich zum Kapitalmarkt überdurchschnittlichen Risiko behaftet. Liegt er unter Eins birgt die Investition im Vergleich zum Kapitalmarkt ein geringeres Risiko.

Mit diesem Renditesatz wird der erwartete Zahlungsstrom kapitalisiert, um den **objektiven Unternehmenswert** zu errechnen. Soll als Unternehmenswert lediglich ein **subjektiver Entscheidungswert** ermittelt werden, leitet sich der Kapitalisierungszins hingegen aus den individuellen Verhältnissen des Investors ab. Als Kapitalisierungszinssatz kann dann die Renditeerwartung bei einer bestimmten Alternativanlage oder die **individuelle Einschätzung der Komponenten (Basiszins & Risikozuschlag)** herangezogen werden.

dd) Ermittlung des Kapitalisierungszinssatzes bei subjektiven Unternehmenswerten

220 Da eine valide Datenbasis bezüglich des Beta-Faktors im Fall der Arztpraxis weder über den Kapitalmarkt noch über öffentlich zugängliche Datenbanken (wie Kassenärztliche Vereinigungen, Banken etc.) vorhanden ist, kann bei der Arztpraxisbewertung mittels der Variante des **subjektiven Entscheidungswertes** eine Brücke gebaut werden. Hierbei wird ein Kapitalisierungszinssatz anhand von „individuellen Ansichten" des Praxiserwerbers gebildet.

„Bei der Ermittlung subjektiver Entscheidungswerte richtet sich der Kapitalisierungszinssatz nach den individuellen Verhältnissen des jeweiligen Investors. Als Kapitalisierungszinssatz kommt dabei z. B. die individuelle Renditeerwartung des Investors bei einer Alternativinvestition, der Zinssatz zur Ablösung vorgesehener Kredite oder ein Zinssatz, der sich aus einer subjektiven Einschätzung der Komponenten (Basiszinssatz, Risikozuschlag) ableitet, in Betracht."[1]

221 In der Literatur zur Arztpraxisbewertung finden sich kaum Hinweise zur Ermittlung eines nachvollziehbaren subjektiven Kapitalisierungszinssatzes. Auch die

---

1 IDW S 1 i. d. F. 2008.

definierten Kapitalisierungszinssätze aus den dem Autor vorliegenden Praxis-wertgutachten lassen keine Rückschlüsse auf etwaige Annahmen und Typisie-rungen zu.[1]

Eine **erfreuliche Ausnahme** stellt in diesem Zusammenhang Küntzel dar.[2] Er-kannt wurde grundsätzlich die Notwendigkeit eines Risikozuschlags auf den Basiszinssatz, da das Risiko eine Arztpraxis zu erwerben, höher sei, als die die Investition in eine öffentliche Anlage. Der **Risikozuschlag** sollte individuelle Praxisgegebenheiten sowie Unsicherheiten und Schwankungsbreiten der zu-künftigen, prognostizierten Ertragsüberschüsse berücksichtigen. Nach damali-ger Rechtsprechung und Auffassung von Küntzel kann ein Risikozuschlag von 0,5 – 3,0 % angesetzt werden. Ergänzend wird postuliert, einen **zusätzlichen Risikozinssatz**, auf den von der aktuellen Rechtsprechung für gewerbliche Un-ternehmen anerkannten Zinssatz, i. H. v. 2 – 4 % zu erheben. Dies sei insbeson-dere dem Umstand geschuldet, dass das Ausscheiden des Arztpraxisinhabers ein höheres Risiko darstelle, als der Inhaberwechsel bei einem gewerblichen Unternehmen. Dieses Risiko wirkt sich als drohende Patientenabwanderungen und damit einhergehend Umsatzrückgänge zwangsläufig auf die zukünftige Ertragslage der Praxis aus. Inwiefern der von Küntzel ermittelte Risikozins je-doch die aktuellen gesundheitspolitischen Rahmenbedingungen im vertrags-ärztlichen Bereich wiedergibt, gilt es kritisch zu hinterfragen.

c) Liquidationswert

Das Liquidationswertverfahren ermittelt den Unternehmenswert, der durch die Veräußerung der einzelnen bilanzierten Vermögensgegenstände bei der Zer-schlagung des Unternehmens realisiert wird. **Sofern kein rechtlicher Zwang zur Fortführung des Unternehmens besteht, stellt der Liquidationswert die Wertuntergrenze für den Unternehmenswert dar.**   222

Die Anwendung des Liquidationswertverfahrens bedingt somit die Prämisse einer **Einstellung des Geschäftsbetriebes** des zu bewertenden Unternehmens. In der Folge dieser Betriebseinstellung werden sämtliche Aktiva einer (Einzel-) Bewertung zugeführt. Für jedes Anlagegut gilt es, die Frage zu beantworten, welcher Ertrag bei einer (Einzel-)Veräußerung des Anlagegutes am Markt zu erzielen ist (sog. Verkehrswerte) – unabhängig von Anschaffungs- und Herstel-lungskosten bzw. eventuellen Restbuchwerten („fiktive" Zeitwerte, die durch Minderung um die regelmäßigen Abschreibungen entstehen).

---

1 Schmid-Domin definiert bei der Arztpraxisbewertung einen Kapitalisierungszinssatz von Basis plus einer Risikoprämie i. H. v. 15 %.
2 Küntzel, Bewertung von Arztpraxen, DStR 26/2000.

In diesem Zusammenhang sind gleichfalls **die Forderungen des Unternehmens** zu betrachten und auf Werthaltigkeit zu prüfen (kann eine Forderung tatsächlich durchgesetzt werden und wenn ja, auch vollumfänglich?). Gleiches gilt für die **Verbindlichkeiten und Rückstellungen** des Unternehmens, bei denen im Zuge der Bewertung allerdings zunächst grundsätzlich von einer vollständigen Werthaltigkeit ausgegangen werden sollte (Prinzip des vorsichtigen Kaufmanns). Weiterhin sind die **Kosten durch die Liquidation** des Unternehmens in die Bewertung einzubeziehen. Hierbei kann es sich beispielsweise um Gebäudeabrisskosten, Vertragserfüllungskosten (z. B. arbeitsrechtlicher Art) oder auch Beratungskosten handeln, welche rein durch die Einstellung des Geschäftsbetriebes veranlasst werden.

Der Liquidationswert ergibt sich demnach wie folgt:

	Bewertetes Anlagevermögen
+	(werthaltige) Forderungen
./.	Verbindlichkeiten und Rückstellungen
./.	Liquidationsaufwendungen
=	**Liquidationswert**

Die Vermögensgegenstände sind zu Verkaufspreisen, also den am Markt erzielbaren Preisen zu bewerten. Sollte sich die Liquidation der Vermögensgegenstände über einen längeren Zeitraum erstrecken, sind die erzielten Erlöse entsprechend zu diskontieren.

Der Liquidationswert wird nur angesetzt, wenn er höher liegt als der Ertragswert, der bei der Fortführung des Unternehmens zu erwarten wäre. In der Bewertungspraxis spielt er jedoch nur eine untergeordnete Rolle und wird meist nur ermittelt, um die Wertuntergrenze zu bestimmen.

d) Besonderheiten im Rahmen der Unternehmensbewertung

223 Wie bereits angesprochen sind in Einzelfällen Besonderheiten bei der Unternehmensbewertung zu beachten, die ein Abweichen von den allgemeinen Bewertungsgrundsätzen nach sich ziehen. Jedoch gilt auch in diesen Fällen, bei der Annahme ausschließlich finanzieller Ziele, dass der Unternehmenswert bestimmt wird durch die Fähigkeit, finanzielle Überschüsse zu erwirtschaften.

Wachstumsstarke Unternehmen beispielsweise sind i. d. R. aufgrund von Innovationen geprägt durch hohe Investitionskosten, einen steigenden Kapitalbedarf sowie steigende Umsätze. Planungsrechnungen können hier aufgrund der erheblichen Unsicherheiten bezüglich der Entwicklung der Markt- und Wettbewerbsfähigkeit nur sehr begrenzt durch die Vergangenheitsergebnisse verplausibilisiert werden. Bei der Wertermittlung muss daher eingehend die Nachhaltigkeit der Erfolgsfaktoren analysiert werden, um auch die Risikoprämie entsprechend anzupassen.

Für **ertragsschwache Unternehmen**, die wegen Zahlungsunfähigkeit und Überschuldung möglicherweise insolvenzbedroht sind, ist neben dem Fortführungswert auch ein Liquidationswert zu ermitteln. Sollte dieser höher sein, als der Fortführungswert, bildet er grundsätzlich die Wertuntergrenze der Bewertung. Sollte trotz der Ertragsschwäche des Unternehmens von einer Fortführung ausgegangen werden, ist auf das zu erstellende Unternehmenskonzept ein besonderes Augenmerk zu legen. Diese Konzepte, die Basis der Überschussprognosen sind, sollten darlegen, wie die Ertragsschwäche überwunden werden soll. Die enthaltenen Maßnahmen sind auf ihre Plausibilität und Realisierbarkeit hin zu überprüfen.

Im Rahmen der Bewertung **kleiner und mittelgroßer Unternehmen** ist neben quantitativen Besonderheiten auch zu beachten, dass häufig das Management in Personalunion von den Eigentümern wahrgenommen wird. Den unternehmerischen Fähigkeiten der Eigentümer kommt damit bei der Bewertung eine beträchtliche Bedeutung zu. Da gerade in kleinen und mittleren Unternehmen häufig betriebsnotwendiges Anlagevermögen im Privatvermögen gehalten wird, kommt der Abgrenzung der betrieblichen und privaten Sphäre ein hohes Gewicht zu, um sicherzustellen, dass diese in die Bewertungsmasse eingebracht werden oder anderweitig Berücksichtigung finden.

(Einstweilen frei) 224–230

3. Vereinfachtes Ertragswertverfahren gemäß §§ 199 ff. BewG

Das vereinfachte Ertragswertverfahren nach §§ 199 ff. BewG wurde zum 1.1.2009 im Rahmen der Wirtschaftskrise implementiert. 231

a) Begriffsbestimmung

Nach § 200 BewG ist grundsätzlich ein „zukünftig nachhaltig erzielbarer Jahresertrag" mit einem Kapitalisierungsfaktor zu multiplizieren. Dabei sind Wirtschaftsgüter und Schulden, die nicht im direkten Zusammenhang mit der originären Geschäftstätigkeit stehen („nicht-betriebsbedingte Wirtschaftsgüter"), gesondert auszuweisen und dem (vereinfachten) Ertragswert hinzuzurechnen. 232

Gleiches gilt für Wirtschaftsgüter, die 2 Jahre vor dem Bewertungsstichtag in die zu bewertende Gesellschaft aufgenommen wurden sowie für Beteiligungen an anderen Gesellschaften.

Die hier genannten gesondert auszuweisenden Wirtschaftsgüter werden nach § 200 BewG mit dem „eigenständig zu ermittelnden gemeinen Wert" angesetzt. Nach § 10 BewG wird der **gemeine Wert folgendermaßen** definiert: „Der gemeine Wert wird durch den Preis bestimmt, der im gewöhnlichen Geschäftsverkehr nach der Beschaffenheit des Wirtschaftsgutes bei einer Veräußerung zu erzielen wäre. Dabei sind alle Umstände, die den Preis beeinflussen, zu berücksichtigen. Ungewöhnliche oder persönliche Verhältnisse sind nicht zu berücksichtigen."

233 Nach § 200 BewG ergibt sich folgende Formel zur Berechnung des Unternehmenswertes:

Zukünftig nachhaltig erzielbarer Jahresertrag

× Kapitalisierungsfaktor

= (vereinfachter) Ertragswert

zzgl. des gemeinen Wertes der „nicht-betriebsbedingten Wirtschaftsgüter"

zzgl. des gemeinen Wertes von Wirtschaftsgütern, die 2 Jahre vor dem Bewertungsstichtag in die zu bewertende Gesellschaft aufgenommen wurden

zzgl. des gemeinen Wertes von Beteiligungen an anderen Gesellschaften

abzgl. etwaiger Fremdfinanzierungskosten (Zinsen, Leasing, Restschulden)

= Unternehmenswert

b) Bewertungsverfahren

234 Bewertungsgrundlage zur Kalkulation des Ertragswertes ist der durchschnittliche Jahresertrag der letzten drei vor dem Bewertungsstichtag abgelaufenen Geschäftsjahre. Dabei sind die Jahreserträge aufzusummieren und durch drei zu dividieren. Der entsprechende Jahresertrag ergibt sich nach § 202 BewG aus dem Betriebsergebnis i. S. d. Gewinns nach § 4 Abs. 1 Satz 1 EStG (Ausgangswert). „In den Fällen des § 4 Abs. 3 EStG ist vom Überschuss der Betriebseinnahmen über die Betriebsausgaben auszugehen." Auf den Ausgangswert sind im nächsten Schritt die folgenden Korrekturfaktoren anzuwenden.

Dem Betriebsergebnis sind die folgenden Sachverhalte hinzuzurechnen:

▶ Investitionsabzugsbeträge, Sonderabschreibungen oder erhöhte Absetzungen, Bewertungsabschläge, Zuführungen zu steuerfreien Rücklagen sowie Teilwertabschreibungen. Dabei sind nur die normalen Absetzungen für Abnutzung zu berücksichtigen. Diese sind nach den Anschaffungs- oder Herstellungskosten bei gleichmäßiger Verteilung über die gesamte betriebsgewöhnliche Nutzungsdauer zu bemessen. Die normalen Absetzungen für Abnutzung sind auch dann anzusetzen, wenn für die Absetzungen in der Steuerbilanz vom Restwert auszugehen ist, der nach Inanspruchnahme der Sonderabschreibungen oder erhöhten Absetzungen verblieben ist;

▶ Absetzungen auf den Geschäfts- oder Firmenwert oder auf firmenwertähnliche Wirtschaftsgüter;

▶ einmalige Veräußerungsverluste sowie außerordentliche Aufwendungen;

▶ im Gewinn nicht enthaltene Investitionszulagen, soweit in Zukunft mit weiteren zulagebegünstigten Investitionen in gleichem Umfang gerechnet werden kann;

▶ der Ertragsteueraufwand (Körperschaftsteuer, Zuschlagsteuern und Gewerbesteuer);

▶ Aufwendungen, die im Zusammenhang stehen mit Vermögen i. S. d. § 200 Abs. 2 und 4 BewG, und übernommene Verluste aus Beteiligungen i. S. d. § 200 Abs. 2 − 4 BewG.

Vom Betriebsergebnis sind die folgenden Sachverhalte **abzuziehen:**

▶ gewinnerhöhende Auflösungsbeträge steuerfreier Rücklagen sowie Gewinne aus der Anwendung des § 6 Abs. 1 Nr. 1 Satz 4 und Nr. 2 Satz 3 EStG;

▶ einmalige Veräußerungsgewinne sowie außerordentliche Erträge;

▶ im Gewinn enthaltene Investitionszulagen, soweit in Zukunft nicht mit weiteren zulagebegünstigten Investitionen in gleichem Umfang gerechnet werden kann;

▶ ein angemessener Unternehmerlohn, soweit in der bisherigen Ergebnisrechnung kein solcher berücksichtigt worden ist. Die Höhe des Unternehmerlohns wird nach der Vergütung bestimmt, die eine nicht beteiligte Geschäftsführung erhalten würde. Neben dem Unternehmerlohn kann auch fiktiver Lohnaufwand für bislang unentgeltlich tätige Familienangehörige des Eigentümers berücksichtigt werden;

▶ Erträge aus der Erstattung von Ertragsteuern (Körperschaftsteuer, Zuschlagsteuern und Gewerbesteuer);

▶ Erträge, die im Zusammenhang stehen mit Vermögen i. S. d. § 200 Abs. 2 – 4 BewG.

Von diesem „bereinigten Jahresertrag" ist zusätzlich **generell ein Ertragsteueraufwand i. H. v. 30 % abzuziehen.**

235 Im nächsten Schritt wird der „bereinigte Jahresertrag" mit dem **Kapitalisierungsfaktor** multipliziert. Der Kapitalisierungsfaktor stellt den Kehrwert des Kapitalisierungszinssatzes dar. Der Kapitalisierungszinssatz wurde rückwirkend am 1.1.2016 auf 13,75 % festgeschrieben, der gleichfalls für die Folgejahre gilt. Durch die Herabsetzung des Kapitalisierungsfaktors wurde – zumindest für größere Unternehmen – die steuerliche Überbewertung vermindert.

Für kleinere Unternehmen (z. B. auch Arztpraxen) führt die Berechnung auch mit diesem festgeschriebenen Kapitalisierungssatz weiterhin zu tendenziell zu hohen Bewertungen der jeweiligen Praxen.

236 Nach Knief und Weippert stellt der **Gesamtsubstanzwert den Mindestwert** im vereinfachten Ertragswertverfahren dar.[1] Demnach sei der Substanzwert „immer zu ermitteln". Kritisch wird in der Publikation der nach § 200 BewG zu ermittelnde gemeine Wert gesehen, da nach Auffassung der beiden Autoren als Mindestwert eher das Liquidationswertverfahren anzuwenden sei. Diese Auffassung vertreten im Übrigen analog des IDW S1 auch Stamm/Blum.[2] In jedem Fall werden sich für den gemeinen Wert und den Liquidationswert größtenteils unterschiedliche Beträge ergeben. Somit sei nach Auffassung von Knief und Weippert, der gemeine Wert und der Liquidationswert des gesamten Anlagevermögens sowie der nicht-betriebsnotwendigen und zwei Jahre vor Bewertungsstichtag angeschafften Wirtschaftsgüter zzgl. etwaiger Fremdfinanzierungskosten gesondert zu ermitteln.

237 Grundsätzlich ist die Reduzierung der Komplexität im Rahmen von Unternehmensbewertungen (und Arztpraxisbewertungen) mittels des vereinfachten Ertragswertverfahrens ein wünschenswerter Vorgang. **Kritik** an diesem Verfahren ist jedoch in der Literatur vielfach vorzufinden.[3] Insbesondere die Pauschalierung des Kapitalisierungszinssatzes für Unternehmen unabhängig von der Rechtsform und Branche, die vergangenheitsbezogene Ermittlung der zukünftigen Erträge ohne prognostizierende Wirtschaftsplanung sowie die bei

---

1 Knief, P./Weippert, K., Erste praktische Erfahrungen mit dem vereinfachten Ertragswertverfahren gemäß §§ 199 ff. Bewertungsgesetz, StB 2010 S. 1 - 8.

2 Stamm, A./Blum, A., Erbschaftssteuerliche Bewertung von Betriebsvermögen: Vereinfachtes Ertragswertverfahren und Paketzuschlag, StuB 2009 S. 806 – 812.

3 Vgl. Stamm/Blum, StuB 2009 S. 806 f. und Knief/Weippert, StB 2010 S. 1 f.

der Arztpraxisbewertung zu konstatierenden massiven Überbewertungen sind entscheidende Nachteile des Verfahrens.

4. Multiplikatorverfahren

a) Begriffsbestimmung

Das Multiplikatorverfahren zählt zu den marktorientierten Bewertungsverfah-   238
ren. Der Unternehmenswert wird hier näherungsweise bestimmt, indem man sich an **Marktpreisen**, also im Rahmen von Transaktionen tatsächlich gezahlten Preisen für vergleichbare Unternehmen, orientiert. Dem Verfahren liegt die Prämisse zugrunde, dass vergleichbare Unternehmen auch vergleichbare Unternehmenswerte aufweisen müssen.[1] Der Ansatz entspricht einer **vereinfachten Preisfindung** und wird meist genutzt, um einen ersten Anhaltspunkt hinsichtlich des Unternehmenswertes zu generieren und/oder errechnete Ertragswerte zu plausibilisieren.[2]

Gerade bei der Bewertung **kleiner und mittelständischer Unternehmen**, zu denen auch Arztpraxen zählen, wird gelegentlich auf die vereinfachte Preisfindung zurückgegriffen. Im IDW S 1 wird jedoch ausdrücklich betont, dass diese eine Unternehmensbewertung nicht ersetzen kann. Es wird jedoch eingeräumt, das Multiplikatorverfahren ergänzend zur **Plausibilisierung** heranzuziehen sind.

b) Bewertungsverfahren

Der Unternehmenswert wird bestimmt, indem man eine Bezugsgröße zum   239
Wert eines Vergleichsobjektes ins Verhältnis setzt. Der so ermittelte Multiplikator wird dann mit der Bezugsgröße des Bewertungsobjektes multipliziert, um dessen Wert zu ermitteln.[3]

Als **Bezugsgröße** können beispielsweise der Umsatz, der Gewinn oder der Cash Flow eines Unternehmens herangezogen werden.[4] Dieses Vorgehen unterstellt dabei, dass sich Vergleichs- und Bewertungsobjekt in ihren Eigenschaften

---

1 Vgl. Voigt C./Voigt J./Voigt R./Voigt J., Unternehmensbewertung – Erfolgsfaktoren von Unternehmen professionell analysieren und bewerten, Wiesbaden 2005, S. 33.

2 Maltry, H./Kuhnert, C., Unternehmensbewertung, Berlin/Heidelberg 2006, hier: S. 265.

3 Bausch, A., Die Multiplikator-Methode – Ein betriebswirtschaftliches sinnvolles Instrument zur Unternehmenswert- und Kaufpreisfindung in Aquisitionsprozessen?; in: Finanz Betrieb 2000 S. 448 – 459, hier: S. 451.

4 Müller, J., Unternehmensbewertung für Substanzsteuerliche Zwecke – Eine empirische Analyse des Stuttgarter Verfahrens und alternativer Ansätze in: Schriften zum Steuer-, Rechnungs- und Prüfungswesen, Wiesbaden 2008, hier: S. 104 ff.

möglichst **ähnlich** sind und die Bezugsgröße und der Unternehmenswert in einem **linearen** Verhältnis zueinander stehen.[1]

240 Üblicherweise werden **drei Schritte bei der Bewertung** durchgeführt:[2]

1. Schritt:

Zunächst gilt es ein vergleichbares Unternehmen zu identifizieren, welches dem Bewertungsobjekt hinsichtlich Region, Leistungsspektrum, Größe, Kostenstruktur, Zielgruppe etc. möglichst ähnlich ist.[3] Die Gegenüberstellung kann dabei auf zwei verschiedenen Arten erfolgen.

Beim Vergleich des Bewertungsobjektes mit **börsennotierten Unternehmen**, wird der Preisbildungsprozess am Kapitalmarkt genutzt. Das zu bewertende Unternehmen wird mit einer Gruppe von Unternehmen (Peer Group), die hinsichtlich bestimmter Charakteristika äquivalent sind, verglichen. Um Ausreißer möglichst zu vermeiden, sollte eine ausreichend große Zahl von Vergleichsunternehmen herangezogen werden.[4] Wie oben bereits dargestellt, wird zur Ermittlung des Multiplikators die Marktkapitalisierung der Vergleichsunternehmen ins Verhältnis zu einer Bezugsgröße gesetzt. Anschließend kann der Multiplikator auf das Bewertungsobjekt übertragen werden.

Da Arztpraxen üblicherweise nicht börsennotiert sind, ist diese Vorgehensweise im Rahmen der Arztpraxisbewertung nicht praktikabel. Daher muss hier auf einen **Vergleich mit abgeschlossenen Transaktionen** abgestellt werden. Das Vorgehen unterscheidet sich dabei nicht vom oben bereits beschriebenen Verfahren. Anstelle der Marktkapitalisierung wird hier lediglich der Kaufpreis eines Vergleichsunternehmens herangezogen. Als problematisch erweist es sich jedoch, Vergleichsunternehmen zu finden, deren Kaufpreis bekannt ist.[5] Veröffentlichungen der Kassenärztlichen Vereinigungen hinsichtlich der Kaufpreise von Arztpraxen liegen mittlerweile mehrere Jahre zurück.

---

1 Bausch, A. (2000), S. 451.
2 Vgl. Hillebrand, F., Multiplikatorverfahren, DBW 2001, S. 618.
3 Löhnert/Böckmann, S. 412.
4 Vgl. Fries, T., Unternehmensbewertung von Krankenhäusern, in: Arbeitsberichte zum Management im Gesundheitswesen, Köln 2003, hier: S. 33.
5 Schultze, W., Methoden der Unternehmensbewertung – Gemeinsamkeiten, Unterschiede, Perspektiven, 2. erw. und überarbeitete Auflage, Düsseldorf 2003, hier: S. 161.

2. Schritt:

Im nächsten Schritt muss eine geeignete Bezugsgröße ausgewählt werden.[1] Die verwendeten Bezugsgrößen müssen aber, um Wertverzerrungen zu vermeiden, um einmalige Effekte bereinigt werden.[2]

Abhängig von der gewählten Bezugsgröße wird der Gesamtunternehmenswert (**Entity-Ansatz; Brutto-Methode**) oder der Marktwert des Eigenkapitals (**Equity-Ansatz, Nettomethode**) ermittelt.

Die gewählte Bezugsgröße wird dann zum beobachteten Transaktions-/Verkaufspreis (oder in Theorie zum Börsenkurs) eines Unternehmens ins Verhältnis gesetzt, so dass man den Multiplikator erhält.[3]

3. Schritt:

Im letzten Schritt ist dieser Multiplikator mit der entsprechenden Bezugsgröße des Bewertungsobjektes multiplikativ zu verknüpfen, um im Ergebnis den Unternehmenswert zu erhalten.[4]

Ein **wesentlicher Vorteil** des vorgestellten Multiplikatorverfahrens besteht darin, dass bei der Ermittlung des Unternehmenswertes durch den Rückgriff auf die Marktkapitalisierung oder Preise für abgeschlossene Transaktionen automatisch marktübliche Risikozuschläge, wie auch das Verhältnis von Angebot und Nachfrage, berücksichtigt werden. 241

Allerdings unterstellt dieses Vorgehen auch, dass sich Vergleichs- und Bewertungsobjekte in ihren Eigenschaften möglichst ähnlich sind und die Bezugsgröße und der Unternehmenswert linear zueinander sind.[5] Das **größte Problem** stellt wohlmöglich die fehlende öffentlich zugängliche und valide Datenbasis zur Ermittlung des entsprechenden Multiplikators dar. Auch wird dem Umstand, dass die Wertigkeit der Praxis vielfach von den individuellen Stärken/ Schwächen des Praxisinhabers abhängt, hiermit kaum Genüge getan.

---

1 Schultze, W., Methoden der Unternehmensbewertung – Gemeinsamkeiten, Unterschiede, Perspektiven, 2. erw. und überarbeitete Auflage, Düsseldorf 2003, hier: S. 161.
2 Vgl. Warmeling, H., Die Berücksichtigung von Steuern im Rahmen der Unternehmensbewertung, Wiesbaden 2004, S. 111.
3 Schultze, W., Methoden der Unternehmensbewertung – Gemeinsamkeiten, Unterschiede, Perspektiven, 2. erw. und überarbeitete Auflage, Düsseldorf 2003, hier: S. 161.
4 Drukarczyk J./Schüler, A., Unternehmensbewertung, 5. überarb. und erweiterte Auflage, München 2005, hier S. 473 ff.
5 Bausch, A., Die Multiplikator-Methode, S. 451.

242　In der Praxis teilweise noch vorzufinden ist die **Umsatzmethode nach Barthel** aus dem Jahr 1996.[1] Auf Basis seiner Erfahrungen aus der Arztpraxisbewertung wurden differenziert nach Fachgruppen die folgenden Multiplikatoren (in % vom Umsatz) definiert.

Erfahrungssätze in % vom Umsatz	Mindestsatz	Mittelsatz	Höchstsatz
Allgemeinmedizin	30	44	60
Augenarzt	25	37	48
Chirurg	28	40	50
Frauenarzt	26	42	56
HNO-Arzt	27	36	46
Dermatologe	18	27	42
Internist	25	36	48
Kinderarzt	25	38	47
Neurologe	26	32	38
Nuklearmediziner	25	38	52
Orthopäde	15	29	42
Praktischer Arzt	24	40	56
Radiologe	20	24	28
Urologe	22	34	46
Zahnarzt	20	34	50
Tierarzt	18	35	52

Aufgrund der Entwicklungen der letzten Jahre im vertragsärztlichen Sektor sind die Ergebnisse jedoch mit Vorsicht zu genießen.

5. Das Verfahren der Bundesärztekammer (Stand 9.9.2008)

243　Die Richtlinien der Bundesärztekammer zur Bewertung von Arztpraxen wurden letztmalig zum 9.9.2008 aktualisiert.[2] Die Aktualisierung diente dem Zweck,

---

1 Barthel, Carl, Unternehmenswert – der Markt bestimmt die Bewertungsmethode, DStR 1996 S. 149 - 163.
2 Hinweise zur Bewertung von Arztpraxen, Deutsches Ärzteblatt, Jg. 105, Heft 51 - 52, 22.12.2008, A 2778 ff.

die Handhabung der Richtlinie für die Anwender zu vereinfachen und sollte sich an betriebswirtschaftlichen Grundsätzen orientieren. Da auch der Aktualisierung die **rechtliche Verbindlichkeit fehlt**, wird die Richtlinie als „Hinweise zur Bewertung von Arztpraxen" bezeichnet.

Das Verfahren der Bundesärztekammer (Stand 9.9.2008) kann dem Grunde nach zu den Praktiker- bzw. Kombinationsmethoden gezählt werden. Es wird hierbei ein Unternehmenswert generiert, der sich aus einer **Kombination von Substanzwert und Goodwill** errechnet.

Es soll weiterhin gelten, dass die Arztpraxis per Definition kein Gewerbebetrieb ist, sondern in Funktion und Wertigkeit im Wesentlichen durch eine **vertrauensvolle, personengebundene Arzt-Patienten-Bindung** beeinflusst wird. Neu aufgenommen wurde in der Richtlinie der Bezug auf einen Ertragswert, der auch relevante Kostenpositionen in die Bewertung einbezieht. Dies ist insofern eine Neuerung, da die vorherige Version aus dem Jahr 1987 den Praxiswert auf Basis in der Vergangenheit erzielter Umsätze ohne Berücksichtigung von Kostenpositionen ermittelte.

a) Begriffsbestimmung

Das aktuelle Verfahren der Bundesärztekammer definiert den Praxiswert als   244
Summe aus „Substanzwert" (materieller Wert) und dem „ideellen Wert" (immaterieller Wert/Goodwill). Hierbei wird unterstellt, dass

▶ der entgeltliche Erwerb einer Arztpraxis prinzipiell zulässig ist und

▶ die Praxis fortgeführt wird (zukunftsgerichtete Analyse).

Der **Substanzwert** stellt somit die Summe der einzelnen Anlagegüter der Praxis dar. Basis der Ermittlung des Substanzwertes ist entweder das Anlageverzeichnis oder die Bilanz der jeweils zu bewertenden Praxis. Entscheidend für die Bewertung ist eine Auflistung aller Wirtschaftsgüter wie bautechnische Maßnahmen, Praxisinventar, Medizintechnik, Praxisinventar Möbel, Praxisinventar EDV, Praxisinventar Sonstiges, Instrumentarium, Geringwertige Wirtschaftsgüter (GWG) mit Bezug auf historische Anschaffungs-/Herstellungskosten, Abschreibungen und aktuelle Buchwerte.

Unter dem **ideellen Wert** versteht man aus Sicht des Erwerbers die Möglichkeit, mittels des zu übernehmenden Patienten- und Überweiserstamms zukünftig finanzielle Überschüsse zu erwirtschaften. Hier sind praxisindividuelle Besonderheiten, wie bspw. die Marktstellung, die regionale Wettbewerbssituation, der Ruf, der Anteil an Privatpatienten, die Leistungsfähigkeit etc. mit einzubeziehen. Der Goodwill einer Arztpraxis unterscheidet sich nach Auffassung der Bundesärztekammer vom Firmenwert eines gewerblich tätigen Unternehmens durch seinen stark **personengebundenen Charakter**, d. h. dem langfristig erarbeiteten vertrauensvollen Arzt-Patienten-Verhältnis.

b) Bewertungsverfahren

245 Wie bereits oben einleitend dargelegt, wird der Arztpraxiswert mittels der Bundesärztekammermethode als Summe aus Substanzwert und ideellem Wert ermittelt.

Der **Substanzwert**, d. h., der materielle Wert einer Praxis entspricht den **Marktwerten** der einzelnen Praxisgegenstände. In Form des Anlageverzeichnisses ist dabei jedes entsprechende Wirtschaftsgut mit historischen Anschaffungskosten, Nutzungsdauern, Abschreibungen und Buchwert zum Stichtag versehen.

Der **ideelle Wert (Goodwill)** einer Praxis wird unter Berücksichtigung der entsprechenden Umsatz- und Kostenstruktur der Praxis und eines alternativen Arztgehalts berechnet. Es gilt folgende Formel:

Übertragbarer Umsatz

–	Übertragbare Kosten
=	Übertragbarer Gewinn
–	alternatives Arztgehalt
=	nachhaltig erzielbarer Gewinn
x	Prognosemultiplikator
=	Ideeller Wert (Goodwill)

Übertragbarer Umsatz

246 Nach der Bundesärztekammermethode ist der übertragbare Umsatz der durchschnittliche Jahresumsatz aus **den letzten drei Kalenderjahren** vor dem Kalenderjahr des Bewertungsfalls. Zu den Umsätzen einer Arztpraxis zählen die Honorare aus vertragsärztlicher Tätigkeit (wie Regelleistungsvolumen, Qualifikationsgebundene Zusatzvolumen, Extrabudgetäre Leistungen), ggf. Individuelle Gesundheitsleistungen (IGeL) und Erlöse aus privatärztlicher Tätigkeit sowie sonstige Einnahmen aus ärztlicher Tätigkeit. Diese Einnahmen werden um **nicht-übertragbare Einnahmebestandteile** korrigiert. Dazu zählen:

▶ Personenbezogene Abrechnungsgenehmigungen

▶ Honorare aus Gutachtertätigkeiten

▶ Betriebsärztliche Tätigkeiten

▶ Miet- und Zinserträge

▶ Sonstige Besonderheiten (Krankheiten des Praxisinhabers)

▶ Vorhersehbare künftige Veränderungen (Honorarreformen etc.)

Honorare aus Belegarzttätigkeit werden der Bundesärztekammermethode nach auch bereinigt. Hier zählt nach Auffassung des Autors jedoch die Tatsache, inwiefern solche Verträge und damit Erlösbestandteile auf den Erwerber übergehen.

Aus den bereinigten Einnahmen wird der durchschnittliche Jahresumsatz abgeleitet, der übertragbare Umsatz.

Übertragbare Kosten

Übertragbare Kosten sind nach der Ärztekammermethode die durchschnittlichen Praxiskosten in **den letzten 3 Kalenderjahren** vor dem Kalenderjahr des Bewertungsfalls. Wie beim übertragbaren Umsatz werden auch die Praxiskosten um **nicht-übertragbare Bestandteile bereinigt.** Dazu zählen einerseits Kosten, die nicht übertragbar sind, also Kosten, die mit nicht-übertragbaren Umsätzen einhergehen (s. o., z. B. Anlagenabgänge). Auch kalkulatorische Kosten zählen der Bundesärztekammermethode nach zu den nicht übertragbaren Kosten. Beispiele hierfür sind Abschreibungen und (langfristige) Finanzierungskosten sowie unverhältnismäßig hohe oder niedrige Personalkosten. Des Weiteren werden die übertragbaren Kosten um zukünftig entstehende Kosten bereinigt, wie beispielsweise Mietzahlungen für Praxisräume, die im Eigentum des Veräußerers stehen. | 247

Übertragbarer Gewinn

Der übertragbare Gewinn ergibt sich aus dem übertragbaren Umsatz abzüglich der übertragbaren Kosten. Laut Bundesärztekammer handelt es sich hierbei um den **Gewinn vor Steuer.** Steuerliche Sachverhalte (wie Einkommensteuer) werden demnach nicht berücksichtigt. | 248

Alternatives Arztgehalt

Von dem vorgenannten übertragbaren Gewinn ist in der weiteren Kalkulation des Goodwill ein alternatives (fiktives) Jahresgehalt abzuziehen. Dies wird dadurch begründet, dass ohne Arzt eine Arztpraxis keinen Umsatz und Gewinn erwirtschaften kann. Nach Auffassung des Autors sollte die Erklärung der Bun- | 249 desärztekammer dahin gehend interpretiert werden, dass ein Arzt, der eine Arztpraxis übernimmt und betreibt, alternativ keiner anderen erwerbswirtschaftlichen Tätigkeit (z. B. Angestelltenverhältnis im Krankenhaus) nachgehen kann (siehe a. Schmid-Domin[1] und Küntzel[2]).

Kalkulatorisch anzusetzen ist laut Bundesärztekammer das **Bruttogehalt aus fachärztlicher Tätigkeit.** [„Als Ausgangswert 2008 werden unter Berücksichtigung von Facharztgehältern im Krankenhaus, bei Verbänden und der Pharmaindustrie **76 000 €** angesetzt. Künftige tarifliche Anpassungen sind bei der Anwendung der Hinweise zu berücksichtigen[3]"].

Dieser Ansatz wird in der Literatur äußerst kritisch gewertet. Zum Einen ist der von der Bundesärztekammer festgesetzte Bruttolohn von 76 000 € für viele Arztgruppen der Höhe nach unterbewertet.[4] Zum Anderen hat das BGH in seinem Urteil vom 9.2.2011 entschieden, dass der kalkulatorische Arztlohn **individuell** zu berechnen sei.

Der Ärztekammermethode nach wird **abhängig von der Umsatzgröße der Praxis** (übertragbarer Umsatz) der alternative Arztlohn mit einem Prozentsatz abgesetzt.

▶ Bei einer Umsatzgröße bis 40 000 €: 0 % (alternativer Arztlohn: 0 €)
▶ Bei einer Umsatzgröße ab 40 000 €: 20 % (alternativer Arztlohn: 15 200 €)
▶ Bei einer Umsatzgröße ab 65 000 €: 30 % (alternativer Arztlohn: 22 800 €)
▶ Bei einer Umsatzgröße bis 90 000 €: 40 % (alternativer Arztlohn: 30 400 €)
▶ Bei einer Umsatzgröße bis 115 000 € 50 % (alternativer Arztlohn: 38 000 €)
▶ Bei einer Umsatzgröße bis 140 000 €: 60 % (alternativer Arztlohn: 45 600 €)
▶ Bei einer Umsatzgröße bis 165 000 €: 70 % (alternativer Arztlohn: 53 200 €)
▶ Bei einer Umsatzgröße bis 190 000 €: 80 % (alternativer Arztlohn: 60 800 €)
▶ Bei einer Umsatzgröße bis 215 000 €: 90 % (alternativer Arztlohn: 68 400 €)
▶ Bei einer Umsatzgröße bis 240 000 €: 100 % (alternativer Arztlohn: 76 000 €)

Je geringer der übertragbare Umsatz der Praxis, desto niedriger also der Abzug auf den Arztlohn.

---

1 H.G. Schmid-Domin, Bewertung von Arztpraxen und Kaufpreisfindung – Methoden-Beispiele-Rechtsgrundlagen, 3., neu bearbeitete Auflage, Berlin 2009.
2 Küntzel, Bewertung von Arztpraxen, DStR 26/2000.
3 Hinweise zur Bewertung von Arztpraxen, Deutsches Ärzteblatt, Jg. 105, Heft 51 - 52, 22.12.2008, A 2778 ff.
4 Prof. Dr. Peter Knief, http://de.wikipedia.org/wiki/Benutzer:Prof._Dr._Peter_Knief/Praxisbewertung.

Nachhaltig erzielbarer Gewinn

Der nachhaltig erzielbare Gewinn ist der übertragbare Gewinn abzüglich des Arztgehalts.   250

Prognosemultiplikator

Der letzte Schritt in der Ermittlung des Goodwill mittels der Bundesärztekam-   251
mermethode besteht darin, den nachhaltig erzielbaren Gewinn mit dem **Prognosemultiplikator** zu multiplizieren. Der Prognosemultiplikator ergibt sich aus
der Anzahl der Jahre, innerhalb der von einer abnehmenden Patientenbindung
im Patienten-Arzt-Verhältnis zum Praxisveräußerer ausgegangen werden kann
(Verflüchtigung der Patientenbindung). Nach der Ärztekammermethode beträgt der Prognosemultiplikator **für Einzelpraxen in der Regel 2,0 Jahre und
für Gemeinschaftspraxen 2,5 Jahre.** „Erfahrungsgemäß endet die Patientenbindung zu dem Praxisinhaber mit dessen Ausscheiden, wodurch sich der ideelle
Wert in kurzer Zeit verflüchtigt". Nähere Angaben zur Ermittlung des Multiplikators werden jedoch nicht getroffen.

Dieser pauschale Ansatz ist insbesondere auch aufgrund der mathematischen
Relevanz des Prognosemultiplikators bezüglich der rechnerischen Ermittlung
des Goodwill kritisch zu sehen. Auch die bei anderen Multiplikationsverfahren
verwandte Differenzierung innerhalb der verschiedenen Fachrichtungen wird
nicht von der Methodik der Bundesärztekammermethode aufgegriffen. So
Schmid-Domin: „Warum nun gerade ein Multiplikator von 2,0 resp. 2,5 angenommen werden soll, bleibt unergründlich".[1]

Wertbeeinflussende Faktoren

Bis zu maximal 20 % kann der unter vorgenannten Bedingungen ermittelte   252
Goodwill aufgrund von wertbeeinflussenden Faktoren (mindernd/steigernd)
bestimmt werden. Die Bundesärztekammer nennt hierzu die folgenden Deter-
minanten:

► Ortslage der Praxis,

► Praxisstruktur (z. B. Überweisungspraxis, Konsiliarpraxis),

► Arztdichte innerhalb des Einzugsgebietes,

► Möglichkeit/Pflicht, die Praxis in den vorhandenen Räumen weiterzuführen,

► Qualitätsmanagement,

► Regionale Honorarverteilungsregelungen für den Vertragsarzt,

---

1 H.G. Schmid-Domin, Bewertung von Arztpraxen und Kaufpreisfindung – Methoden-Beispiele-
Rechtsgrundlagen, 3., neu bearbeitete Auflage, Berlin 2009.

► Dauer der Berufsausübung des abgebenden Arztes,

► Tätigkeitsumfang z. B. hälftiger Versorgungsauftrag (evtl. Berücksichtigung bei Abzug des Arztgehaltes),

► Zulassung als Vertragsarzt in einem gesperrten Planungsbereich bei Fortführung der Praxis,

► Anstellung von Ärzten,

► Kooperationen (Praxisgemeinschaft, Apparategemeinschaft, Medizinische Kooperationsgemeinschaft usw.)

Inwiefern diese Faktoren rein rechnerisch den Goodwill beeinflussen und nach welcher Gewichtung gewertet wird, wird nicht gesagt. Auch das Zustandekommen der maximalen Schwankungsbreite von 20 % wird nicht näher erläutert.

c) Besonderheiten

253 Als Besonderheit nennt die Bundesärztekammer die Grundsätze bei **Bewertung von Berufsausübungsgemeinschaften**, obwohl die o. g. Formel grundsätzlich auch hier anzuwenden sei. Bedeutung kommt in diesem Zusammenhang jedoch dem Aspekt mehrerer Gesellschafter und dem Prognosemultiplikator zu.

Dem Aspekt mehrerer Gesellschafter innerhalb der Berufsausübungsgemeinschaft wird dadurch Rechnung getragen, dass das **Arztgehalt mit der Anzahl der Gesellschafter vervielfältigt wird**. Dies geschieht mit dem Ansatz, zunächst den übertragbaren Umsatz durch die Anzahl der Gesellschafter zu teilen und das Arztgehalt gemäß den oben genannten prozentualen Abschlägen zu berechnen. Im nächsten Schritt wird das so ermittelte fiktive Arztgehalt mit der Anzahl der Gesellschafter multipliziert.

Der **Prognosemultiplikator wird pauschal mit 2,5** angesetzt. Es wird darauf verwiesen, dass die Patientenbindung in einer Berufsausübungsgemeinschaft mit mehreren Ärzten höher sei, als in einer Einzelpraxis. Hier sei nochmals auf die bereits oben zitierten Ausführungen Schmid-Domins verwiesen: „Warum nun gerade ein Multiplikator von 2,0 resp. 2,5 angenommen werden soll, bleibt unergründlich".[1]

254–260   *(Einstweilen frei)*

---

1 H.G. Schmid-Domin, Bewertung von Arztpraxen und Kaufpreisfindung – Methoden-Beispiele-Rechtsgrundlagen, 3., neu bearbeitete Auflage, Berlin 2009.

6. Das modifizierte Ertragswertverfahren

Das Ertragswertverfahren basiert dem Grunde nach auf der Annahme, dass der 261
Wert eines Unternehmens maßgeblich bestimmt wird durch das Potenzial, in
Zukunft Gewinne erwirtschaften zu können. Dabei wird der Unternehmenswert, unter der Annahme der Vollausschüttung, durch Diskontierung der prognostizierten, zukünftig an die Unternehmenseigner ausschüttbaren Ertragsüberschüsse ermittelt.[1] Aufgrund **spezifischer Besonderheiten von Arztpraxen**
und praktischer Erfahrungen mit der Bewertung von Arztpraxen wurde das
Ertragswertverfahren entsprechend modifiziert.

a) Begriffsbestimmung

Eine konkrete allgemeingültige Definition des modifizierten Ertragswertverfah- 262
rens zur Bewertung von Arztpraxen liegt nach Kenntnisnahme des Autors
nicht vor; in der Literatur finden sich verschiedene Ausgestaltungsformen.[2,3,4,5]

Demnach setzt sich der **Ertragswert** einer Arztpraxis aus dem mit dem **Kapitalisierungszinssatz** über einen Zeitraum t diskontierten Ertrag zuzüglich eines
über einen Zeitraum n diskontierten **Substanzwertes** zusammen.

Beim modifizierten Ertragswertverfahren wird im Grundsatz davon ausgegangen, dass eine Arztpraxis wie ein gewerbliches Unternehmen auch einen Nutzen in der Erzielung zukünftiger finanzieller Überschüsse aufweist. Somit ist
das Ertragswertverfahren dem Grunde nach auch bei Arztpraxen anwendbar.
**Es unterscheidet sich jedoch in der modifizierten Variante insbesondere durch
die folgenden zwei Aspekte:**

▶ Berücksichtigung Substanzwert

▶ Betrachtungshorizont

Berücksichtigung Substanzwert

---

1 IDW S 1 i. d. F. 2008.
2 H.G. Schmid-Domin, Bewertung von Arztpraxen und Kaufpreisfindung – Methoden-Beispiele-
   Rechtsgrundlagen, 3., neu bearbeitete Auflage, Berlin 2009.
3 Schwarte, A. et al., Was ist (m)eine Praxis wert? Praxisabgabe und Praxisübernahme, Broschüre
   der Deutschen Apotheker- und Ärztebank, 19. überarbeitete Auflage 2008.
4 http://www.medizinconsulting.com/Das-Verfahren.html.
5 http://www.medizinerconsulting.de/praxisbewertung.htm #bewertungsverfahren.

263   Die Modifikation des Ertragswertverfahrens findet zum einen über die **zusätzliche Berücksichtigung des Substanzwertes** statt,[1,2,3] sei es in Form eines Liquidationswertes oder eines Substanzwertes (wie Reproduktionswert), der additiv zum ermittelten (zeitlich begrenzten) Ertragswert den Praxiswert bestimmt. Dies unterscheidet das modifizierte Verfahren vom originären Ertragswertverfahren, da im Letztgenannten der Substanzwert implizit im Ertragswert enthalten ist, also nicht zusätzlich ausgewiesen wird. Erklärt wird dies dadurch, dass bei begrenzter Lebensdauer des Unternehmens (siehe unten) der Ertragswert dem Goodwill entspricht und zur Bildung des Gesamtwertes (ehemals Ertragswert) der Substanzwert hinzugerechnet werden muss.

Betrachtungshorizont

264   Im Vergleich zum originären Ertragswertverfahren wird bei der modifizierten Version ferner unterstellt, dass eine Arztpraxis **keine unbegrenzte Lebensdauer** inne hat und das Prinzip der „ewigen Rente" keine Gültigkeit hat.[4,5]

Nach Schmid-Domin wird der Praxiswert in hohem Maße von der Person des Praxisinhabers und dem im Laufe der Zeit von ihm aufgebauten **Vertrauensverhältnis seiner Patienten** geprägt. Es wird davon ausgegangen, dass bei einer Praxisübernahme der Praxiserwerber einige Jahre benötigt, um sich einen entsprechenden Ruf und ein vertrauensvolles Verhältnis zu seinen Patienten aufzubauen. Nach Praxisabgabe wiederum verflüchtigt sich dieser als immaterieller Wert/Good will zu bezeichnende Sachverhalt binnen einiger Jahre. In der Literatur wird je nach Fachrichtung, Praxisstruktur und Leistungsportfolio von einer **Verflüchtigungsdauer von zwei bis maximal fünf Jahren** gesprochen.[6,7,8] Die in der Bewertung von gewerblichen Unternehmen zu berücksichtigende

1   H. G. Schmid-Domin, Bewertung von Arztpraxen und Kaufpreisfindung – Methoden-Beispiele-Rechtsgrundlagen, 3., neu bearbeitete Auflage, Berlin 2009.

2   Schwarte, A. et al., Was ist (m)eine Praxis wert? Praxisabgabe und Praxisübernahme, Broschüre der Deutschen Apotheker- und Ärztebank, 1. überarbeitete Auflage 2008.

3   Vgl. Haack/Grothe, Fortführung von Arztpraxen, Erwerb und Beteiligung aus rechtlicher und betriebswirtschaftlicher Sicht, NWB 40/2009 S. 3122.

4   H. G. Schmid-Domin, Bewertung von Arztpraxen und Kaufpreisfindung – Methoden-Beispiele-Rechtsgrundlagen, 3., neu bearbeitete Auflage, Berlin 2009.

5   Schwarte, A. et al., Was ist (m)eine Praxis wert? Praxisabgabe und Praxisübernahme, Broschüre der Deutschen Apotheker- und Ärztebank, 19. überarbeitete Auflage 2008.

6   Schwarte, A. et al., Was ist (m)eine Praxis wert? Praxisabgabe und Praxisübernahme, Broschüre der Deutschen Apotheker- und Ärztebank, 19. überarbeitete Auflage 2008.

7   H. G. Schmid-Domin, Bewertung von Arztpraxen und Kaufpreisfindung – Methoden-Beispiele-Rechtsgrundlagen, 3., neu bearbeitete Auflage, Berlin 2009.

8   Hinweise zur Bewertung von Arztpraxen, Deutsches Ärzteblatt, Jg. 105, Heft 51 - 52, 22.12.2008, A 2778 ff.

„ewige Rente" kann den Überlegungen nach auf den Fall der Arztpraxisbewertung nicht angewandt werden.

Vor diesem Hintergrund wird das Ertragswertfahren zur Bewertung von Arztpraxen modifiziert und in der Berechnung des Praxiswertes **eine nur begrenzte Lebensdauer** des Bewertungsobjekts berücksichtigt. Dieses findet Niederschlag in einem Prognosezeitraum von 2 – 5 Jahren, über die die geplanten finanziellen Überschüsse aufsummiert werden.

b) Bewertungsverfahren

Die Arztpraxisbewertung mit Hilfe des modifizierten Ertragswertverfahrens kann in mehrere Schritte unterteilt werden.[1,2]   265

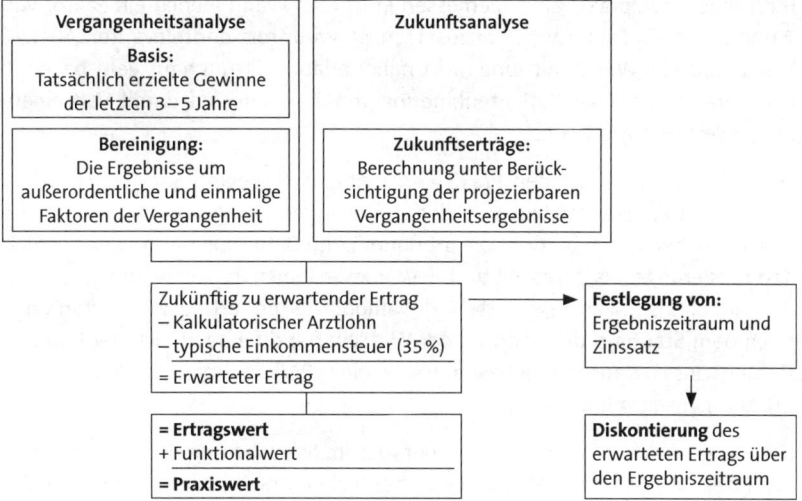

Das modifizierte Ertragswertverfahren **folgt insoweit dem IDW S1** und der gängigen Auffassung zur Abhandlung des Ertragswertes, als dass die Kalkulation des zukünftig zu erwartenden Ertrags auf Basis einer Analyse vergangenheitsbezogener Daten und einer **Prognose der zu übertragenden werthaltigen Erträge** abzüglich eines fiktiven Unternehmerlohns (= Arztgehalt) fußt.   266

---

1 H. G. Schmid-Domin, Bewertung von Arztpraxen und Kaufpreisfindung – Methoden-Beispiele-Rechtsgrundlagen, 3., neu bearbeitete Auflage, Berlin 2009.
2 Schwarte, A. et al., Was ist (m)eine Praxis wert? Praxisabgabe und Praxisübernahme, Broschüre der Deutschen Apotheker- und Ärztebank, 19. überarbeitete Auflage 2008.

267   Wie bereits im Rahmen der Beschreibung der Bundesärztekammermethode diskutiert, sollte das vom zukünftigen Ertrag abzuziehende **fiktive Arztgehalt** dem BGH-Urteil vom 9.2.2011 nach individuell berechnet werden. Dabei sind die individuellen Vorstellungen und Lebensumstände des Praxisveräußerers ebenso zu berücksichtigen, wie aktuelle Entwicklungen der ärztlichen Arbeitsbedingungen (bspw. Fachkräftemangel im Krankenhaus).

268   Im Weiteren sollte eine **typisierende Einkommensteuer** auf den Ertrag Berücksichtigung finden. Die steuerliche Belastung mindert den zu erwartenden Ertrag entsprechend.

269   Analog der bereits oben beschriebenen Definition des Goodwills einer Arztpraxis wird im Rahmen der Bewertung ein **Prognosemultiplikator** zwischen 2 und 5 für eine Einzelpraxis als angemessen erachtet.[1] Wann jedoch ein Faktor von 2 und wann ein Faktor von 5 anzusetzen ist, wird trotz der relevanten Auswirkungen auf die Wertermittlung nicht näher erläutert. Isringhaus geht bei einer Einzelpraxis von einer Patientenbindung von 2 Jahren und damit von einem Prognosefaktor von 2 aus.[2]

270   Ein weiterer Punkt, der den Praxiswert maßgeblich beeinflusst, jedoch in der Literatur kaum beschrieben und den Erfahrungen des Autors nach in Praxis individuell bemessen wird, ist die **größenmäßige Definition des anzusetzenden Kapitalisierungszinssatzes.** Mitunter ist dieser Punkt der schwierigste Part in der Arztpraxisbewertung mittels des modifizierten Ertragswertverfahrens.[3] Nach dem Standard des Instituts der Wirtschaftsprüfer setzt sich der Kapitalisierungszinssatz aus einem Basiszinssatz, einer Risikoprämie und dem sog. Beta-Faktor zusammen.[4]

Der **Basiszinssatz** kann im Rahmen der Arztpraxisbewertung üblicherweise mit der Effektivverzinsung inländischer öffentlicher Anleihen angesetzt werden. Schwieriger ist die Definition der Risikoprämie und des Beta-Faktors, insbesondere bedingt durch eine mangelnde (öffentlich zugängliche) Datenbasis. Auch in der Literatur finden sich kaum Hinweise zur Kalkulation der Risikoprämie und des Beta-Faktors im Rahmen der modifizierten Ertragswertverfahren bei der Arztpraxisbewertung. Zur näheren Diskussion des Kapitalisierungszinssatzes **s. Rz. 201 ff.**

---

1 H. G. Schmid-Domin, Bewertung von Arztpraxen und Kaufpreisfindung – Methoden-Beispiele-Rechtsgrundlagen, 3., neu bearbeitete Auflage, Berlin 2009.
2 Schwarte, A. et al., Was ist (m)eine Praxis wert? Praxisabgabe und Praxisübernahme, Broschüre der Deutschen Apotheker- und Ärztebank, 19. überarbeitete Auflage 2008.
3 Küntzel, Bewertung von Arztpraxen, DStR 26/2000.
4 IDW S 1 i. d. F. 2008.

Dem modifizierten Ertragswertverfahren nach wird zur Ermittlung des **Praxis-**   271
gesamtwertes dem Ertragswert ein **Substanzwert** hinzuaddiert. Hierbei finden
sich in der Praxis verschiedene Ermittlungsverfahren. An dieser Stelle sei das
Liquidationswertverfahren und das **Reproduktionswertverfahren** genannt.

Der Liquidationswert bildet im Rahmen des modifizierten Ertragswertverfahrens analog zum IDW S1 die Untergrenze des Praxiswertes in den Fällen, wo
der Ertragswert niedriger als ein zu erzielender Liquidationswert ist.[1] Warum
der Liquidationswert in einigen Fällen zusätzlich zum Ertragswert den Praxiswert ergeben soll, bleibt dem Autor unter Annahme der Praxisfortführung ein
Rätsel. Es sei unterstellt, dass die **Anwendung des Liquidationswertes im Rahmen des modifizierten Ertragswertverfahrens überholt** ist.

Vom Liquidationswert ist der **Reproduktionswert** zu unterscheiden, welcher
synonym auch als **Rekonstruktionswert** bezeichnet wird. Der methodische Ansatz ist hier auf die Erfüllung des Unternehmenszwecks des zu bewertenden
Unternehmens gerichtet. Es wird also die Fragestellung geklärt, welche Vermögensgegenstände zum Betrieb eines Unternehmens einer gegebenen Branche und mit einem definierten Unternehmenszweck erforderlich sind sowie
welche Kosten mit der Beschaffung und Bereitstellung dieser Güter verbunden
sein werden. Die für die Erfüllung des Betriebszwecks erforderlichen Güter
werden dabei zu Wiederbeschaffungspreisen bewertet. Im Unterschied zum
Liquidationswertverfahren, bei dem sämtliches vorgefundenes Vermögen beurteilt wird, wird beim Reproduktionswertverfahren demnach auf das rein be-
triebsnotwendige Kapitel zu aktuellen Beschaffungsmarktbedingungen abgestellt. Auch hier empfiehlt sich aus Vorsichtsgründen zunächst der volle
Wertansatz für die Verbindlichkeiten und Rückstellungen. Der grobe Rechen-
weg skizziert sich wie folgt:

    Betriebsnotwendiges Vermögen zu aktuellen Marktpreisen

./.   Verbindlichkeiten und Rückstellungen

=   **Reproduktionswert**

---

1 H. G. Schmid-Domin, Bewertung von Arztpraxen und Kaufpreisfindung – Methoden-Beispiele-
Rechtsgrundlagen, 3., neu bearbeitete Auflage, Berlin 2009.

7. Vergleichende Würdigung der verschiedenen Bewertungsverfahren

272 Folgende Tabelle soll einen Überblick über die Vor- und Nachteile der vorgestellten Verfahren zur Arztpraxisbewertung geben.

Verfahren	Vorteile	Nachteile
Ertragswertverfahren nach IDW S1	Hohe wissenschaftliche Akzeptanz („state of the art") Planungsrechnung kann als zukünftiges Controllinginstrument verwandt werden	Relativ aufwändiges Verfahren (Planungsrechnung)
§§199 ff. BewG	Sehr leichte Handhabbarkeit	Vergangenheitsorientierte Betrachtung der Erträge Pauschalierung Kapitalisierungszinssatz Keine Berücksichtigung von Arztpraxisbesonderheiten möglich Massive Überbewertung im Ergebnis
Multiplikatorverfahren	Leichte Handhabbarkeit Pragmatischer Plausibilisierungsansatz in Ergänzung zu Ertragswertverfahren	Datenbasis der Multiplikatoren für Arztpraxen unzureichend Multiplikatoren vielfach Pauschalansätze (Erfahrungswerte) ohne Berücksichtigung von individuellen und aktuellen Besonderheiten
BÄK-Methode	Leichte Handhabbarkeit Akzeptanz durch Standesorganisation	Vergangenheitsbezogener Ansatz der Erträge und damit keine Berücksichtigung von zukünftigen Risikofaktoren (intern/extern)
Mod. Ertragswertverfahren	Leichte Handhabbarkeit Hohe Marktakzeptanz (Verkehrswert kommt vielfach mit dem tatsächlichen Kaufpreis überein)	Zu viel individueller Spielraum in der Bemessung der einzelnen Kalkulationsparameter (insbesondere Prognosezeitraum)

8. Fazit

Wie es den einen Praxiswert nicht gibt, so existiert auch nicht das allgemein-   273
gültige Verfahren zur Arztpraxisbewertung. Das auf breiter Basis akzeptierte
Ertragswertverfahren nach IDW S1 führt nach Erfahrungen des Autors oftmals
nur bei Ansatz eines Kapitalisierungszinssatzes i. H. v. 18 – 20 % zu marktgän-
gigen Praxiswerten. Schlussendlich sollten u. E. und unabhängig von der einge-
nommenen Beratungsfunktion idealerweise verschiedene Verfahren verwandt
werden, um einen akzeptablen Praxiswert zu ermitteln. Selbstverständlich
spielt in diesem Zusammenhang insbesondere auch die eingenommene Be-
wertungsfunktion und der vereinbarte Beratungsauftrag eine große Rolle in
der Selektion des Bewertungsverfahrens und damit der Wertbemessung.

An dieser Stelle sei nochmals darauf hingewiesen, dass sich die hier vorgestellten Ausführungen primär auf den Sachverhalt der Veräußerung einer Einzelpraxis beziehen. Obwohl sich die Bewertungsverfahren bspw. für den Fall der
Veräußerung/Kauf einer Zahnarztpraxis,[1] eines MVZ oder einer Arztpraxis im
ländlichen Raum nicht grundlegend unterscheiden, ergeben sich doch signifi-
kante Unterschiede in der Wertigkeit der einzelnen Bewertungsparameter.

Insbesondere die Bewertung von Medizinischen Versorgungszentren zeigt
trotz derselben angewandten Bewertungsverfahren in der Praxis oftmals Tü-
cken. So beurteilte bereits im Jahr 2011 in einer Umfrage des MVZ-Survey fast
jede vierte Einrichtung (rund 22 %) die aktuelle Geschäftslage als schlecht bis
sehr schlecht. Unter den MVZ, deren Träger ein Krankenhaus ist, waren es
sogar knapp 26 %. Die meisten Faktoren der wirtschaftlichen Schieflage liegen
oftmals bereits in der Gründungsphase. Eine MVZ-Krise kann bereits durch
unrentable Praxisübernahmen herbeigeführt werden, etwa wenn ein überteu-
erter Kaufpreis gezahlt wird. Insbesondere nach dem Urteil des BFH vom
9.8.2011[2] entstand hier weiterer Ergebnisdruck auf die MVZ. Grundsätzlich
muss sich beim Kauf einer Arztpraxis der Preis zunächst ausschließlich am
Verkehrswert orientieren. Gemäß des Urteils des Bundesfinanzhofs stellt die
Kassenzulassung jedoch keinen gesonderten Wert dar und somit ist der ermittelte immaterielle Praxiswert in Gänze abzuschreiben und nicht in Vertragsarztzulassung und Praxiswert zu unterteilen. Zudem gehen mit der Praxisübernahme oftmals zu optimistische Erwartungen des MVZ-Gesellschafters an die
Umsatzerlöse der angestellten Ärzte einher. Aufgrund des fehlenden Unter-
nehmerrisikos ist hier oftmals der Leistungsanreiz nicht gleichzusetzen mit

---

1 Aufhebung der Zulassungsbeschränkungen zum 2007 hatte erhebliche Auswirkungen auf die
  Wertigkeit der Zahnarztpraxis.
2 BFH v. 9.8.2011 – VIII R 13/08, BStBl 2011 II S. 875.

dem der selbständigen Praxisinhaber. Schon in der Planung eines MVZ wird das künftige Betriebsorganisationskonzept leider oft vernachlässigt. Dabei empfiehlt es sich, bereits bei der Auswahl der Arztpraxis entsprechende Synergiepotenziale mit den anderen Praxen des MVZ mit zu berücksichtigen. Die Synergiepotenziale sollten dann mindestens mittelfristig dazu dienen, die Abschreibungen auf den Firmen-/Praxiswert zu kompensieren.

Mit viel Spannung wurden die aktuellen Implikationen des GKV-Versorgungsstrukturgesetzes sowie die Neufassung der Bedarfsplanung-Richtlinie zum 1.1.2013 und deren potenzielle Auswirkungen auf die Arztpraxisbewertung erwartet. Insbesondere die Aspekte

► Zuschläge in unterversorgten Gebieten

► Strukturfonds zur Förderung der Niederlassung

► Praxisaufkauf durch die KVen in überversorgten Gebieten

► werden sicherlich relevanten Einfluss auf die Wertigkeit einer Arztpraxis haben.

► Als Zuschlag in unterversorgten Gebieten wird der Umstand beschrieben, dass bei Arztpraxen in strukturschwachen Regionen keine Abstaffelung, sondern eine volle Vergütung der Leistungen bei Überschreiten des Regelleistungsvolumens vorgenommen wird. Auch mögliche Zuschüsse zu den Investitionskosten bei Neuniederlassungen oder Gründung von Zweigpraxen in unterversorgten Regionen im Rahmen des Strukturfonds zur Förderung der Niederlassung in der Fläche sollen betriebswirtschaftliche Anreize setzen, eine Arztpraxis in unterversorgten Regionen zu übernehmen oder zu gründen. Im Rahmen der Praxisbewertung würden beide o. g. Anreize dazu führen, dass (bei gleichem Patientengut und gleicher Kostenstruktur) die Arztpraxis in unterversorgten Regionen einen höheren Praxiswert aufzeigen würde als eine vergleichbare Arztpraxis in der Stadt. Grundsätzlich muss man jedoch festhalten, dass dies eine rein theoretische Betrachtung darstellt. Letztendlich ist der im Rahmen einer Praxisbewertung ermittelte Wert immer als Annäherungswert zu verstehen, der als Verhandlungs- und Diskussionsgrundlage bei der Praxisübertragung verwandt werden kann. Vom ermittelten Praxiswert ist also der tatsächlich gezahlte Kaufpreis, der sich durch den Ausgleich von Angebot und Nachfrage ergibt, abzugrenzen.

► Ein weiterer Aspekt, der im Kontext des Versorgungsstrukturgesetzes für zahlreiche Diskussionen gesorgt hat, stellt die Möglichkeit des Zulassungsausschusses dar, in überversorgten Gebieten Arztpraxen „stillzulegen". Auf

Grundlage der aktualisierten Bedarfsplanung kann der Zulassungsausschuss den Antrag auf Nachbesetzung eines Praxissitzes ablehnen, wenn eine Nachbesetzung bedarfsplanerisch nicht indiziert ist. Die KV ist dann verpflichtet, den Praxissitz aufzukaufen und dem veräußernden Arzt eine Entschädigung in Höhe des Verkehrswertes zu zahlen. Inwiefern der Verkehrswert zu ermitteln ist bzw. inwiefern dann eine Einigung zwischen Käufer und Verkäufer unter den beschriebenen Umständen zu erzielen ist, bleibt abzuwarten. Grundsätzlich ist hier sicherlich der Käufer in einer besseren Verhandlungsposition.

9. Checkliste Praxisbewertung

Zunächst einmal losgelöst von den oben genannten Vor- und Nachteilen der   274
einzelnen Bewertungsverfahren und unabhängig vom jeweiligen Bewertungsanlass sollten im Rahmen der Arztpraxisbewertung die folgenden Schritte durchgeführt werden. Diese können als Richtlinie verstanden werden und individuell nach Auftragsgegenstand und Situation individuell angepasst werden.

► Definition des Bewertungsanlasses und der Funktion des Bewerters (abhängig vom Auftragsgegenstand)

► Selektion primäres Bewertungsverfahren

► Übermittlung Datenanforderungskatalog

– Einnahmen-Überschuss-Rechnungen (Gewinnermittlungen) und/oder Bilanzen inkl. GuV der letzten 3 – 5 Geschäftsjahre

– Aktuelle, unterjährige Betriebswirtschaftliche Auswertungen (BWA) inklusive Summen-Saldenlisten mit Differenzierung der einzelnen Erlösarten (RLV, QZV und extrabudgetäre Leistungen, Privat, IGEL, Sonstige (z. B. Konsilarzt, Gutachter, Belegarzt, Kooperation)

– KV-Abrechnungen der letzten 12 Quartale

– RLV der letzten 3 Quartale

– Aktuelles Anlagenverzeichnis und Abschreibungslisten

– Mitarbeiterliste/Lohnjournal inkl. Eintrittsdatum, Vertragslaufzeit, Bruttopersonalkosten, Qualifikation, Alter

– Langfristige relevante Verträge, die mit übernommen werden sollen (wie Mietverträge, Leasingverträge, Kreditverträge, Wartungsverträge, Sonstige)

► Ist-Analyse der Praxis und Umfeldfaktoren

- Aktuelle gesetzliche und finanzielle Rahmenbedingungen

- Begutachtung der Bilanzen oder Einnahmen-Überschuss-Rechnungen der letzten 3 – 5 Geschäftsjahre (inkl. KV-Abrechnungen, RLV-Ermittlungen, Lohnjournale, relevante Verträge, Anlagenverzeichnis) und Benchmark der Ertragspositionen

- Individuelle Praxisbesonderheiten

- Definition Bereinigungsfaktoren

- Markt- und Einzugsgebiet

- Praxisbegehung (inkl. Betrachtung Verkehrsanbindung)

► Ermittlung Substanzwert

► 5-Jahresprognose der Ertragspositionen inkl. Finanz- und Investitionsplan

► Ermittlung individueller Arztlohn

► Definition Kapitalisierungszinssatz (Basiszinssatz und Risikoprämie)

► Sensitivitätsanalyse und Plausibilisierung

275–290   *(Einstweilen frei)*

Kapitel III: Steuerliche Aspekte beim Kauf und Verkauf einer Arztpraxis

Literatur: *Klapp*, Abgabe und Übernahme einer Arztpraxis, 3. Auflage, Berlin/Heidelberg 2007; *Grobshäuser/Maier/Kies*, Besteuerung der Personengesellschaften, 2. Auflage, Stuttgart 2009; *Zur Mühlen/Witte/Rohner/Boos*, Praxisbewertung, Köln 2010; *Rand*, Steuerberater-Praxisnachfolge, Berlin 2010; *Klaßmann/Lewejohann/Pass/Salzberger/Stein*, Besteuerung der Ärzte, Zahnärzte und sonstiger Heilberufe, 9. Auflage, Herne 2016; *Bunjes*, Umsatzsteuer-Kommentar, 16. Auflage, München 2017; *Beermann/Gosch*, Kommentar AO/FGO, Bonn, Loseblatt, Stand Februar 2018; *Blümich*, Kommentar EStG, KStG, GewStG, München, Loseblatt, Stand Januar 2018; *Lange/Bilitewski/Götz*, Personengesellschaften im Steuerrecht, 10. Auflage, Herne 2018; *Michels/Möller/Ketteler-Eising*, Ärztliche Kooperationen, 4. Auflage, Herne 2018; *Rau/Dürrwächter*, Umsatzsteuer-Kommentar, Köln, Loseblatt, Stand: März 2018; *Küffner/Stöcker/Zugmaier*, Umsatzsteuer-Kommentar, Herne, Loseblatt, Stand Februar 2018; *Schmidt*, Kommentar EStG, 37. Auflage, München 2018.

Aktuelle Fachveröffentlichungen:

Seer, Die umsatzsteuerliche Behandlung der Übertragung eines Praxiswerts anhand des Beispiels einer Zahnarztpraxis, UR 1990 S. 297 ff.;

Leibner/Pump, Die Vorschriften der § 75 AO und § 25 HGB – Wege zur zivilrechtlichen und steuerlichen Haftungsvermeidung, DStR 40/2002 S. 1689 ff.;

Ehlers, Praxisveräußerungen und Sozietätsgründungen in ertragsteuerlicher Sicht, NWB 47/2002 S. 3935 ff., F. 3 S. 12201 ff., NWB DokID: XAAAA-73437;

Braun/Richter, Gesellschaftsrechtliche und steuerrechtliche Grundfragen der Ärzte-GmbH, MedR 2005 S. 685 ff.;

Korn/Strahl, Freiberufliche Tätigkeit im Steuerrecht, NWB 23/2005 S. 1913 ff., F. 3 S. 13417 ff., NWB DokID: LAAAB-54004;

Wepler, Medizinisches Versorgungszentrum, NWB 36/2006, F. 2, S. 9041 ff., NWB DokID: OAAAB-92978;

Michels/Ketteler-Eising, Leistungen im Gesundheitswesen – Eine umsatzsteuerliche Standortbestimmung, DB 2006 S. 2597 ff.;

Michels/Ketteler-Eising, Ertragsteuerliche Behandlung des Kaufpreises für Kassenarztpraxen, DStR 2006 S. 961 ff.;

Nacke, Haftung des Betriebsübernehmers nach § 75 AO – Risiken und Möglichkeiten zur Vermeidung einer Haftung, NWB 2/2007 S. 89 ff., F. 2 S. 9241 ff., NWB DokID: KAAAC-33825;

Mannek, Bedarfsbewertung von Grundstücken, NWB 7/2007 S. 525 ff., F. 9 S. 2881 ff., NWB DokID: VAAAD-65333;

Michels/Ketteler-Eising, Steuerliche Fragestellungen bei der Gründung Medizinischer Versorgungszentren, MedR 2007 S. 28 ff.;

Schoor, Praxisveräußerung oder Praxisaufgabe, NWB 1/2010 S. 54 ff., NWB DokID: JAA-AD-34226; *Fürwentsches/Schulz*, Vermögensübertragung gegen Versorgungsleistungen, NWB 44/2010 S. 3563 ff., NWB DokID: VAAAD-54265;

Reinke/Noel, Nachfolge- und Fortsetzungsklauseln einer ärztlichen Gemeinschaftspraxis, Praxis Freiberufler-Beratung 4/2011, S. 105 ff.

Verwaltungsanweisungen:

BMF v. 13.1.1993 - S 2190, BStBl 1993 I S. 80: Ertragsteuerliche Behandlung der vorweggenommenen Erbfolge; hier: Anwendung des Beschlusses des Großen Senats vom 5.7.1990, BStBl 1990 II S. 847;

BfF v. 28.2.2003 – S 2242, NWB DokID: CAAAA-81463: § 16 EStG Veräußerungsfreibetrag nach § 16 Abs. 4 EStG bei teilentgeltlicher Veräußerung;

OFD Berlin v. 15.8.2003 – S 2249, NWB DokID: OAAAB-15165: § 16 EStG Begünstigung einer Veräußerung i. S. d. § 18 Abs. 3 EStG nach § 16 Abs. 4 und § 34 EStG bei Fortführung der freiberuflichen Tätigkeit in geringem Umfang;

BMF v. 16.9.2004 - S 2255, BStBl 2004 I S. 922: Einkommensteuerrechtliche Behandlung von wiederkehrenden Leistungen im Zusammenhang mit der Übertragung von Privat- oder Betriebsvermögen – neuer Rentenerlass, Senator für Finanzen Bremen v. 5.5.2004 – S 2246, NWB DokID: NAAAB-23890: Praxisveräußerung unter Fortführung der freiberuflichen Tätigkeit in geringem Umfang (§ 18 Abs. 3 EStG);

BMF v. 20.12.2005 - S 2242, BStBl 2006 I S. 7: Gewährung des Freibetrags nach § 16 Abs. 4 EStG und der Tarifermäßigung nach § 34 Abs. 3 EStG;

BMF v. 28.2.2006 – S 2242, BStBl 2006 I S. 228: Realteilung; Anwendung von § 16 Abs. 3 Satz 2 bis 4 EStG;

BMF v. 14.3.2006 – S 2242, BStBl 2006 I S. 253: Ertragsteuerliche Behandlung der Erbengemeinschaft und ihrer Auseinandersetzung;

OFD Koblenz v. 15.12.2006 – S 2249 A , NWB DokID: BAAAC-34369: Praxisveräußerung unter Fortführung der ärztlichen Tätigkeit in geringem Umfang;

BMF v. 1.10.2010 - S 7134/10/1001, BStBl 2010 I S. 846: Umsatzsteuer-Anwendungserlass 2010 (UStAE) in der Fassung vom 27.8.2014;

BMF v. 8.6.2011 – S 7100/08/10009 (2011/0413739): Umsatzsteuer: Übertragung immaterieller Wirtschaftsgüter (z. B. Firmenwert, Kundenstamm), NWB DokID: KAAAD-85225.

1. Einführung

291 Bei der Übertragung einer Arztpraxis oder der Übertragung von Anteilen an einer solchen (s. dazu insbesondere Rz. 406 ff.) sind immer auch – neben den wirtschaftlichen und rechtlichen Überlegungen – die daraus resultierenden steuerlichen Konsequenzen zu bedenken. Die Besteuerung der Praxisbeendigung hat nicht selten nennenswerte Steuerzahlungen zur Folge, über deren Höhe sich in jedem Falle bereits im Vorfeld Klarheit verschafft werden sollte.

Oftmals erfolgt die Beendigung der Praxis bei Erreichen der Lebensarbeitsgrenze des Arztes. In diesen Fällen dient der Kaufpreis bei Eintritt in den Ruhestand auch zur Finanzierung des Lebensunterhaltes in der Ruhephase. Vor allem vor dem Hintergrund dieses Versorgungsgedankens ist es umso wichtiger, bereits bei der Planung der Praxisbeendigung zu wissen, wie viel von dem angestrebten Kaufpreis für die Veräußerung der Arztpraxis nach Abzug der dabei anfallenden Steuern – und der damit im Zusammenhang stehenden Kosten – tatsächlich für die Altersvorsorge verbleibt.

Es sei hier aber angemerkt, dass auch im Falle der Einstellung der ärztlichen Tätigkeit ohne Realisierung eines Kaufpreises aus der Veräußerung der Praxis regelmäßig steuerliche Auswirkungen zu bedenken sind. Werden dann nämlich bisher (zulässigerweise) unversteuert gebliebene Wertsteigerungen des Betriebsvermögens – die sog. „stillen Reserven" – aufgedeckt, so entstehen dadurch Steuerlasten, denen mangels einer Kaufpreiserzielung keine zur Finanzierung dieser Steuern dienenden Einnahmen gegenüberstehen. Das ist insbesondere häufig der Fall, wenn die Immobilie, in der sich die Praxis befand, im steuerlichen Betriebsvermögen geführt wurde und dieser Grundbesitz bei der Aufgabe der Tätigkeit in das steuerliche Privatvermögen überführt wird. Nicht selten müssen dann die Immobilien bzw. andere Wirtschaftsgüter verkauft werden, um die anfallenden Steuern bezahlen zu können.

Aus den vorgenannten Gesichtspunkten hat der Gesetzgeber die Besteuerung der Veräußerung oder Aufgabe einer Arztpraxis begünstigt. Allerdings sind diese steuerlichen Begünstigungen – wie im Weiteren dargestellt wird – an enge persönliche und tatbestandliche Voraussetzungen geknüpft. Diese sind bei der Vorausschau auf die finanziellen Auswirkungen der Praxisbeendigung natürlich sehr genau zu betrachten. **292**

Die steuerliche Behandlung der Veräußerung oder Aufgabe einer Arztpraxis unterscheidet sich nur geringfügig von der Besteuerung der Beendigung eines Gewerbebetriebes. Somit sind Rechtsprechung und Literatur dazu weitestgehend auch auf die Beendigung einer Freiberuflerpraxis anwendbar. **293**

Außer bei der Praxisveräußerung oder -aufgabe bestehen auch in anderen Fällen (wie z. B. bei der Übertragung einer Arztpraxis in eine andere Rechtsform oder in eine ärztliche Kooperation) steuerliche Begünstigungen, die eine zu diesem Zeitpunkt i. d. R. unerwünschte Besteuerung vermeiden. Auch diese steuerlichen Besonderheiten sind regelmäßig an enge Voraussetzungen geknüpft. Die Grundzüge dieser Regelungen werden im Folgenden ebenfalls aufgezeigt. **294**

295   Bei der Übertragung einer Arztpraxis von einem bisherigen auf einen neuen Betreiber sind aber nicht nur steuerliche Aspekte des Übertragenden von Bedeutung, sondern es stellt sich natürlich immer auch die Frage nach der steuerlichen Behandlung beim Erwerber. Beide Blickwinkel sind in diesem Kapitel zu berücksichtigen.

296   Neben den einkommensteuerlichen Fragestellungen im Zusammenhang mit dem Kauf oder dem Verkauf einer Arztpraxis, der Einstellung einer ärztlichen Tätigkeit oder der Überführung der Praxis in ein neues Rechtskleid sind hier auch andere Steuerarten zu berücksichtigen. Nicht zu unterschätzen sind oftmals insbesondere umsatzsteuerliche und grunderwerbsteuerliche Gesichtspunkte. Bei schenkweisen Übertragungen (z. B. auf Familienangehörige als Nachfolger) oder bei Praxisverkäufen, bei denen – oftmals ebenfalls aus familiären Gesichtspunkten – unangemessen niedrige oder hohe Kaufpreise gezahlt werden, sind die Konsequenzen des Erbschaft- und Schenkungsteuerrechts zu betrachten. Auch diese Gesichtspunkte werden am Ende dieses Kapitels in Grundzügen angesprochen. Die steuerlichen Konsequenzen sind auch hier aus Sicht des Veräußerers und des Erwerbers zu betrachten.

297   Thematischer Schwerpunkt dieses Kapitels ist aber – den in der steuerlichen Beratung am häufigsten anzutreffenden Fragestellungen entsprechend – die einkommensteuerliche Behandlung der Veräußerung einer Arztpraxis als Betriebsveräußerung i. S. v. § 16 EStG.

298–300   *(Einstweilen frei)*

2. Ertragsteuern

a) Allgemeines

301   Bei der Übertragung einer Arztpraxis vom Verkäufer auf den Käufer ergeben sich hinsichtlich der steuerlichen Gestaltung naturgemäß unterschiedliche Interessenlagen. Der **Verkäufer** ist an der Minimierung der durch den Praxisverkauf anfallenden Einkommensteuerlast interessiert, während das Interesse des **Käufers** hier regelmäßig auf die möglichst hohe Steuerersparnis aus dem aufgewendeten Kaufpreis für die Praxis zielt.

Gleiches gilt sinngemäß natürlich auch bei der unentgeltlichen Übertragung einer Praxis. Wenngleich hier häufig die steuerlichen Interessen des Praxisübernehmers – vor dem Hintergrund, dass der Erwerber ja kein Entgelt entrichten muss, das er steuerlich geltend machen kann – hinter die des Übertragenden gestellt werden.

Der **Verkäufer** möchte möglichst viel von dem für seine Praxis erzielten Kauf- 302
preis behalten. Bei dem Bestreben nach einer möglichst niedrigen Steuerlast ist
das Augenmerk sowohl auf die Realisierung einer möglichst **niedrigen Bemessungsgrundlage**, die der Besteuerung der Praxisveräußerung zugrunde gelegt
wird, als auch auf einen möglichst **günstigen Steuersatz**, der auf den steuerpflichtigen Veräußerungsgewinn anzuwenden ist, gerichtet.

Das Einkommensteuerrecht sieht **beide Begünstigungen** vor, die aber jeweils
an das Vorliegen enger Voraussetzungen geknüpft sind. Diese Vergünstigungen bei der Besteuerung des Veräußerungsvorgangs sind **für Freiberuflerpra-
xen und Gewerbebetriebe** weitestgehend identisch.

Der **Käufer** kann den vollen Kaufpreis regelmäßig nicht sofort in einer Summe 303
im Jahr der Zahlung als Betriebsausgabe steuerlich geltend machen. Vielmehr
sind die **Anschaffungskosten** für die einzelnen Bestandteile des Erwerbs im
Wege der **Abschreibungen** über die Nutzungsdauer der Wirtschaftsgüter zu
verteilen. Auch hier weichen die Grundsätze der steuerlichen Behandlung für
den Erwerber einer Arztpraxis nicht von denen für den Erwerber eines Gewerbebetriebes ab. Aber dennoch zeigt sich hier ein deutlicher Unterschied, und
zwar bei der anzusetzenden **Nutzungsdauer für den erworbenen Praxiswert**.
Die Abschreibungsdauer für den Praxiswert ist regelmäßig deutlich kürzer als
die (gesetzlich bestimmte) Nutzungsdauer für den Firmenwert eines Gewerbebetriebes (vgl. dazu Rz. 393).

(Einstweilen frei) 304

b) Ertragsteuerliche Aspekte beim *Verkauf* einer Arztpraxis

aa) Betriebsveräußerung

Der Gewinn aus der Veräußerung einer Arztpraxis unterliegt der Einkommen- 305
steuer. Die klarstellende gesetzliche Grundlage dafür findet sich in § 18 Abs. 3
Satz 1 EStG: „Zu den Einkünften aus selbständiger Arbeit gehört auch der Gewinn, der bei der Veräußerung des Vermögens oder eines selbständigen Teils
des Vermögens oder eines Anteils am Vermögen erzielt wird, das der selbständigen Arbeit dient." Satz 2 der Vorschrift verweist auf Einzelheiten des § 16
EStG, in dem die steuerlichen Grundlagen für die Veräußerung und Aufgabe
eines Gewerbebetriebes bestimmt sind. Die Besteuerung der Praxisveräußerung unterscheidet sich daher nur unwesentlich von der Besteuerung der Veräußerung von Gewerbebetrieben.

Der **Tatbestand** der **Betriebsveräußerung** ist in § 16 Abs. 1 EStG geregelt.
Rechtssystematisch handelt es sich um eine Vorschrift zu den Einkünften aus

Gewerbebetrieb. Darin wird bestimmt, unter welchen Voraussetzungen die Beendigung eines Betriebes steuerlich als „Betriebsveräußerung" anzusehen ist. Diese Abgrenzung ist deshalb sehr bedeutsam, weil bestimmte steuerliche Vergünstigungen[1] an das Vorliegen eben dieses Tatbestandes geknüpft sind. § 18 Abs. 3 Satz 2 EStG – als gesetzliche Grundlage für die **Beendigung einer freiberuflichen Praxis** – nimmt Bezug auf die Nr. 1 und 2 der vorgenannten Vorschrift.[2] Für die Beendigung einer Arztpraxis gelten damit die gleichen einkommensteuerlichen Grundsätze wie für die Beendigung eines Gewerbebetriebes.

Die **Betriebsaufgabe**[3] wird der Betriebsveräußerung gleichgestellt.[4] Dies ist für eine Reihe begünstigender Rechtsfolgen für eine Betriebsbeendigung von Bedeutung.

Die Veräußerung von Betrieben und Praxen führt häufig zu hohen Gewinnen und damit zu hohen Steuerbelastungen, weil die im Betriebsvermögen gebundenen **stillen Reserven**, d. h. noch unversteuerte Unterschiede zwischen den Buchwerten und den höheren tatsächlichen Werten, bei der Betriebsbeendigung **aufgedeckt** werden. Die stillen Reserven werden regelmäßig über viele Jahre angesammelt und die zeitlich geballte Aufdeckung würde wegen des progressiven Einkommensteuertarifs – neben den laufenden Einkünften des Veranlagungsjahres – übermäßig hoch besteuert. Unter bestimmten Voraussetzungen werden deshalb die **Veräußerungsgewinne begünstigt** besteuert. Damit will der Gesetzgeber ungewollte Härten vermeiden. Dies gilt vor allem vor dem Hintergrund, dass die Gewinne aus der Veräußerung eines Gewerbebetriebes oder einer Freiberuflerpraxis beim Eintritt in den Ruhestand oftmals der Altersversorgung dienen sollen.

306 Die **Merkmale** für eine (begünstigte) Praxisveräußerung sind:[5]

---

1 Zum Freibetrag nach § 16 Abs. 4 EStG vgl. Rz. 356 ff.; zur Tarifermäßigung nach § 34 EStG, vgl. Rz. 371 ff.

2 In § 16 Abs. 1 Satz 1 Nr. 3 ist als dritte Variante außerdem die Veräußerung des Anteils des Vollhafters einer KGaA genannt. Ein Verweis darauf in § 18 Abs. 3 EStG ist entbehrlich, weil dieser Fall für eine Freiberuflerpraxis irrelevant ist.

3 Siehe unten Rz. 331 ff.

4 § 16 Abs. 3 i. V. m. § 18 Abs. 3 Satz 2 EStG.

5 Siehe R 16 Abs. 1 EStR 2012 und H 16 Abs. 1 EStH 2016; vgl. BFH v. 9.8.1989 - X R 62/87, BStBl 1989 II S. 973; vgl. BFH v. 24.7.1986 - IV R 137/84, BStBl 1986 II S. 808.

► Entgeltliche Übertragung

► einer (ganzen) Praxis, eines selbständigen Teils der Praxis oder eines Anteils an einer Praxis[1] mit ihren wesentlichen Betriebsgrundlagen

► in einem einheitlichen Vorgang

► auf einen Erwerber in der Weise, dass der Erwerber die Praxis fortführen kann

► Beendigung der freiberuflichen Tätigkeit des Veräußerers

Die Praxis muss **entgeltlich übertragen**, also **veräußert** werden. Nur wenn durch das entgeltliche Veräußerungsgeschäft eine „Verwirklichung der vorhandenen Werte"[2] stattfindet, kommt die steuerliche Behandlung als (ertragsteuerbegünstigte) Betriebsveräußerung in Frage. Bei einer **unentgeltlichen Übertragung** – wie z. B. Erbfolge, vorweggenommene Erbfolge, Schenkung, also häufig bei der Generationennachfolge innerhalb einer Familie vorkommende Sachverhalte – handelt es sich nicht um einen Tatbestand des § 16 EStG.[3] In diesem Falle wird eine Einkommensteuerlast aber bereits dadurch vermieden, dass die übertragenen Wirtschaftsgüter aufgrund der Bewertungsvorschrift in § 6 Abs. 3 Satz 1 EStG beim **übertragenden Arzt** zwingend **mit den Buchwerten** angesetzt werden müssen und insoweit bei ihm keine Realisation der stillen Reserven erfolgt. Der die Praxis **übernehmende Arzt** muss als Rechtsnachfolger die Buchwerte in seiner steuerlichen Gewinnermittlung fortführen.[4]

307

Wird die Praxis **in eine Personengesellschaft** (z. B. in eine bestehende oder dadurch neu gegründete Berufsausübungsgemeinschaft) oder **in eine Kapitalgesellschaft** (wie z. B. ein Medizinisches Versorgungszentrum in der Rechtsform einer GmbH) gegen Gewährung von Gesellschaftsrechten eingebracht, so haben die Vorschriften des **Umwandlungssteuerrechts** (§§ 20 – 24 UmwStG) Vorrang.[5] Im Ergebnis wird auch hier die drohende Einkommensteuerlast – die durch eine (sofortige) Aufdeckung der steuerlichen Reserven des eingebrachten Vermögens entstehen würde – durch Wahl des Ansatzes von Buchwerten vermieden, wenn die jeweiligen gesetzlichen Voraussetzungen des Umwandlungssteuerrechts erfüllt sind.

308

---

1 § 18 Abs. 3 Satz 1 EStG: „Veräußerung des Vermögens oder eines selbständigen Teils des Vermögens oder eines Anteils am Vermögen . . ., das der selbständigen Arbeit dient". Diese Formulierungen ersetzen für Freiberufler die für Gewerbebetriebe einschlägigen Begriffe „ganzer Gewerbebetrieb", „Teilbetrieb" und „Mitunternehmeranteil".
2 Blümich/Schallmoser, EStG Kommentar, § 16 Rz. 20.
3 Siehe Klaßmann u. a., Besteuerung der Ärzte, Rz. 2184 f.; siehe i. E. Schmidt/Kulosa, EStG, § 6 Rz. 641 ff.
4 Vgl. § 6 Abs. 3 Satz 3 EStG.
5 Vgl. Blümich/Schallmoser, EStG Kommentar, § 16 Rz. 14, m. w. N.; siehe auch Rz. 421 ff.

309   Weitere Voraussetzung für das Vorliegen einer Betriebsveräußerung ist, dass die **(ganze) Praxis** bzw. ein **selbständiger Teil einer Praxis** („Teilbetrieb")[1] mit sämtlichen wesentlichen Betriebsgrundlagen veräußert wird. Bei dem Teilbetrieb eines Arztes spricht man auch von einer **„Teilpraxis"**.

Die mögliche steuerliche Begünstigung bei der Beendigung von Betrieben soll nur gewährt werden, wenn es sich um eine **betriebliche Einheit** handelt. Die Steuervorteile sind nicht für den Fall vorgesehen, dass nur einzelne Wirtschaftsgüter oder unselbständige Teile einer betrieblichen Gesamtheit veräußert bzw. aufgegeben werden. So sind an den **Begriff des Teilbetriebes** (insbesondere bei Arztpraxen) sehr enge Voraussetzungen geknüpft.[2] Bei einer Teilpraxis muss es sich um „einen mit einer gewissen Selbständigkeit ausgestatteten, organisatorisch in sich geschlossenen und für sich lebensfähigen Teil der Gesamtpraxis"[3] handeln. Bejaht wurde dies vom BFH z. B. in einem Fall, in dem ein freiberuflich tätiger Arzt sowohl als Allgemeinmediziner als auch auf arbeitsmedizinischem Gebiet tätig war und die Praxisteile die notwendige organisatorische Selbständigkeit aufwiesen.[4] Keine Teilbetriebsveräußerung hat der BFH aber z. B. in dem Fall eines Tierarztes anerkannt, der bei Veräußerung einer Großtierpraxis eine Kleintierpraxis zurückbehalten hat.[5]

310   Ebenso begünstigt ist nach § 18 Abs. 3 Satz 1 EStG die Veräußerung eines **Anteils am Vermögen**, das der selbständigen Arbeit dient, also dem – zu § 16 Abs. 1 Nr. 2 EStG vergleichbaren – **Mitunternehmeranteil** an einer **Berufsausübungsgemeinschaft**. Demgegenüber ist die Veräußerung nur eines **Teils eines solchen Mitunternehmeranteils** nicht begünstigt. Die Gewinne, die ein Arzt aus einer solchen Veräußerung erzielt, sind gem. § 16 Abs. 1 Satz 2 EStG i. V. m. § 18 Abs. 3 Satz 2 EStG als **laufende Gewinne** zu versteuern.

---

1 Vgl. dazu H 18.3 EStH 2016; vgl. Schmidt/Wacker, EStG Kommentar, § 16 Rz. 250.

2 Siehe Klaßmann u. a., Besteuerung der Ärzte, Rz. 2170.

3 BFH v. 4.11.2004 - IV R 17/03, BStBl 2005 II S. 208: „Dabei kann im Hinblick auf die Eigenart der selbständigen Arbeit, insbesondere das Abstellen auf die persönliche Betätigung bei Teilen einer freiberuflichen Praxis, die erforderliche Selbständigkeit nur dann angenommen werden, wenn sich die freiberufliche Arbeit entweder auf wesensmäßig verschiedene Tätigkeiten mit zugehörigen unterschiedlichen Kunden-(Patienten-)kreisen erstreckt (1. Fallgruppe) oder bei gleichartiger Tätigkeit in voneinander getrennten örtlich abgegrenzten Bereichen ausgeübt wird (2. Fallgruppe). Handelt es sich hingegen um eine einheitliche gleichartige freiberufliche Tätigkeit, so kann regelmäßig ausgeschlossen werden, dass Teile der Praxis eine so weitgehende organisatorische Selbständigkeit erreicht haben, dass sie Teilbetrieben im gewerblichen Bereich gleichgestellt werden können." (vgl. auch Vorinstanz: FG Rheinland-Pfalz v. 26.2.2003 - 3 K 1262/01, EFG 2003 S. 860 [DAAAB-12341]).

4 Siehe ebenda.

5 BFH v. 29.10.1992 - IV R 16/91, BStBl 1993 II S. 182; vgl. dazu auch Klaßmann u. a., Besteuerung der Ärzte, Rz. 2170, m. w. Beispielen.

Mit Blick auf das Erfordernis der Übertragung einer betrieblichen Einheit ist   311
weitere Voraussetzung, dass sämtliche **wesentlichen Betriebsgrundlagen** veräußert werden. Dazu gehören insbesondere auch die eine Praxis prägenden
immateriellen Wirtschaftsgüter wie **Patientenstamm** und **Praxiswert**.[1] Der
BFH hat sich bei der Definition der wesentlichen Betriebsgrundlagen für eine
funktional-quantitative Betrachtungsweise entschieden. So sind darunter allgemein nicht nur die zwingend für die Ausübung der Praxis bzw. des Betriebes
notwendigen Wirtschaftsgüter zu fassen, sondern auch die Wirtschaftsgüter,
die funktional gesehen dafür nicht erforderlich sind, in denen aber erhebliche
stille Reserven gebunden sind.[2] Dazu kann auch die Immobilie mit den Praxisräumen zählen.[3] Die Beurteilung ist hier stets **einzelfallabhängig**, so dass häufig Streit mit der Finanzverwaltung über die Frage entsteht, ob auch bei Zurückbehaltung der Praxisimmobilie (welche ggf. auch nur aus Praxisräumen als
abgegrenzter Gebäudetrakt der im Übrigen privatgenutzten Immobilie des Arztes bestehen kann) eine (für den übrigen Teil) begünstigte Betriebsveräußerung gegeben ist.

HINWEIS:

Bei der Zurückbehaltung einer Praxisimmobilie bzw. deren Überführung in das Privatvermögen werden grundsätzlich stille Reserven, die sich im Laufe der Zeit insbesondere
durch Wertsteigerungen der Immobilie ergeben haben können, einkommensteuerlich
aufgedeckt und können teils erhebliche Steuerzahlungen verursachen, ohne dass ein
adäquater Liquiditätszufluss im Zusammenhang mit der Immobilie zur Verfügung
steht. Daher sollte im Fall des Zurückbehaltens von Immobilien des Betriebsvermögens
noch vor der geplanten Veräußerung einer Arztpraxis steuerlicher Rat eingeholt werden, um sich ggf. über bestehende Abmilderungen oder eine (temporäre) Vermeidung
von größeren Steuerzahlungen informieren zu können.

Bei der Beurteilung des Kriteriums der Übertragung in einem **einheitlichen Vor-**   312
gang sind die Maßstäbe nicht zu eng anzulegen. So steht es der Qualifikation
als Betriebsveräußerung nicht entgegen, wenn die Übertragung auf mehreren
rechtlich miteinander verknüpften Verpflichtungsgeschäften und auf mehreren Übertragungsakten beruht, die allerdings aufgrund eines einheitlichen Entschlusses erfolgen und die in zeitlichem und sachlichem Zusammenhang stehen.[4] Prägend ist hier der Gedanke des Gesetzgebers, dass die steuerliche

---

1 Vgl. H 18.3 EStH 2016; vgl. Klaßmann u. a., Besteuerung der Ärzte, Rz. 2166.
2 Vgl. H 16 Abs. 8 EStH 2012; vgl. BFH v. 2.10.1997 - IV R 84/96, BStBl 1998 II S. 104, siehe a. NWB
   DokID: KAAAA-96072.
3 Vgl. z. B. BFH v. 29.10.1991 - VIII R 77/87, BStBl 1992 II S. 334.
4 Siehe Blümich/Schallmoser, Kommentar EStG, § 16 Rz. 22; vgl. BFH v. 17.10.1991 - IV R 97/89,
   BStBl 1992 II S. 392 bzw. BFH v. 12.4.1989 - I R 105/85, BStBl 1989 II S. 653.

Begünstigung der Veräußerung für die Sachverhalte greifen soll, in denen die stillen Reserven „auf einen Schlag" realisiert werden.

313 Die tatbestandliche Voraussetzung der Veräußerung **an einen Erwerber** ist nicht so zu verstehen, dass Erwerber **eine einzelne natürliche Person** sein muss, sondern Erwerber kann hier auch **eine juristische Person**[1] oder **eine Personenmehrheit** sein. Maßgeblich ist, dass der (eine) Erwerber die gesamte Praxis mit ihren wesentlichen Betriebsgrundlagen erwirbt und dadurch in der Lage sein muss, die **Praxis „so" fortführen zu können**.[2] Es ist allerdings für die steuerliche Begünstigung des Veräußerers unerheblich, ob der Erwerber dies auch tatsächlich tut.[3] Auch wenn der Erwerber die Praxis weiterveräußert oder stilllegt, ändert das an der steuerlichen Behandlung beim Veräußerer nichts.

314 Eine weitere maßgebliche Voraussetzung für die Qualifizierung als Betriebsveräußerung ist, dass der Arzt seine mit dem veräußerten Vermögen verbundene **Tätigkeit beendet**.[4] Die Auslegung dieses Kriteriums ist im Einzelfall sehr schwierig und war schon Gegenstand einer Vielzahl von Finanzrechtsstreiten. So ist z. B. häufig strittig, ob es ausreicht, die Tätigkeit in der bisherigen Arztpraxis zu beenden, wenn der Arzt **an anderer Stelle** eine neue Praxis eröffnet oder wenn der Arzt nach Beendigung der Praxis und Veräußerung der wesentlichen Betriebsgrundlagen dieser Praxis später eine **neue Praxis** aufbaut, die – abgesehen von der Person der Inhabers – keinen Zusammenhang mehr mit dem alten Betrieb hat.[5] Die Anwendbarkeit der Vorschriften für die Betriebsveräußerung hängt hier davon ab, ob die veräußerte und die wieder aufgenommene Praxis **bei wirtschaftlicher Betrachtung identisch** sind.[6] Hier ist neben der Beurteilung der ausgeübten Tätigkeit auch bedeutsam, ob die Tätigkeit in einem anderen örtlichen Wirkungskreis mit neuen Patienten ausgeübt wird.[7] Bei der nur **zeitweiligen Einstellung** der Praxis verlangt die Rechtsprechung, dass die Tätigkeit selbst wenigstens für eine gewisse Zeit am Ort der bisherigen Tätigkeit ihr Ende findet.[8]

---

1 Wie z. B. die Betreibergesellschaft eines Medizinischen Versorgungszentrums in der Rechtsform einer GmbH.
2 Vgl. Schmidt/Wacker, EStG, § 16 Rz. 91.
3 Vgl. R 16 Abs. 1 EStR 2012.
4 Vgl. BFH v. 12.6.1996 - XI R 56, 57/95, BStBl 1996 II S. 527.
5 Vgl. H 16 Abs. 2 EStH 2016.
6 Vgl. BFH v. 3.10.1984 - I R 116/81, BStBl 1985 II S. 131; siehe Klaßmann u. a., Besteuerung der Ärzte, Rz. 2168 f.
7 Vgl. BFH v. 18.5.1994 - I R 109/93, BStBl 1994 II S. 925, zum Fall der Veräußerung einer Steuerberaterpraxis.
8 Vgl. Schmidt/Wacker, EStG, § 18 Rz. 225.

Es stellt sich in diesem Zusammenhang auch häufig die Frage, ob das **Tätigwerden des Veräußerers in der Praxis des Erwerbers** nach der Übertragung zulässig ist. Dazu hat der BFH[1] eindeutig entschieden, dass die Steuerbegünstigung als Veräußerungsgewinn sowohl in dem Fall zu gewähren ist, dass der Veräußerer als angestellter Arzt in der Praxis des Erwerbers tätig wird, als auch dann, wenn er seine Tätigkeit für den Erwerber als freier Mitarbeiter ausübt.[2]

Unproblematisch ist auch, wenn der Veräußerer nach der Übertragung eine von der früheren Haupttätigkeit **abgrenzbare Nebentätigkeit** (z. B. als Gutachter oder als Dozent) ausübt.[3] Ein Problem stellt sich allerdings dann, wenn der Veräußerer nach der Beendigung des Betriebes weiterhin eine ärztliche, mit der früheren Tätigkeit in eigener Praxis vergleichbare Tätigkeit ausübt. Nach herrschender Meinung[4] ist dies nur dann unschädlich, wenn die **Fortführung der Tätigkeit** in geringem Umfange erfolgt. So beurteilt die OFD Koblenz unter Hinweis auf die Rechtsprechung des BFH[5] eine weitere Tätigkeit als unschädlich, wenn die darauf entfallenden Umsätze in den letzten drei Jahren weniger als 10 % der gesamten Einnahmen ausmachen.[6] Wohl weiterhin strittig ist allerdings die Frage, ob die – ebenfalls nur in geringem Umfange – **Hinzugewinnung neuer Patienten** die steuerliche Begünstigung der vorangegangenen Praxisveräußerung gefährdet.[7] Eine solche Situation sollte daher möglichst vermieden werden.

Handelt es sich also bei dem Verkauf einer Arztpraxis um eine Betriebsveräußerung i. S. v. § 16 Abs. 1 EStG,[8] so wird die **Besteuerung des Veräußerungsgewinnes begünstigt**, wenn die dazu jeweils erforderlichen weiteren Voraussetzungen[9] ebenfalls erfüllt sind. Bei den Begünstigungen handelt es sich zum einen um eine sachliche Steuerbefreiung und zum anderen um eine Tarifvorschrift:

315

► Freibetrag (§ 16 Abs. 4 EStG) und

► Tarifbegünstigung für außerordentliche Einkünfte (§ 34 EStG)

---

1 Urteil v. 17.7.2008 - X R 40/07, BStBl 2009 II S. 43.
2 Vgl. Schmidt/Wacker, EStG, § 18 Rz. 227.
3 Vgl. BFH v. 7.11.1991 - IV R 14/90, BStBl 1992 II S. 457; vgl. Klaßmann u. a., Besteuerung der Ärzte, Rz. 2167.
4 Siehe dazu Richter: Zur unschädlichen Weniger-als-10-%-Grenze, Stbg 2008 S. 16 ff.
5 So BFH v. 19.10.1992 - IV R 16/91, BStBl 1993 II S. 174, m. w. N.
6 OFD Koblenz v. 15.12.2006 - S 2249 A - St 31 1, NWB DokID: BAAAC-34369; zu beachten ist hier, dass bei dem anzustellenden Vergleich die Umsätze den Einnahmen gegenübergestellt werden, also zwei nach steuerlichen Gesichtspunkten unterschiedlich definierte Größen.
7 So OFD Koblenz v. 15.12.2006, a. a. O.
8 Oder um einen der Betriebsveräußerung gleichgestellten Tatbestand wie die Betriebsaufgabe.
9 Siehe dazu Rz. 356 ff. und 371 ff.

316   Nach § 16 Abs. 2 EStG ist der bei einem Praxisverkauf zu versteuernde **Veräußerungsgewinn** definiert als „der Betrag, um den der Veräußerungspreis nach Abzug der Veräußerungskosten den Wert des Betriebsvermögens übersteigt". Der besseren Übersichtlichkeit halber lässt sich die Definition der Ausgangsgröße für die Bemessungsgrundlage der Einkommensbesteuerung des Verkäufers wie folgt darstellen:

	Veräußerungspreis
–	Veräußerungskosten
–	Wert des Betriebsvermögens
=	**Veräußerungsgewinn**

317   Ergibt sich bei der Praxisveräußerung ein **Verlust**, so sind darauf die allgemeinen Vorschriften der einkommensteuerlichen Verlustverrechnung anzuwenden. Er kann mit dem im selben Veranlagungsjahr noch bis zur Betriebsveräußerung erzielten Gewinn der Praxis und anderen positiven Einkünften des Arztes des Aufgabejahres verrechnet werden (**Verlustausgleich**). Dabei noch nicht ausgeglichene Beträge können im Wege des sog. **Verlustabzugs** nach den Regeln des § 10d EStG im vorangegangenen Veranlagungszeitraum (**Verlustrücktrag**) bzw. in den folgenden Jahren (**Verlustvortrag**) abgezogen werden.[1] Die Frage nach der Anwendung einer weiteren steuerlichen Begünstigung stellt sich in diesem Fall nicht.

318   Wichtig ist hier der Hinweis, dass der nach den in Kapitel II (Rz. 201 ff.) beschriebenen betriebswirtschaftlichen Methoden ermittelte „**Praxiswert**" nicht mit dem „**Wert des Betriebsvermögens**" in der gesetzlichen Definition des Veräußerungsgewinns in § 16 Abs. 2 EStG gleichzusetzen ist. Bei dem in dieser Vorschrift genannten „Wert des Betriebsvermögens" handelt es sich um einen nach steuerlichen Vorschriften zu bemessenden Wert, dessen Ermittlung in Kapitel IV (Rz. 501 ff.) dargestellt ist. Dies bedeutet, dass der sich aus einer dem Verkauf einer Arztpraxis üblicherweise vorausgehenden Praxisbewertung ergebende Wert – der wohl regelmäßig nach einer der in Kapitel II (Rz. 201 ff.) dargestellten Bewertungsmethodik ermittelt wird – keinen unmittelbaren Einfluss auf den Veräußerungsgewinn und damit auf die ertragsteuerlichen Auswirkungen des Verkaufs hat. Aber dieser Wert beeinflusst natürlich den zwischen dem Verkäufer und dem Käufer verhandelten Kaufpreis für die Praxis. Und insofern beeinflusst der sich aus der Wertermittlung ergebende Wert

---

1 Vgl. dazu auch Blümich/Schallmoser, Kommentar EStG, § 16 Rz. 636 f.

doch mittelbar das steuerliche Ergebnis, weil sich der steuerpflichtige Veräußerungsgewinn aus der Differenz zwischen dem Veräußerungspreis auf der einen Seite und dem steuerlichen Wert des Betriebsvermögens und den Veräußerungskosten auf der anderen Seite errechnet.

Die **Abgrenzung** zwischen Veräußerungsgewinn und **laufendem Gewinn** aus der Arztpraxis ist oftmals schwierig. Und auch die Abgrenzung von den **nachträglichen**, nach der Betriebsveräußerung anfallenden Einnahmen und Ausgaben, ist regelmäßig nicht einfach.   319

Sind die **nachträglich anfallenden Beträge** durch die beendete Arztpraxis veranlasst und sind die Wirtschaftsgüter (wie z. B. Forderungen), auf denen sie beruhen, im Zuge der Beendigung nicht aus dem steuerlichen Betriebsvermögen des Arztes herausgenommen worden, so unterliegen sie bei ihm nachträglich der Einkommensteuer.[1] Sie sind als nachträgliche Betriebseinnahmen bzw. -ausgaben **als laufende Einkünfte** zu besteuern. Nachträgliche positive Einkünfte sind nicht begünstigt.[2] Nachträglich erzielte Einkünfte aus einer Praxisveräußerung sind selbst dann noch in Deutschland steuerpflichtig, wenn der Arzt inzwischen seinen **Wohnsitz ins Ausland** verlegt hat.[3]

Wird der **Veräußerungspreis nachträglich herabgesetzt**, so wirkt diese Änderung stets auf den Zeitpunkt der Veräußerung zurück.[4] Es handelt sich dabei um ein sog. „rückwirkendes Ereignis" i. S. d. § 175 Abs. 1 Nr. 2 AO, das zu einer geänderten Besteuerung des Veräußerungsgewinns führt. Der **Einkommensteuerbescheid des Veräußerungsjahres** wird geändert und der neu berechnete Veräußerungsgewinn unterliegt insgesamt ggf. den steuerlichen Begünstigungen.

Ist als Kaufpreis für die Arztpraxis nicht eine **Einmalzahlung** vereinbart, sondern erfolgt die Veräußerung gegen Zahlung einer **Leibrente**, so steht dem Veräußerer ein **Wahlrecht** zu.[5] Entweder versteuert er den **Kapitalwert der Rente** sofort im Veranlagungsjahr der Betriebsveräußerung **als Veräußerungspreis**. Dann kann er für den Veräußerungsgewinn die genannten steuerlichen Begünstigungen in Anspruch nehmen und die Ertragsanteile der späteren Rentenzahlungen werden als sonstige Einkünfte entsprechend § 22 Nr. 1a EStG   320

---

1 Siehe dazu Blümich/Schallmoser, Kommentar EStG, § 16 Rz. 660 f.
2 Vgl. Blümich/Schallmoser, Kommentar EStG, § 16 Rz. 661.
3 BFH v. 12.10.1978 - I R 69/75, BStBl 1979 II S. 64; vgl. auch BFH v. 28.3.1984 - I R 191/79, BStBl 1984 II S. 664.
4 BFH v. 19.7.1993 - GrS 2/92, BStBl 1993 II S. 897.
5 Vgl. R 16 Abs. 11 EStR 2012; vgl. Blümich/Schallmoser, Kommentar EStG, § 16 Rz. 307 ff, m. w. N.; siehe dazu ausführlich Klaßmann u. a., Besteuerung der Ärzte, Rz. 2206 ff.

besteuert. Oder der Veräußerer versteuert die zufließenden Rentenzahlungen im jeweiligen Veranlagungsjahr als **nachträgliche Einnahmen aus selbständiger Arbeit**. In diesem Falle werden die Einkünfte ohne Begünstigung nach § 24 Nr. 2 EStG i. V. m. § 18 Abs. 1 EStG der Einkommensteuer unterworfen.

PRAXISTIPP:

Vor Ausübung des Wahlrechts sollte eine Prognoserechnung zur Höhe der künftigen Einkünfte und der sich darauf ergebenden Steuerbelastungen durchgeführt werden. Oftmals ist es – vor allem nach Eintritt in den Ruhestand – günstiger, die zweite Variante zu wählen, weil der Nachteil der fehlenden Begünstigungen dann häufig durch den Progressionseffekt der im Ruhestand geringeren Höhe der Einkünfte überkompensiert wird.

321–330   *(Einstweilen frei)*

bb) Betriebsaufgabe

331   Der Betriebsveräußerung wird gem. § 16 Abs. 3 i. V. m. § 18 Abs. 3 EStG die sog. **Betriebsaufgabe** einer Arztpraxis **gleichgestellt**.[1] Dieser Tatbestand ist gegeben, wenn der Arzt

► aufgrund eines Entschlusses, die Praxis zu beenden,

► alle wesentlichen Betriebsgrundlagen der Praxis

► innerhalb kurzer Zeit und damit in einem einheitlichen Vorgang

► entweder in das Privatvermögen überführt oder an verschiedene Erwerber veräußert oder teilweise veräußert und teilweise in das Privatvermögen überführt,

► und damit die Praxis als „selbständiger Organismus des Wirtschaftslebens"[2] erlischt.

332   Die meisten **Voraussetzungen** für das Vorliegen einer Betriebsaufgabe und die dabei verwendeten Begriffe sind identisch mit denen der Betriebsveräußerung. Zur Vermeidung von Wiederholungen kann dazu weitestgehend auf Rz. 305 ff. zur „Betriebsveräußerung" verwiesen werden.

333   Der Sachverhalt einer Betriebsaufgabe **unterscheidet sich** von der Betriebsveräußerung vor allem dadurch, dass bei der Aufgabe die wesentlichen Betriebsgrundlagen der ganzen Arztpraxis **nicht an einen Erwerber**[3] veräußert werden,

---

1 Vgl. Schmidt/Wacker, EStG, § 18 Rz. 253 und § 16 Rz. 170.

2 Vgl. Blümich/Schallmoser, Kommentar EStG, § 16 Rz. 451.

3 „Erwerber" kann eine Einzelperson, eine Personenmehrheit oder eine juristische Person sein; vgl. Schmidt/Wacker, EStG, § 16 Rz. 173.

der somit die Praxis fortführen kann, sondern dass die Wirtschaftsgüter an **mehrere Erwerber** veräußert werden bzw. **in das Privatvermögen** des Arztes überführt werden. Da die Praxis nicht fortgeführt wird, erfolgt für die Betriebsaufgabe **regelmäßig keine Praxisbewertung**, da eine Kaufpreisfindung für die „gesamte Praxis" (mit Goodwill) nicht in Frage kommt.

Für die Aufgabe einer Arztpraxis gilt aber wie bei der Betriebsveräußerung, dass es sich um einen **einheitlichen Vorgang** handeln muss. Hier bedeutet „einheitlicher Vorgang" aber nicht, dass die Überführung der wesentlichen Betriebsgrundlagen in einem Akt erfolgen muss, sondern bei der Betriebsaufgabe ist Voraussetzung, dass dies innerhalb „kurzer Zeit" geschieht. Dieser **Zeitraum** ist nicht gesetzlich definiert oder von der Rechtsprechung genau festgelegt.[1] Der Zeitraum kann sich im Einzelfall über mehrere Monate hinweg ziehen und sich sogar über mehr als einen Veranlagungszeitraum erstrecken. Der Zeitraum der Betriebsaufgabe **beginnt** nicht bereits mit dem Entschluss des Arztes, die Praxis zu beenden, sondern erst mit seinen vom Aufgabeentschluss getragenen **Handlungen**, die auf die Auflösung des Betriebs gerichtet sind.[2] Der Zeitraum **endet** mit der Veräußerung der letzten wesentlichen Betriebsgrundlage bzw. mit deren Überführung in das Privatvermögen.[3]

334

Zwingende Voraussetzung für die Erfüllung des Tatbestandes der Betriebsaufgabe ist – wie bei der Betriebsveräußerung[4] – die **Beendigung der Tätigkeit.** Beenden heißt hier, dass der Arzt seine selbständige Tätigkeit mit dem Entschluss einstellt, die Tätigkeit weder fortzusetzen noch das dazugehörige Vermögen (in Gänze) an Dritte zu übertragen.[5] Der **Grund für die Aufgabe** der Arztpraxis ist **unerheblich.**[6] Selbst die zwangsweise Betriebsaufgabe ist begünstigt.[7]

335

Der Gewinn aus der Aufgabe einer Arztpraxis unterliegt ebenso wie der Veräußerungsgewinn der Einkommensteuer und die steuerlichen Begünstigungen einer Betriebsveräußerung werden (unter denselben persönlichen Voraussetzungen) auch für die Betriebsaufgabe gewährt. Bei der Ermittlung des **Aufgabegewinns** sind anstelle des Kaufpreises für die gesamte Praxis hier die einzelnen **Veräußerungspreise** für die im Rahmen der Aufgabe veräußerten

336

---

1 Vgl. dazu im Einzelnen Schmidt/Wacker, EStG, § 16 Rz. 193 und Blümich/Schallmoser, Kommentar EStG, § 16 Rz. 463 – 467.
2 BFH v. 5.7.1984 - IV R 36/81, BStBl 1984 II S. 711.
3 BFH v. 26.5.1993 - X R 101/90, BStBl 1993 II S. 710.
4 Zur Beendigung der Tätigkeit bei der Betriebsveräußerung siehe Rz. 314.
5 Vgl. R 18.3 Abs. 3 EStR 2012; vgl. Blümich/Hutter, Kommentar EStG, § 18 Rz. 322 ff.
6 Vgl. Blümich/Hutter, Kommentar EStG, § 18 Rz. 325.
7 Vgl. BFH v. 3.7.1991 - X R 163-164/87, BStBl 1991 II S. 802.

Wirtschaftsgüter und die **gemeinen Werte**[1] für die in das Privatvermögen übergegangenen Wirtschaftsgüter anzusetzen.

Der **Aufgabegewinn** setzt sich wie folgt zusammen:[2]

Veräußerungspreis für die im Rahmen der Aufgabe veräußerten Wirtschaftsgüter

+/- gemeiner Wert der ins Privatvermögen übergegangenen (aktiven und passiven) Wirtschaftsgüter

+ sonstige im Zusammenhang mit der Aufgabe erzielte „sonstige Erträge"[3]

- Veräußerungskosten

- Wert des Betriebsvermögens (Aufgabeanfangsvermögen)

= **Aufgabegewinn**

337 Die begünstigenden Vorschriften für **Freibetrag** und **Tarifermäßigung** gelten – ohne dass die Betriebsaufgabe in den betreffenden Vorschriften genannt wird – auch hier, weil die Betriebsaufgabe als Betriebsveräußerung i. S. v. § 16 Abs. 1 EStG gilt.

338 Begünstigt wird auch hier nicht nur die Aufgabe einer **(gesamten) Arztpraxis**, sondern auch die Aufgabe eines **Teilbetriebes**. An die Beurteilung eines Teils einer Arztpraxis als „selbständiger Teil des freiberuflichen Vermögens" („**Teilpraxis**") werden hier ebenso wie bei der Veräußerung einer Arztpraxis hohe Anforderungen gestellt.[4] Ebenso begünstigt ist nach § 18 Abs. 3 Satz 1 EStG die Aufgabe eines **Anteils am Vermögen**, das der selbständigen Arbeit dient, also dem – zu § 16 Abs. 1 Nr. 2 EStG vergleichbaren – **Mitunternehmeranteil** an einer Berufsausübungsgemeinschaft.

339 Ergibt sich bei der Praxisaufgabe ein **Verlust**, so sind darauf – ebenso wie bei einem Verlust aus einer Praxisveräußerung – die allgemeinen Vorschriften der einkommensteuerlichen Verlustverrechnung anzuwenden. Er kann im Wege des einkommensteuerlichen **Verlustausgleichs** im Veranlagungsjahr der Betriebsveräußerung **oder** im Wege des **Verlustabzugs** gem. § 10d EStG mit anderen positiven Einkünften verrechnet werden.[5]

340–350 *(Einstweilen frei)*

---

1 Zum Begriff vgl. § 9 Abs. 2 BewG, vgl. BFH v. 27.2.1985 - I R 235/80, BStBl 1985 II S. 456.
2 Vgl. Schmidt/Wacker, EStG, § 16 Rz. 290.
3 Wie z. B. Versicherungsentschädigungen, erlassene Betriebsschulden etc.
4 Vgl. dazu Rz. 309.
5 Siehe dazu Rz. 317.

cc) Allmähliche Abwicklung

Von der Betriebsveräußerung und der Betriebsaufgabe zu unterscheiden ist die   351
allmähliche Abwicklung der Arztpraxis. Sie unterscheidet sich von den beiden
vorgenannten Tatbeständen vor allem dadurch, dass hier die wesentlichen Betriebsgrundlagen nicht in einem einheitlichen Zusammenhang und damit
nicht zeitlich geballt veräußert bzw. ins Privatvermögen überführt werden.[1]

Diese Form der Beendigung der Praxis ist **steuerlich nicht begünstigt** und ist
daher grundsätzlich nicht zu empfehlen. Die Erträge aus der sukzessiven Veräußerung bzw. Überführung in das Privatvermögen des Arztes sind selbstverständlich auch einkommensteuerpflichtig, unterliegen aber der **normalen Besteuerung**. Die Praxis ist in diesem Falle – auch wenn die ärztliche Tätigkeit
vollumfänglich eingestellt wird – bis zur vollständigen Beendigung der Auflösung oder Abwicklung steuerlich als fortbestehend zu behandeln.[2] Es hilft
hier nicht, die Wirtschaftsgüter, die bei Aufgabe der Praxis (noch) nicht veräußert worden sind, formell in das Privatvermögen zu überführen, um sie anschließend sukzessive (sämtlich) „privat" zu veräußern.[3]

(Einstweilen frei)   352–355

dd) Freibetrag nach § 16 Abs. 4 EStG

Der **Gewinn aus der Veräußerung oder Aufgabe einer Arztpraxis**[4] wird gem.   356
§ 16 Abs. 4 EStG (hier i. V. m. § 18 Abs. 3 EStG) unter bestimmten Voraussetzungen **auf Antrag** nur zur Einkommensteuer herangezogen, soweit er **45 000 €**
übersteigt. Der Freibetrag **ermäßigt** sich um den Betrag, um den der Veräußerungsgewinn den Betrag von **136 000 €** übersteigt. Das bedeutet, dass sich der
Freibetrag ab einem Veräußerungsgewinn i. H. v. 181 000 € nicht mehr aus-
wirkt. Der Freibetrag wirkt als **sachliche Steuerbefreiung**.[5]

BEISPIEL 1:

Veräußerungsgewinn	30 000 €
Freibetrag (45 000 €, maximal Veräußerungsgewinn)	- 30 000 €
steuerpflichtiger Veräußerungsgewinn	**0 €**

---

1 Vgl. Schmidt/Wacker, EStG, § 16 Rz. 174; vgl. H 16 Abs. 2 EStH 2016.
2 Vgl. Blümich/Schallmoser, Kommentar EStG, § 16 Rz. 519; vgl. Schmidt/Wacker, EStG, § 16 Rz. 184.
3 Vgl. Blümich/Schallmoser, Kommentar EStG, § 16 Rz. 519; vgl. BFH v. 16.9.1966 - VI 119/65, BStBl 1967 III S. 70.
4 Siehe Rz. 316 bzw. bei Aufgabegewinn siehe Rz. 336.
5 Vgl. Blümich/Schallmoser, Kommentar EStG, § 16 Rz. 667; vgl. Schmidt/Wacker, EStG, § 16 Rz. 577.

BEISPIEL 2:

Veräußerungsgewinn	100 000 €
Freibetrag	- 45 000 €
steuerpflichtiger Veräußerungsgewinn	**55 000 €**

BEISPIEL 3:

Veräußerungsgewinn		140 000 €
Freibetrag maximal	45 000 €	
Kürzung des Freibetrags		
voller Veräußerungsgewinn	140 000 €	
Freibetragsgrenze	136 000 €	
Kürzungsbetrag		- 4 000 €
abzugsfähiger Freibetrag		41 000 €
steuerpflichtiger Veräußerungsgewinn		**99 000 €**

BEISPIEL 4:

Veräußerungsgewinn		181 000 €
Freibetrag maximal	45 000 €	
Kürzung des Freibetrags		
voller Veräußerungsgewinn	181 000 €	
Freibetragsgrenze	136 000 €	
Kürzungsbetrag		- 45 000 €
abzugsfähiger Freibetrag		0 €
steuerpflichtiger Veräußerungsgewinn		**181 000 €**

357 Der Freibetrag ist so geregelt, dass **kleinere Gewinne** von der Einkommensteuer freigestellt werden können. So sollen nach dem Willen des Gesetzgebers insbesondere diejenigen Inhaber von Betrieben bzw. Arztpraxen, die ihren Betrieb aus Altersgründen oder wegen Berufsunfähigkeit aufgeben und dabei nur kleinere Veräußerungsgewinne erzielen, den Gewinn ungeschmälert für die **Altersversorgung** verwenden können.[1]

358 Auch bei Veräußerung eines **Teilbetriebs** („selbständigen Teils" des freiberuflichen Vermögens) oder eines gesamten **Anteils** an einer Berufsausübungs-

---

1 Vgl. Blümich/Schallmoser, Kommentar EStG, § 16 Rz. 667. Die Höhe und die Voraussetzungen sind vom Gesetzgeber im Zeitablauf allerdings wiederholt geändert worden.

gemeinschaft („Anteils am Vermögen, das der selbständigen Arbeit dient") wird – unter den vorgenannten Voraussetzungen – der **volle Freibetrag** gewährt.[1] Das bedeutet auch, dass der Freibetrag bei der Veräußerung oder Aufgabe einer **Berufsausübungsgemeinschaft** – wie bei der Veräußerung einer gewerblichen Personengesellschaft – jedem betroffenen Arzt (Mitunternehmer) für seinen Anteil am Veräußerungsgewinn jeweils in voller Höhe zusteht.[2]

Der Freibetrag wird nur **auf Antrag** gewährt.[3] Der Antrag ist **nicht form- oder fristgebunden**, er kann jederzeit bis zur Bestandskraft des entsprechenden Einkommensteuerbescheides **gestellt** oder **zurückgenommen** werden.[4] Die Inanspruchnahme des Freibetrags kann **unabhängig** von der Inanspruchnahme anderer Begünstigungen erfolgen. Bei dem Freibetrag handelt es sich um eine **objektbezogene Begünstigung**.   359

Der Freibetrag kann von einem Steuerpflichtigen **nur einmal im Leben** für einen Veräußerungs- oder Aufgabegewinn in Anspruch genommen werden.[5] Wurde der Freibetrag bereits in einem früheren Veranlagungszeitraum gewährt, kommt es nicht darauf an, ob der Freibetrag **zu Recht** gewährt worden ist oder nicht.[6] Entscheidend ist allein, dass sich der Freibetrag auf die Steuerfestsetzung ausgewirkt hat und die Steuervergünstigung nicht mehr rückgängig gemacht werden kann.[7] Nur einmal im Leben bedeutet aber auch, dass der Freibetrag in vollem Umfange **für künftige Betriebsveräußerungen verbraucht** ist, selbst wenn er bei der Inanspruchnahme in einem ersten Fall (noch) **nicht in voller Höhe** ausgeschöpft wird.[8]   360

Werden in einem Veranlagungsjahr von einem Steuerpflichtigen **mehrere Praxen**, Betriebe oder Teilbetriebe aufgegeben oder veräußert, so kann der (objektbezogene) Freibetrag ebenfalls **nur für einen Veräußerungs- oder Aufgabegewinn** in Anspruch genommen werden.[9] Aus dem Antrag des Arztes muss deutlich werden, für welchen Sachverhalt der Freibetrag beantragt wird.

---

1 § 18 Abs. 3 i. V. m. § 16 Abs. 3 und 4 EStG; vgl. Schmidt/Wacker, EStG, § 16 Rz. 581.
2 Vgl. R 16 Abs. 13 EStR 2012; siehe auch Blümich/Schallmoser, Kommentar EStG, § 16 Rz. 685.
3 § 16 Abs. 4 Satz 1 EStG.
4 Vgl. Schmidt/Wacker, EStG, § 16 Rz. 580.
5 § 16 Abs. 4 Satz 2 EStG; hier werden allerdings gem. § 52 Abs. 34 Satz 6 EStG Veräußerungen vor dem 1996 nicht angerechnet.
6 Vgl. BFH v. 21.7.2009 - X R 2/09, BStBl 2009 II S. 963.
7 Siehe dazu auch BFH v. 8.3.1994 - IX R 12/90, in vergleichbaren Fällen, NWB DokID: CAAAA-17382.
8 Vgl. R 16 Abs. 13 Satz 4 EStR 2012; siehe auch Schmidt/Wacker, EStG, § 16 Rz. 581.
9 Siehe § 34 Abs. 3 Satz 5 EStG.

361　Zieht sich eine (einheitliche) Betriebsveräußerung bzw. Betriebsaufgabe über **mehr als einen Veranlagungszeitraum** hin und fällt der Gewinn aus der Beendigung daher in mehreren Veranlagungsjahren an, so ist der **Freibetrag aufzuteilen.**[1] Er ist nach der herrschenden Meinung[2] zunächst in voller Höhe bei dem im ersten Veranlagungsjahr anzusetzenden Teil des Veräußerungsgewinns abzuziehen und der verbleibende Teil des Freibetrags mindert den Gewinn im Folgejahr.

362　Voraussetzung für die Gewährung des Freibetrags ist, dass der Arzt im Zeitpunkt der Praxisveräußerung bzw. der -aufgabe das **55. Lebensjahr vollendet** hat oder im sozialversicherungsrechtlichen Sinne **dauernd berufsunfähig ist.**[3] Die **persönlichen Voraussetzungen** müssen im **Zeitpunkt** der Realisierung des Gewinns (und nicht etwa im gesamten Kalenderjahr bzw. am Ende des Veranlagungsjahres) vorliegen.[4]

363–370　*(Einstweilen frei)*

ee)　Tarifbegünstigung nach § 34 EStG

371　Neben der sachlichen Begünstigung einer Betriebsveräußerung oder -aufgabe durch die mögliche Inanspruchnahme eines Freibetrages wird bei der Veräußerung oder Aufgabe einer Arztpraxis unter bestimmten Voraussetzungen auch eine Tarifbegünstigung für den verbleibenden steuerpflichtigen Gewinn gewährt. Die **gesetzliche Grundlage** dafür ist § 34 EStG. Das allgemeine **Ziel** dieser Vorschrift ist nach dem Willen des Gesetzgebers die **Vermeidung ungewollter Härten**, die sich aus einer übermäßig hohen Steuerprogression beim Zusammentreffen laufender und einmaliger Einkünfte bzw. bei der zeitlich geballten Aufdeckung von – über einen längeren Zeitraum angesammelten – stillen Reserven ergeben würden. Erreicht wird dieses Ziel, indem für bestimmte Einkünfte die besonderen Tarifvorschriften des § 34 EStG Anwendung finden können. Die **zwei möglichen tariflichen Begünstigungen** werden im Folgenden erläutert.

1　Vgl. BMF v. 20.12.2005 – S 2242, BStBl 2006 I S. 7; vgl. Blümich/Schallmoser, Kommentar EStG, § 16 Rz. 673, m. w. N.; vgl. Schmidt/Wacker, EStG, § 16 Rz. 584.

2　Anders BMF v. 20.12.2005 – S 2242, BStBl 2006 I S. 7: Nach Ansicht der Finanzverwaltung ist der Freibetrag im Verhältnis der Gewinne auf die betreffenden Veranlagungszeiträume zu verteilen. Diese Sichtweise setzt allerdings voraus, dass für die Veranlagung des Freibetrags im ersten Jahr die Höhe der Gewinne in der Folgezeit bereits bekannt sind.

3　Vgl. § 16 Abs. 4 Satz 1 EStG.

4　Siehe BMF v. 20.12.2005 – S 2242, BStBl 2006 I S. 7; vgl. dazu Schmidt/Wacker, EStG, § 16 Rz. 579: Zeitpunkt des Erfüllungsgeschäfts bzw. des Endes der Betriebsaufgabe.

Grundvoraussetzung für eine der beiden Tarifbegünstigungen des § 34 EStG ist   372
das Vorliegen **„außerordentlicher Einkünfte"** i. S. v. § 34 Abs. 2 EStG. Als solche
gelten gem. § 34 Abs. 2 EStG u. a. Veräußerungsgewinne i. S. d. §§ 16 bzw. 18
EStG,[1] also insbesondere auch die Gewinne aus einer **Betriebsveräußerung**
oder **Betriebsaufgabe** freiberuflicher Praxen. Liegen in einem Veranlagungsjahr
außerordentliche Einkünfte vor, so wird für diesen Teil des zu versteuernden
Einkommens der Steuersatz grundsätzlich nach der sog. **„Fünftelregelung"**[2]
bemessen. Handelt es sich bei den außerordentlichen Einkünften um Veräuße-
rungs- oder Aufgabegewinne, so kann auf Antrag anstelle der Fünftelregelung
ggf. ein **ermäßigter Steuersatz**[3] angewendet werden und so u. U. eine anderweitige, ggf. weitere Senkung der Einkommensteuerlast erreicht werden.

Der Vollständigkeit halber sei erwähnt, dass beide Tarifbegünstigungen **nicht**   373
anwendbar sind, wenn auf den Veräußerungs- oder Aufgabegewinn ganz oder
teilweise § 6b bzw. § 6c EStG angewendet wird,[4] d. h., wenn für die **Übertra-**
gung stiller Reserven bei der Veräußerung bestimmter Anlagegüter (Grund
und Boden, Aufwuchs, Gebäude oder Binnenschiffe) eine sog. **§ 6b-Rücklage**
in Anspruch genommen wird.

Grundsatz: „Fünftelregelung" gem. § 34 Abs. 1 EStG

Nach § 34 Abs. 1 EStG beträgt die **Einkommensteuer für die außerordentlichen**   374
Einkünfte „das Fünffache des Unterschiedsbetrags zwischen der Einkommensteuer für das um diese Einkünfte verminderte zu versteuernde Einkommen
(verbleibendes Einkommen) und der Einkommensteuer für das verbleibende
zu versteuernde Einkommen" zuzüglich eines Fünftels dieser Einkünfte".[5] Aufgrund des progressiven Einkommensteuertarifs ist die Anwendung dieser sog.
„Fünftelregelung" immer **günstiger als die Regelbesteuerung,**[6] wenn das neben den begünstigten Einkommensbestandteilen steuerpflichtige Einkommen
nicht schon den Spitzensteuersatz der Einkommensteuertabelle erreicht hat.
Die Steuerlast ist bei Anwendung der Fünftelregelung **keinesfalls höher** als
die nach der Regelbesteuerung.

Wie bereits geschildert, ist Voraussetzung für diese Tarifbegünstigung alleine
die **tatbestandliche Voraussetzung,** dass es sich bei den fraglichen Einkünften
um **„außerordentliche Einkünfte"** i. S. v. § 34 Abs. 2 EStG handelt. Liegen außer-

---

1 Gem. § 34 Abs. 2 Nr. 1 EStG.
2 § 34 Abs. 1 EStG.
3 § 34 Abs. 3 EStG.
4 Siehe § 34 Abs. 1 Satz 4 bzw. § 34 Abs. 3 Satz 6 EStG.
5 Siehe dazu das Beispiel in Rz. 380.
6 § 32a EStG: Einkommensteuertarif.

ordentliche Einkünfte vor, so kommt für sie die Regelbesteuerung nicht zur Anwendung.[1] Persönliche Voraussetzungen sind hier nicht zu erfüllen. Ein **Antrag** des Arztes ist für die Gewährung der Fünftelregelung **nicht erforderlich**.

375   Eine Sonderregelung nennt § 34 Abs. 1 Satz 2 EStG für den Fall, dass das „**verbleibende Einkommen**" (s. o.) **negativ** ist und das zu versteuernde Einkommen (einschließlich Veräußerungsgewinn) positiv ist. Hier beträgt die Einkommensteuer das Fünffache der auf ein Fünftel des zu versteuernden Einkommens entfallenden Einkommensteuer. Auch diese Regelung führt für die Gewinne aus der Veräußerung oder Aufgabe einer Arztpraxis regelmäßig zu einer **günstigeren** Einkommensteuerlast als bei Anwendung der Regelbesteuerung. Selbst bei sehr hohen Veräußerungsgewinnen entsteht dadurch keinesfalls eine höhere Steuerlast.

Wahlrecht: „ermäßigter Steuersatz" gem. § 34 Abs. 3 EStG

376   Handelt es sich bei den außerordentlichen Einkünften um **Veräußerungsgewinne** i. S. v. § 34 Abs. 2 Nr. 1 EStG, also z. B. um Gewinne aus der Veräußerung oder Aufgabe einer Arztpraxis, so kann der daraus steuerpflichtige Gewinn unter bestimmten Voraussetzungen anstelle nach der Fünftelregelung mit einem **ermäßigten Steuersatz** gem. § 34 Abs. 3 EStG besteuert werden. Der ermäßigte Steuersatz beträgt **56 % des durchschnittlichen Steuersatzes**, der sich ergäbe, wenn die tarifliche Einkommensteuer nach dem gesamten zu versteuernden Einkommen (einschließlich des Veräußerungsgewinns) zuzüglich der dem Progressionsvorbehalt unterliegenden Einkünfte zu bemessen wäre, **mindestens** jedoch 14 %.[2] Der ermäßigte Steuersatz wird nur **bis zu einem Betrag von 5 Mio. €** gewährt, ein darüber hinausgehender Veräußerungsgewinn unterliegt dem vollen Steuersatz.[3] Diese **Höchstbetragsgrenze** ist allerdings für die Veräußerung bzw. Aufgabe von Arztpraxen i. d. R. irrelevant.

377   Neben der tatbestandlichen Voraussetzung des Vorliegens eines Veräußerungsgewinns (§§ 16, 18 Abs. 3 EStG) ist die Gewährung des ermäßigten Steuersatzes auch an strenge **persönliche Voraussetzungen** des Steuerpflichtigen geknüpft. Er muss gem. § 34 Abs. 3 Satz 1 EStG das **55. Lebensjahr vollendet** haben **oder** im sozialversicherungsrechtlichen Sinne **dauernd berufsunfähig** sein. Die Formulierung dieser persönlichen Voraussetzungen ist vom **Wortlaut nahezu identisch** mit der Formulierung der persönlichen Voraussetzungen für

---

1 Das bedeutet, dass z. B bei einer Betriebsaufgabe, die sich über mehr als ein Veranlagungsjahr hinzieht, die Fünftelregelung für den Aufgabegewinn auch in allen betroffenen Jahren anwendbar ist.

2 Vgl. § 34 Abs. 3 Satz 2 EStG; s. dazu das Beispiel in Rz. 380.

3 Siehe Schmidt/Wacker, EStG, § 34 Rz. 60.

den Freibetrag nach § 16 Abs. 4 EStG.[1] Es wird aber in der Literatur die Auffassung vertreten, dass es (entgegen der Auslegung für die Inanspruchnahme des Freibetrages) **hier ausreicht**, wenn die persönlichen **Voraussetzungen am Ende des betreffenden Veranlagungsjahres** vorliegen.[2] Denn bei der Tarifvorschrift handelt sich um eine Vorschrift, die auf das Einkommen des Veranlagungsjahres anzuwenden ist und die Höhe der sich daraus ergebenden Steuerbelastung ist wegen des Zusammentreffens mit den anderen Einkünften erst mit Ablauf des Veranlagungsjahres erkennbar.

Der ermäßigte Steuersatz wird gem. § 34 Abs. 3 Satz 1 EStG nur **auf Antrag** 378 gewährt. Für Form und Frist gilt das Gleiche wie für den Antrag auf Anwendung des Freibetrags nach § 16 Abs. 4 EStG.[3]

Der Arzt kann den ermäßigten Steuersatz **nur einmal im Leben** beanspruchen.[4] 379 Dabei bleiben jedoch Inanspruchnahmen in Veranlagungszeiträumen vor dem 1.1.2001 unberücksichtigt.[5] Letztere Inanspruchnahmen dürften jedoch inzwischen die Ausnahme sein.

Anders als die Tarifermäßigung nach der Fünftelregelung ist die Begünstigung 380 des ermäßigten Steuersatzes – ebenso wie der Freibetrag – auf **ein Objekt** beschränkt. Auch wenn der Arzt im selben Veranlagungsjahr **mehr als eine Veräußerung bzw. Aufgabe** einer Praxis, einer Teilpraxis oder eines Anteils an einer Praxis realisiert, kann der ermäßigte Steuersatz gem. § 34 Abs. 3 Satz 5 EStG **nur für einen Veräußerungs- oder Aufgabegewinn** in Anspruch genommen werden.[6] Es muss sich dabei nicht um denselben Sachverhalt handeln, für den ggf. ein Freibetrag beantragt wird.[7] Zieht sich allerdings eine (einheitliche) **Betriebsaufgabe** über mehr als einen Veranlagungszeitraum hin und fällt der Gewinn aus der Beendigung daher in zwei Veranlagungsjahren an, so ist die Tarifermäßigung auf Antrag in beiden Jahren zu gewähren.[8]

PRAXISTIPP:

Die Vorschrift hat in den vergangenen Jahren eine Vielzahl von Änderungen erfahren. Sowohl die Höhe des Steuersatzes (bis 2003 betrug der ermäßigte Steuersatz 50 % des

---

1 Siehe dazu Rz. 362.
2 Vgl. Schmidt/Wacker, EStG, § 34 Rz. 61; a. A. Blümich/Lindberg, Kommentar EStG, § 34 Rz. 78.
3 Siehe o. Rz. 359.
4 § 34 Abs. 3 Satz 4 EStG.
5 Siehe § 52 Abs. 47 Satz 8 EStG; zu beachten ist hier, dass es sich hier um eine andere Frist handelt als bei den Regelungen zur nur einmaligen Inanspruchnahme des Freibetrags nach § 16 Abs. 4 EStG - siehe dazu § 52 Abs. 34 Satz 6 EStG.
6 Vgl. § 34 Abs. 3 Satz 5 EStG; siehe dazu Schmidt/Wacker, EStG, § 34 Rz. 55.
7 Vgl. Blümich/Lindberg, Kommentar EStG, § 34 Rz. 79.
8 Vgl. BMF v. 20.12.2005 – S 2242, BStBl 2006 I S. 7; vgl. Schmidt/Wacker, EStG, § 34 Rz. 58.

durchschnittlichen Steuersatzes, „halber Steuersatz") als auch die Höhe des Mindeststeuersatzes (bis 2008 betrug der Mindeststeuersatz 15 %, 2004 noch 16 %), die Höchstgrenze für die außerordentlichen Einkünfte und die persönlichen Voraussetzungen für die Gewährung der Ermäßigung haben sich im Laufe der Zeit wiederholt geändert. Bei der vorausschauenden Planung einer Betriebsveräußerung oder -aufgabe sollte im Auge gehalten werden, dass Änderungen der Vorschrift aktuell erneut in der politischen Diskussion sind.

ZUSAMMENFASSENDES BEISPIEL: Der Arzt A (64 Jahre) und seine Ehefrau F (Angestellte) werden zusammen zur Einkommensteuer veranlagt. Im Laufe des Jahres 2017 verkauft A seine Arztpraxis. Bis zur Veräußerung der Praxis erzielt er noch laufende Einkünfte aus der freiberuflichen Tätigkeit i. H. v. 70 000 €. Der Veräußerungsgewinn für die Praxis beträgt 75 000 €, A beantragt den Freibetrag nach § 16 Abs. 4 EStG. F hat 20 000 € Einkünfte aus nicht selbständiger Arbeit. Für die Eheleute sind Sonderausgaben von 10 000 € anzusetzen. Das zu versteuernde Einkommen beträgt somit 110 000 €.

Die Einkommensteuer nach der Splittingtabelle für ein zu versteuerndes Einkommen von 110 000 € (**ohne Tarifbegünstigung**) würde 29 248 € betragen. Aus Vereinfachungsgründen wird an dieser Stelle auf die Berücksichtigung des Solidaritätszuschlages sowie ggf. Kirchensteuer verzichtet.

Die Einkommensteuer nach der „**Fünftelregelung**" (§ 34 Abs. 1 EStG) errechnet sich wie folgt:

Laufende Einkünfte aus freiberuflicher Tätigkeit A		70 000 €
Veräußerungsgewinn aus Praxisverkauf A	75 000 €	
Freibetrag (§ 16 Abs. 4 i. V. m. § 18 Abs. 3 EStG)	- 45 000 €	
		30 000 €
Einkünfte aus selbständiger Arbeit A		100 000 €
Einkünfte aus nicht selbständiger Arbeit F		20 000 €
Gesamtbetrag der Einkünfte		120 000 €
Sonderausgaben		- 10 000 €
zu versteuerndes Einkommen		110 000 €
zu versteuerndes Einkommen	110 000 €	
abzgl. Veräußerungsgewinn	30 000 €	
verbleibendes zu versteuerndes Einkommen	80 000 €	
darauf entfallende Einkommensteuer (Splittingtarif)		17 532 €
verbleibendes zu versteuerndes Einkommen	80 000 €	
zzgl. 1/5 des Veräußerungsgewinns	6 000 €	
	86 000 €	

darauf entfallende Einkommensteuer (Splittingtarif)	19 716 €	
abzgl. Einkommensteuer auf das		
verbleibende zu versteuernde Einkommen	- 17 532 €	
Unterschiedsbetrag	2 184 €	
multipliziert mit Faktor 5	10 920 €	10 920 €
tarifliche Einkommensteuer insgesamt		28 452 €

Bei Anwendung der Tarifermäßigung nach § 34 Abs. 1 EStG ("Fünftelregelung") beträgt die tarifliche Einkommensteuer **28 452 €** und ist somit um 796 € günstiger als die tarifliche Einkommensteuer ohne Begünstigung.

Wenn die Tarifermäßigung nach § 34 Abs. 3 EStG (**ermäßigter Steuersatz**) beantragt werden kann, so beträgt die Einkommensteuer auf den Veräußerungsgewinn 14,90 % von 30 000 € = 4 470 € (14,90 % = 56 % des durchschnittlichen Steuersatzes = 56 % von 29 248/110 000) und die Einkommensteuer insgesamt **22 002 €** (17 532 € + 4 470 €). Die Einkommensteuer ist in diesem Beispielsfall also um 7 246 € günstiger als die Regelbesteuerung des gesamten zu versteuernden Einkommens und um 6 450 € günstiger als die Einkommensteuer bei Anwendung der "Fünftelregelung".

PRAXISTIPP: 381

Der ermäßigte Steuersatz erweist sich insbesondere dann als besonders vorteilhaft, wenn das steuerpflichtige Einkommen so hoch ist, dass der ohne diese Tarifermäßigung anzuwendende Steuersatz entsprechend höher ist als der Steuersatz nach der Fünftelregelung. Unter Umständen ergibt sich daraus aber auch keine oder eine nur geringfügige Besserstellung. Vor der Antragstellung empfiehlt sich also immer die Durchführung einer Vergleichsrechnung. Selbst bei einer (geringfügig) höheren Steuerlast bei Wahl der Fünftelregelung kann es vorteilhaft sein, den ermäßigten Steuersatz nicht zu beantragen, um dieses Wahlrecht noch bei einer möglicherweise späteren oder weiteren Betriebsveräußerung ausüben zu können.

(Einstweilen frei) 382–390

c) Ertragsteuerliche Aspekte beim *Kauf* einer Arztpraxis

aa) Allgemeines

Der Käufer einer Arztpraxis möchte den aufgewendeten Kaufpreis i. d. R. möglichst vollständig und möglichst rasch steuerlich geltend machen. Die aus diesen Aufwendungen resultierenden Steuerminderungen dienen nicht selten auch zur Refinanzierung des Kaufpreises.   391

Zunächst ist der Kaufpreis auf die einzelnen erworbenen Bestandteile aufzuteilen (siehe dazu im Einzelnen Rz. 505 ff.). Die so ermittelten Anschaffungskosten stellen für den Erwerber in seinem neuen freiberuflichen Betrieb steuerlich relevante Betriebsausgaben dar, die für jedes einzelne Wirtschaftsgut zu betrachten sind und die (nur) nach den allgemeinen steuerlichen Regelungen geltend gemacht werden können. Die einkommensteuerliche Behandlung unterscheidet sich hier grundsätzlich nicht von der eines Gewerbebetriebes.

bb) Steuerliche Besonderheiten bei den Anschaffungskosten für Praxiswert und Zulassung

392 Die für Wirtschaftsgüter des Anlagevermögens[1] aufgewendeten Beträge sind gem. § 7 EStG über die jeweilige Nutzungsdauer abzuschreiben. Das gilt auch für die Anschaffungskosten für den **Praxiswert**, den sog. „**Goodwill**".[2] Denn auch der derivative, also entgeltlich erworbene freiberufliche Praxiswert stellt ein abnutzbares und damit steuerlich abschreibungsfähiges Wirtschaftsgut dar.[3]

393 An dieser Stelle **unterscheidet sich** allerdings die steuerliche Behandlung des Kaufpreises für eine **Arztpraxis** recht deutlich von der des Kaufpreises für einen **Gewerbebetrieb**. Die **Abschreibungsdauer** für den Anteil des Kaufpreises, der auf den ideellen Praxiswert entfällt, ist bei einer Freiberuflerpraxis deutlich **kürzer** als die Nutzungsdauer für einen (gewerblichen) Firmenwert. Begründet ist dieser Unterschied darin, dass bei der Freiberuflerpraxis die Person des Inhabers deutlich prägender für den nachhaltigen Erfolg ist als z. B. bei einem Produktionsunternehmen, bei dem vorrangig Qualität und Ruf des Produktes sowie die Leistungsfähigkeit der betrieblichen Organisation und weniger die Person des Unternehmers den Erfolg beeinflussen.[4]

So beträgt die **Abschreibungsdauer** des **Praxiswertes bei einer Arztpraxis** nach der herrschenden Meinung **3 – 5 Jahre**[5] und bei einer **Berufsausübungsgemeinschaft** grundsätzlich doppelt so lange, nämlich **6 – 10 Jahre**.[6] Für einen entgeltlich erworbenen (gewerblichen) **Firmenwert** hingegen beträgt die **Nut-**

---

1 Gem. § 7 Abs. 1 EStG handelt es sich dabei um Wirtschaftsgüter, deren Verwendung oder Nutzung durch den Steuerpflichtigen zur Erzielung von Einkünften sich erfahrungsgemäß auf einen Zeitraum von mehr als einem Jahr erstreckt.

2 Vgl. ausführlich dazu Rz. 555 und 560 ff.

3 Ständige Rechtsprechung des BFH, so vgl. BFH v. 24.2.1994 - IV R 33/93, BStBl 1994 II S. 590 und v. 22.9.1994 - IV R 38/94, BFH/NV 1995 S. 385, NWB DokID: OAAAA-97287; vgl. Schmidt/Weber-Grellet, EStG, § 5 Rz. 228; vgl. Klaßmann u. a., Besteuerung der Ärzte, Rz. 2148.

4 Zur Unterscheidung zwischen Geschäfts- und Firmenwert vgl. BFH v. 13.3.1991 - I R 83/89, BStBl 1991 II S. 595 und auch BFH v. 28.9.1993 - VIII R 67/92, BStBl 1994 II S. 449.

5 Vgl. BFH v. 22.4.1998 - IV B 24/97, BFH/NV 1998 S. 1467, NWB DokID: HAAAA-97392; v. 28.9.1993 - VIII R 67/92, BStBl 1994 II S. 449; v. 13.3.1991 - I R 83/89, BStBl 1991 II S. 595; BMF v. 15.1.1995 – S 2172, BStBl 1995 I S. 14; vgl. Schmidt/Weber-Grellet, EStG, § 5 Rz. 228.

6 Vgl. BFH v. 22.9.1994 - IV R 38/94, BFH/NV 1995 S. 385, NWB DokID: OAAAA-97287; v. 24.2.1994 - IV R 33/93, BStBl 1994 II S. 590; vgl. Schmidt/Weber-Grellet, EStG, § 5 Rz. 28.

zungsdauer nach der gesetzlichen Regelung in § 7 Abs. 1 Satz 3 EStG **zwingend 15 Jahre.**[1]

In diesem Zusammenhang war die Frage lange umstritten, ob beim Erwerb einer Arztpraxis der Vorteil aus der Fortführung der Vertragsarztzulassung als eigenständiges immaterielles Wirtschaftsgut anzusehen ist.

394

In einem zulassungsgesperrten Gebiet kann der Erwerber der Arztpraxis eine Vertragsarztzulassung nur im Wege des Nachbesetzungsverfahrens beantragen. Er ist also bei der Übernahme der Kassenarztpraxis in einem Planungsgebiet mit Überversorgung[2] darauf angewiesen, dass der bisherige Praxisinhaber seine Zulassung aufgibt und im Nachbesetzungsverfahren mit darauf hinwirkt, dass dem potenziellen Erwerber seiner Praxis die Vertragsarztzulassung erteilt wird.[3] In gesperrten Zulassungsbereichen ist daher die mögliche Fortführung der Vertragsarztzulassung regelmäßig ein entscheidender Faktor für die Bestimmung des Kaufpreises der Arztpraxis.

Die Finanzverwaltung hatte dazu in der Vergangenheit die Auffassung vertreten, dass schon allein in der Möglichkeit, einen Antrag auf Ausschreibung des Vertragsarztsitzes zu stellen, ein verwertbarer wirtschaftlicher Vorteil zu sehen sei.

395

Der Bundesfinanzhof hat jedoch in einem grundlegenden Urteil, das am 21.9.2011 veröffentlicht wurde,[4] inzwischen entschieden, dass der mit dem Kaufpreis einer Kassenarztpraxis bezahlte Praxiswert grundsätzlich auch den Vorteil aus der Zulassung als Vertragsarzt mit umfasst. Das bedeutet, dass der Kassenarztzulassung kein gesonderter Wert im Sinne eines neben dem Praxiswert stehenden immateriellen Wirtschaftsgutes beizumessen ist, so dass die Kassenarztzulassung somit als Bestandteil des Praxiswertes abzuschreiben ist.

396

HINWEIS:

Der BFH bemerkte jedoch an, dass in Sonderfällen die Zulassung ausnahmsweise zum Gegenstand eines gesonderten Veräußerungsvorgangs gemacht und damit zu einem eigenen immateriellen Wirtschaftsgut konkretisiert werden kann. Nach den Ausführungen des BFH kann dies der Fall sein, wenn ein Käufer an den ausscheidenden Arzt eine Zahlung im Zusammenhang mit der Erlangung der Vertragsarztzulassung vornimmt, ohne jedoch dessen Praxis übernehmen zu wollen, weil er den Vertragsarztsitz für

---

1 Vgl. Schmidt/Weber-Grellet, EStG, § 5 Rz. 227.
2 Vgl. § 103 Abs. 1 SGB V.
3 Vgl. § 103 Abs. 4 – 6 SGB V.
4 BFH v. 9.8.2011 - VIII R 13/08, BStBl 2011 II S. 875, NWB DokID: GAAAD-91767.

eine Praxis an einem anderen Ort des zulassungsbeschränkten Gebietes zu nutzen beabsichtigt.

Weitere Urteile des BFH zum Praxiswert und dessen ertragsteuerlichen Absetzbarkeit sind inzwischen ergangen, wie z. B. am 21.2.2017 unter den Aktenzeichen VIII R 7/14 und VIII R 56/14.

Weitere Hinweise zu diesem Thema befinden sich unter Rz. 560 ff.

397–400   *(Einstweilen frei)*

cc) Steuerliche Aspekte im Zusammenhang mit der Finanzierung des Kaufpreises

401   Der vom Käufer einer Arztpraxis aufzuwendende Kaufpreis wird sehr häufig durch **Darlehensaufnahmen** finanziert. Die an den Kreditgeber – sowohl Banken als auch private Darlehensgeber – zu zahlenden **Zinsen und Gebühren** stellen im Zeitpunkt der Verausgabung **sofort abzugsfähige Betriebsausgaben** dar. Auch ein **Damnum/Disagio** stellt – vorausgesetzt die Höhe überschreitet nicht die marktüblichen Beträge[1] – im Jahr der Verausgabung stets sofort abzugsfähige Betriebsausgaben beim Erwerber dar.[2] Sie müssen dann gem. § 11 Abs. 2 Satz 4 EStG selbst bei Gewinnermittlung im Wege des Betriebsvermögensvergleichs nicht auf die Darlehenslaufzeit verteilt werden.

402   Weniger häufig sind die Fälle, in denen der Kaufpreis in Form von **Kaufpreisraten** oder von **Renten** gezahlt wird. Hier ist steuerlich zu unterscheiden, ob es sich bei den Zahlungen um **wiederkehrende Leistungen** (Leibrenten oder Ratenzahlungen), um **betriebliche Versorgungsleistungen** oder um reine **Unterhaltsleistungen** handelt.[3]

403–405   *(Einstweilen frei)*

---

1 So kann von der Marktüblichkeit ausgegangen werden, wenn für ein Darlehen mit einem Zinsfestschreibungszeitraum von mindestens 5 Jahren ein Damnum i. H. v. bis zu 5 % vereinbart worden ist. Vgl. BMF v. 20.10.2003 – S 2253 a, BStBl 2003 I S. 546, Rz. 15, welches unseren Recherchen nach unverändert auch in der heutigen Niedrigzinszeit Geltung hat.

2 Schmidt/Krüger, EStG, § 11 Rz. 30 „Damnum"; bei Gewinnermittlung im Wege der Einnahmenüberschussrechnung ohnehin keine Verteilung; vgl. Schmidt/Heinicke, EStG, § 4 Rz. 520, „Damnum (Disagio)".

3 Vgl. dazu ausführlich Klaßmann u. a., Besteuerung der Ärzte, Rz. 2206 ff.

d) Ertragsteuerliche Aspekte beim Kauf und Verkauf von Anteilen an Berufsausübungsgemeinschaften und von Anteilen an Medizinischen Versorgungszentren

Üben Ärzte ihre berufliche Tätigkeit gemeinsam in einer **Berufsausübungs-gemeinschaft** aus, so handelt es sich bei dieser Personengesellschaft steuerlich regelmäßig um eine freiberufliche **Mitunternehmerschaft** i. S. v. § 15 Abs. 1 Nr. 2 i. V. m § 18 Abs. 4 Satz 2 EStG. Veräußern nun ein oder mehrere Gesellschafter ihren Anteil an dieser Gemeinschaftspraxis, so realisieren sie mit diesem Verkauf eine steuerlich begünstigte **Betriebsveräußerung**,[1] wenn die in Rz. 301 ff. dargestellten Voraussetzungen der §§ 16, 34 EStG erfüllt sind. Die **sachlichen Voraussetzungen** richten sich dabei grundsätzlich nach den Begebenheiten auf Ebene der Gesellschafter, die **persönlichen Voraussetzungen** nach denen des jeweiligen Gesellschafters. Hierzu wird auf die oben gemachten Ausführungen verwiesen.

406

Besonders zu erwähnen ist an dieser Stelle noch einmal, dass die steuerlichen Begünstigungen durch Freibetrag bzw. Tarifermäßigung keine Anwendung finden, wenn nicht der **gesamte Mitunternehmeranteil** des Arztes veräußert (oder aufgegeben) wird. Gewinne, die bei der **Veräußerung nur eines Teils** eines Anteils an der Berufsausübungsgemeinschaft erzielt werden, sind als **laufende, einkommensteuerlich unbegünstigte Einkünfte** des Gesellschafters zu behandeln.[2]

407

Zur Ermittlung des **Veräußerungsgewinns** wird der vom Mitunternehmer erzielte **Veräußerungspreis** dem Wert des **Anteils des Arztes am Betriebsvermögen** der Gemeinschaftspraxis nach den Regeln des § 16 Abs. 2 EStG gegenübergestellt. Dazu muss zunächst der **Wert des Betriebsvermögens** festgestellt werden. Dafür ist (spätestens) auf den Veräußerungsstichtag – für die „gesamte" Personengesellschaft – gem. § 16 Abs. 2 Satz 2 EStG i. V. m. § 18 Abs. 3 EStG eine steuerliche „Übertragungsbilanz" im Sinne einer **Betriebsvermögens-ermittlung** zu erstellen.[3] Aus dieser wird der auf den veräußernden Arzt entfallende „**Anteil am Betriebsvermögen**" abgeleitet.

408

An dieser Stelle ist noch auf die einkommensteuerlichen Besonderheiten der sog. **Realteilung** hinzuweisen. Dabei handelt es sich zivilrechtlich um eine nach Auflösung der Gesellschaft anstelle der Liquidation vereinbarte **Auseinandersetzung durch Verteilung des Gesellschaftsvermögens auf die Gesellschafter.**

409

---

1 § 16 Abs. 1 Nr. 2 i. V. m. § 18 Abs. 3 Satz 2 EStG.
2 Siehe § 16 Abs. 1 Satz 2 i. V. m. § 18 Abs. 3 Satz 2 EStG.
3 Siehe dazu im Einzelnen Rz. 501 ff.

An die steuerliche Begünstigung dieser Beendigung von Personengesellschaften stellt § 16 Abs. 3 EStG, der gem. § 18 Abs. 3 Satz 2 EStG auch für Berufsausübungsgemeinschaften gilt, besondere Anforderungen.[1]

410   Die **persönlichen Begünstigungen** für Betriebsveräußerungen und Betriebsaufgaben finden dann für den jeweiligen Gesellschafter, der seinerseits die jeweiligen persönlichen **Voraussetzungen** für den Freibetrag und die Tarifermäßigung erfüllen muss, Anwendung. Besonders zu erwähnen ist hier, dass der Freibetrag nach § 16 Abs. 4 EStG **von jedem Beteiligten gesondert und unabhängig** voneinander **in voller Höhe** in Anspruch genommen werden kann.

411   Der Vollständigkeit halber ist in diesem Buch auch die Veräußerung von **Anteilen an einer Kapitalgesellschaft**, die ihrerseits eine Arztpraxis (z. B. im Rahmen eines Medizinischen Versorgungszentrums in der Rechtsform einer GmbH) betreibt, kurz anzusprechen. Die Besteuerung der Veräußerung unterscheidet sich nicht von der Besteuerung von Anteilen an Kapitalgesellschaften, deren Gegenstand nicht der Betrieb einer freiberuflichen Praxis, sondern der Betrieb z. B. eines gewerblichen Handelsgeschäfts ist. Für diese Anteilsveräußerungen gelten die Vorschriften der §§ 17, 20 bzw. 23 EStG.

Bei den Beteiligungen von Ärzten an **Betreibergesellschaften von Arztpraxen** in der Rechtsform einer GmbH handelt es sich i. d. R. um sog. **wesentliche Beteiligungen** i. S. v. § 17 EStG. Die Gewinne aus der Veräußerung der Anteile unterliegen nach den allgemeinen einkommensteuerlichen Regeln denjenigen des sog. **Teileinkünfteverfahrens**.

412   Für den **Käufer** der Anteile an der Kapitalgesellschaft stellt der aufzuwendende Kaufpreis steuerlich **Anschaffungskosten für die erworbene Beteiligung** dar. Diese Anschaffungskosten können grundsätzlich nicht abgeschrieben werden, weil die Beteiligung keiner Abnutzung unterliegt. Die Anschaffungskosten sind aber bei einer **späteren Veräußerung der Beteiligung** durch den Gesellschafter seinerseits bei der Ermittlung des steuerpflichtigen Veräußerungsgewinns zu berücksichtigen.

413–420   *(Einstweilen frei)*

---

1 Wegen der Einzelheiten dazu, die in diesem Buch nicht gesondert darzustellen sind, siehe Lange/Bilitewski/Götz, Personengesellschaften im Steuerrecht, Rz. 5531 ff., und Michels/Möller/Ketteler-Eising, Ärztliche Kooperationen, S. 149 ff.

e) Ertragsteuerliche Aspekte bei der Einbringung einer Arztpraxis in eine Berufsausübungsgemeinschaft oder in eine Kapitalgesellschaft

Es ist allgemein festzustellen, dass sich das Gesundheitswesen im ständigen Wandel befindet. Vor allem in der jüngeren Vergangenheit ist zu beobachten, dass sich auch die Strukturen der betrieblichen Einheiten, in denen Ärzte ihre heilberuflichen (und auch darüber hinausgehenden) Leistungen anbieten, häufiger verändern. Es werden **zunehmend Kooperationen mit anderen Heilberuflern** gesucht, um sich besser auf die veränderten (wirtschaftlichen) Bedingungen im Gesundheitswesen einstellen zu können. So werden gegenwärtig häufiger als vor einigen Jahren Arztpraxen **in Personengesellschaften** oder auch **in Kapitalgesellschaften** überführt, bei denen die bisher in eigener Praxis tätigen Ärzte Gesellschafter dieser (neu gegründeten oder bereits bestehenden) Gesellschaften werden, und in denen sie ihre ärztliche Tätigkeit dann weiter ausüben. Steuerlich spricht man hier von der **Einbringung gegen Gewährung von Gesellschaftsrechten**.

421

Sowohl für die Einbringung in eine Personengesellschaft als auch die Einbringung in eine Kapitalgesellschaft sieht der Steuergesetzgeber Regelungen vor, mit denen die **sofortige Aufdeckung** der im steuerlichen Betriebsvermögen des einbringenden Arztes vorhandenen **stillen Reserven** (und damit die Entstehung einer Einkommensteuerlast im Zeitpunkt der Einbringung) unter bestimmten Voraussetzungen **vermieden** werden **kann**, wenn die Überführung einer Arztpraxis, einer Teilpraxis oder eines Mitunternehmeranteils an einer Berufsausübungsgesellschaft gegen Gewährung von Gesellschaftsrechten erfolgt. Die steuerlichen Vorschriften dazu finden sich im **UmwStG**. Die zahlreichen Einzelheiten zur steuerlichen Behandlung der Einbringungsvorgänge regelt die Finanzverwaltung in einem sehr umfangreichen UmwSt-Erlass. Dieser wurde umfassend bearbeitet und am 11.11.2011 vom BMF bekanntgegeben.[1] Trotz einer Vielzahl von Punkten betreffend geänderter oder ergänzter Rechtsauffassungen der Finanzverwaltung in diesem Erlass wurde jedoch bis heute prinzipiell keine Änderung in der Systematik der steuerlichen Behandlung der Einbringungsvorgänge im Allgemeinen vorgenommen.

Im Folgenden werden nur kurz die Grundzüge der steuerlichen Behandlung von Einbringungen dargestellt.

(Einstweilen frei)   422–425

---

1 BMF v. 11.11.2011, BStBl 2011 I S. 1314.

aa) Einbringung in eine Personengesellschaft

426 Für den Fall der Einbringung eines Betriebs, Teilbetriebs oder Mitunternehmeranteils in eine **Personengesellschaft** regelt § 24 **UmwStG** die steuerlichen Rechtsfolgen. Danach ist **grundsätzlich** für das eingebrachte Vermögen der sog. **gemeine Wert** (mit der Folge der Realisierung eines steuerpflichtigen Einbringungsgewinns auf Ebene des übertragenden Arztes) anzusetzen. Doch **auf Antrag kann u. U.** auch ein **Zwischenwert** oder sogar der **Buchwert** angesetzt werden. Die Wahl der letztgenannte Variante (Ansatz des eingebrachten Vermögens bei der aufnehmenden Personalgesellschaft zum Buchwert) hat zur Folge, dass zum Einbringungszeitpunkt keine Gewinnrealisierung stattfindet.[1]

427 Wird bei der aufnehmenden Personengesellschaft ein **über dem Buchwert** – bis zur Höhe des gemeinen Wertes des eingebrachten Vermögens – liegender Wert angesetzt, so gilt dieser Wert gem. § 24 Abs. 3 UmwStG **für den einbringenden Arzt** als **Veräußerungspreis**. Für den so bei dem Einbringenden entstehenden **Veräußerungsgewinn** kommt ein **Freibetrag** nach § 16 Abs. 4 EStG nur in Frage, wenn das Vermögen mit dem gemeinen Wert angesetzt wird. Bei Ansatz eines Wertes unter dem gemeinen Wert (Buchwert oder Zwischenwert) ist gem. § 24 Abs. 5 UmwStG eine **siebenjährige Behaltensfrist** zu beachten.

428–430 *(Einstweilen frei)*

bb) Einbringung in eine Kapitalgesellschaft

431 Für den Fall der Einbringung eines Betriebs, Teilbetriebs oder Mitunternehmeranteils in eine **Kapitalgesellschaft** gegen Gewährung von Gesellschaftsrechten sind die Vorschriften der §§ 20 – 23 **UmwStG** anzuwenden.[2]

Auch hier ist das **eingebrachte Vermögen** auf der Ebene der **übernehmenden Gesellschaft** grundsätzlich mit dem **gemeinen Wert** anzusetzen und **auf Antrag** kann hier ebenfalls der **Buchwert** fortgeführt werden oder ein **Zwischenwert** angesetzt werden.[3]

432 Vergleichbar zu der Systematik bei Einbringung in eine Personengesellschaft gilt der Wert, mit dem die übernehmende Gesellschaft das eingebrachte Vermögen ansetzt, **für den einbringenden Arzt** als Veräußerungspreis[4] und

---

1 Vgl dazu ausführlich Lange/Bilitewski/Götz, Personengesellschaften im Steuerrecht, Rz. 1976 ff. und 2040 ff.
2 Siehe dazu auch ausführlich Lange/Bilitewski/Götz, Personengesellschaften im Steuerrecht, Rz. 3081 ff.
3 Vgl. § 20 Abs. 2 UmwStG.
4 § 20 Abs. 3 UmwStG.

ebenso kommt ein Freibetrag nach § 16 Abs. 4 EStG für einen eventuellen Veräußerungsgewinn nur in Frage, wenn das eingebrachte Vermögen mit dem gemeinen Wert angesetzt wird.[1] Bei Ansatz eines Wertes **unter dem gemeinen Wert** (also zum Buchwert oder Zwischenwert) ist gem. § 22 UmwStG hier ebenfalls eine **siebenjährige Behaltensfrist** zu beachten.

(Einstweilen frei) 433–435

3. Umsatzsteuer

a) Allgemeines

Umsatzsteuerliche Fragestellungen waren für viele Ärzte in der Vergangenheit 436 für ihre laufende Tätigkeit nebensächlich, wenn auch bestimmte, regelmäßig von Ärzten angebotene Leistungen schon in der Vergangenheit umsatzsteuerbar und auch umsatzsteuerpflichtig waren. Nicht zuletzt durch die im Zuge der Veränderungen im Gesundheitswesen eingetretenen Änderungen des Leistungskataloges in Arztpraxen ist die Umsatzsteuer für viele im Bereich der Heilberufe Tätigen zunehmend relevant geworden. Spätestens dann, wenn ein Umsatz nicht mehr in Ausübung einer umsatzsteuerlich befreiten heilberuflichen Tätigkeit getätigt wird, ist eine genaue Prüfung der umsatzsteuerlichen Relevanz des Sachverhalts geboten.

Auch der **Verkauf einer Arztpraxis** ist aus umsatzsteuerlicher Sicht zu betrach- 437 ten und es ist genau zu prüfen, ob die Veräußerung der Umsatzsteuer unterliegt oder ob die Voraussetzungen dafür, dass keine Umsatzsteuer anfällt, gegeben sind. Da ein nominal hoher Kaufpreis für eine Praxis als Bemessungsgrundlage für die darauf eventuell anfallende Umsatzsteuer eine entsprechend hohe Belastung auslöst, ist der Blick auf die umsatzsteuerliche Behandlung des Praxisverkaufs um so wichtiger. Eine eventuelle Umsatzbesteuerung des Verkaufs stellt sich natürlich noch problematischer dar, wenn sich die Umsatzsteuerpflicht für den Kaufpreis erst nachher – spätestens bei der Überprüfung des Verkaufs durch die Finanzverwaltung – herausstellt, und die Finanzierung dieses Betrages nicht geplant war.

Bei der **Aufgabe einer Arztpraxis**, bei der die ärztliche (unternehmerische) Tä- 438 tigkeit ja nicht von einem Erwerber fortgeführt wird, kann bei dem Verkauf einzelner Wirtschaftsgüter bzw. der Entnahme in das Privatvermögen ebenfalls Umsatzsteuer anfallen. Die umsatzsteuerliche Behandlung richtet sich hier

---

1 § 20 Abs. 4 UmwStG.

aber nach den allgemeinen Grundsätzen des Umsatzsteuerrechts,[1] so dass im Regelfall keine Umsatzsteuer erhoben wird, wenn die veräußerten oder entnommenen Wirtschaftsgüter zuvor für umsatzsteuerbefreite Leistungen des Arztes verwendet wurden und wenn ein Vorsteuerabzug bei der Anschaffung der Wirtschaftsgüter ausgeschlossen war. Darauf soll deshalb hier nicht weiter eingegangen werden.

439–440   *(Einstweilen frei)*

b) Umsatzsteuerliche Aspekte beim *Verkauf* einer Arztpraxis

441   **Umsätze** im Zusammenhang mit der **Beendigung einer Arztpraxis** gehören nicht zu den „Heilbehandlungen im Bereich der Humanmedizin" und sind daher nicht nach § 4 Nr. 14a UStG von der Umsatzsteuer befreit. Der Gesetzgeber hat aber bereits mit Wirkung ab 1994 eine Neuregelung in § 1 UStG eingefügt,[2] wonach **Geschäftsveräußerungen** an einen anderen Unternehmer für dessen Unternehmen nicht mehr umsatzsteuerbar sind. Unter bestimmten Voraussetzungen sind also die Vorschriften des Umsatzsteuerrechts auf diese Umsätze nicht mehr anwendbar. Die Vorschrift bezweckt nach der Rechtsprechung des EuGH, die Übertragung von Unternehmen oder Unternehmensteilen zu erleichtern und zu vereinfachen.[3]

Der Umsatz aus der Veräußerung einer Arztpraxis unterliegt nicht der Umsatzsteuer, wenn es sich um eine **„Geschäftsveräußerung im Ganzen"**[4] handelt. Eine solche Geschäftsveräußerung liegt vor, „wenn ein Unternehmen oder ein in der Gliederung eines Unternehmens gesondert geführter Betrieb im Ganzen entgeltlich oder unentgeltlich übereignet oder in eine Gesellschaft eingebracht wird".[5] Die **Definition** der Geschäftsveräußerung im Ganzen erfolgt losgelöst von dem einkommensteuerlichen Begriff der Betriebsveräußerung bzw. der Teilbetriebsveräußerung. Wenn auch die wesentlichen Merkmale ähnlich klingen, sind ertragsteuerliche Überlegungen zur Betriebsveräußerung bei der Beurteilung einer umsatzsteuerlichen Geschäftsveräußerung ausdrücklich nicht heranzuziehen.[6] Der Begriff ist autonom und einheitlich i. S. d. MwStSystRL

---

1 Hier insbesondere die Befreiungsvorschrift des § 4 Nr. 28 UStG bzw. § 3 Abs. 1b Satz 2 UStG.

2 § 1 Abs. 1a UStG; Umsetzung der Sechsten MwSt-RL in nationales Recht; siehe RL 77/388/EWG Art. 5 Abs. 8, NWB DokID: NAAAA-76443.

3 Siehe dazu Stöcker in: Küffner/Stöcker/Zugmaier, USt-Kommentar, § 1 Rz. 513.

4 Vgl. Abschn. 1.5 UStAE.

5 § 1 Abs. 1a Satz 2 UStG.

6 Vgl. EuGH v. 27.11.2003 - C-497/01, Zita Modes sàrl, NWB DokID: UAAAB-79462.

auszulegen.[1] Jedoch kann z. B. bei der umsatzsteuerlichen Beurteilung der Veräußerung eines gesondert geführten Betriebs (Teilpraxis) nach Abschn. 1.5 Abs. 6 UStAE davon ausgegangen werden, dass die Voraussetzungen einer Teilgeschäftsveräußerung erfüllt sind, soweit einkommensteuerlich eine Teilbetriebsveräußerung angenommen wird.

Die wesentlichen **Voraussetzungen** für das Vorliegen einer Geschäftsveräußerung im Ganzen sind   442

▶ Übertragung (entgeltlich oder unentgeltlich) der

▶ wesentlichen Grundlagen

▶ eines Unternehmens oder eines gesondert geführten Betriebes

▶ an einen (anderen) Unternehmer für dessen Unternehmen

Auch die **Übertragung einer Arztpraxis** kann unter die Regelung zur **Geschäftsveräußerung im Ganzen** fallen. Eine **Voraussetzung** ist auch hier, dass der Arzt die wesentlichen Grundlagen seiner Praxis verkauft und dem Erwerber damit ermöglicht, die Arztpraxis fortzuführen. Welches die **wesentlichen Grundlagen** sind,[2] ist im Rahmen einer **Gesamtwürdigung** des Einzelfalls zu beurteilen, die sich nach den tatsächlichen Verhältnissen im **Zeitpunkt der Übereignung** zu richten hat.[3] Es reicht dabei aus, dass **nicht alle** wesentlichen Betriebsgrundlagen auf den Erwerber übertragen werden.[4] Maßgeblich ist, ob der Erwerber mit dem erworbenen Vermögen in die Lage versetzt wird, die bisher vom veräußernden Arzt ausgeübte Tätigkeit fortzuführen.[5] Umsatzsteuerlich ist allerdings erforderlich, dass der **Erwerber** die vom Übertragenden bisher ausgeübte Tätigkeit, also die Arztpraxis, auch **tatsächlich fortführt.**[6]   443

Eine Geschäftsveräußerung im Ganzen ist nicht zwingend ausgeschlossen, wenn **einzelne wesentliche Grundlagen** der Arztpraxis **nicht mit übereignet** werden. Behält der Arzt z. B. die ihm gehörende Immobilie mit den Praxisräumen zurück und vermietet die bisher für seine Arztpraxis genutzten Räume langfristig an den Erwerber, so kann dies für die umsatzsteuerliche Beurteilung

1 Vgl. FG Nürnberg in einem Fall zur Teilbetriebsveräußerung - Urteil v. 1.3.2010 - 2 K 1592/2009 (rkr.), NWB DokID: HAAAD-43650.
2 Siehe dazu ausführlich Stöcker in: Küffner/Stöcker/Zugmaier, USt-Kommentar, § 1 Rz. 522 ff.; dabei ist gem. OFD Frankfurt v. 12.8.2008 - S 7100b A, NWB DokID: WAAAC-91448, die Beurteilung des Sachverhalts durch das Finanzamt des Veräußerers maßgebend.
3 Vgl. BFH v. 25.11.1965 - V 173/63 U, BStBl 1966 III S. 333.
4 Vgl. BFH v. 18.8.2008 - XI B 192/07, BFH/NV 2008 S. 2065, NWB DokID: UAAAC-94755; hier unterscheidet sich die Sichtweise von der einkommensteuerlichen Beurteilung.
5 Vgl. BFH v. 23.8.2007 - V R 14/05, BStBl 2008 II S. 165; vgl. Husmann in: Rau/Dürrwächter/Flick/Geist, Kommentar UStG, Anm. 1110 ff.
6 Vgl. Stöcker in: Küffner/Stöcker/Zugmaier, USt-Kommentar, § 1 Rz. 528/2 und 540.

der Praxisveräußerung als Geschäftsveräußerung im Ganzen unschädlich sein.[1] Andererseits reicht die bloße Veräußerung des Patientenstamms hier nicht aus.[2]

444 Unerheblich ist, ob der die Praxis **erwerbende Arzt** (als umsatzsteuerlicher Unternehmer) mit dem erworbenen Vermögen **umsatzsteuerbefreite Umsätze** tätigt oder ob die Umsatzsteuer aus seinen dann mit der Praxis erzielten steuerpflichtigen Umsätzen als sog. **Kleinunternehmer** (§ 19 Abs. 1 UStG) nicht erhoben wird.[3]

445 Sind bei der Veräußerung einer Arztpraxis die **Voraussetzungen für eine Geschäftsveräußerung im Ganzen nicht erfüllt**, so ist die Veräußerung **steuerbar** und grundsätzlich auch **umsatzsteuerpflichtig**. Es ist dann im Einzelnen zu prüfen, ob die **Übertragung** – zumindest einzelner Wirtschaftsgüter – nach den **allgemeinen Regelungen des Umsatzsteuerrechts** befreit ist. Gleiches gilt für die Veräußerung bzw. Entnahme von Wirtschaftsgütern, die im Zuge einer Geschäftsveräußerung im Ganzen nicht auf den Praxiserwerber mit übertragen werden. In diesem Falle greift **bei Ärzten, die mit Ihrer Praxis (nahezu) ausschließlich umsatzsteuerfreie Leistungen erbracht haben**, i. d. R. die **Umsatzsteuerbefreiung nach § 4 Nr. 28 UStG**. Nach dieser Vorschrift ist **zum einen** die Lieferung von Gegenständen befreit, die der Unternehmer selber ausschließlich für bestimmte umsatzsteuerbefreite Tätigkeiten – ein Arzt also die für die heilbehandelnden Leistungen – verwendet hat.[4] Eine geringfügige Mitnutzung (höchstens 5 %) für umsatzsteuerpflichtige Zwecke ist allerdings nach Auffassung der Finanzverwaltung unschädlich, wenn der Arzt dafür keinen (anteiligen) Vorsteuerabzug geltend gemacht hat.[5] **Zum anderen** wird eine Umsatzsteuerbefreiung für die Lieferung von Gegenständen gewährt, für die kein Vorsteuerabzug nach § 15 Abs. 1a UStG (d. h. für bestimmte Gegenstände, für die einkommensteuerlich kein Betriebsausgabenabzug möglich war) erfolgte. Diese Fälle sind in dem hier betrachteten Zusammenhang von untergeordneter Bedeutung.

---

1 Vgl. BFH v. 28.11.2002 - V R 3/01, BStBl 2004 II S. 665; siehe auch Stöcker in: Küffner/Stöcker/Zugmaier, USt-Kommentar, § 1 Rz. 526.

2 BFH v. 11.11.2009 - V B 46/09, BFH/NV 2010 S. 479 Nr. 3: „Kundenstamm kein hinreichendes Ganzes", NWB DokID: XAAAD-36748.

3 Vgl. Stöcker in: Küffner/Stöcker/Zugmaier, USt-Kommentar, § 1 Rz. 540.

4 Vgl. Abschn. 4.28.1 Abs. 1 UStAE, mit Beispiel: „Ein Arzt veräußert Einrichtungsgegenstände, die ausschließlich seiner nach § 4 Nr. 14 UStG steuerfreien Tätigkeit gedient haben."; die Voraussetzung muss während des gesamten Verwendungszeitraum in der Arztpraxis vorgelegen haben.

5 Vgl. Abschn. 4.28.1 Abs. 2 UStAE.

In diesem Zusammenhang ist ein seit 2011 erlassenes BMF-Schreiben[1] zur **446**
Übertragung immaterieller Wirtschaftsgüter interessant. In Anlehnung an ein
Urteil des EuGH[2] vertritt die **Finanzverwaltung** die Auffassung, dass die **Übertragung immaterieller Wirtschaftsgüter** – wie z. B. der Praxiswert oder der
Patientenstamm – als **sonstige Leistung** i. S. v. § 3 Abs. 9 Satz 1 UStG (und
nicht mehr wie in der Vergangenheit als Lieferung i. S. v. § 3 Abs. 1 UStG) zu
behandeln ist. Das bedeutet demnach, dass ein Arzt, der am Ende seiner beruflichen Tätigkeit seinen Patientenstamm veräußert, ohne zugleich die Voraussetzungen einer Geschäftsveräußerung im Ganzen zu erfüllen, Umsatzsteuer
auf den Veräußerungspreis für den Patientenstamm entrichten muss. Denn
die „hilfsweise" Befreiung des Umsatzes nach **§ 4 Nr. 28 UStG** gilt nur für die
Lieferung von Gegenständen, immaterielle Wirtschaftsgüter wie z. B. der Patientenstamm, fallen aber **als sonstige Leistungen** nicht mehr unter die Befreiungsvorschrift. Dies hat zur Folge – falls keine sog. Geschäftsveräußerung im
Ganzen vorliegt –, dass die übertragenen immateriellen Wirtschaftsgüter zum
Regelsteuersatz von derzeit 19 % Umsatzsteuer veräußert werden. In Betracht
kommen neben der klassischen Praxisveräußerung z. B. auch folgende Konstel-
lationen: Ein freiberuflich tätiger Arzt verzichtet zugunsten eines MVZ oder
einer anderen niedergelassenen Arztpraxis auf seine Vertragsarztzulassung,
um dort anschließend als angestellter Arzt tätig zu werden. An der Übernahme
der übrigen Bestandteile der Praxis des veräußernden Arztes hat das MVZ bzw.
der andere niedergelassene Arzt in diesem Beispiel kein Interesse.

(Einstweilen frei) **447–450**

c) Umsatzsteuerliche Aspekte beim *Kauf* einer Arztpraxis

Im **Idealfall** muss der Käufer einer Arztpraxis **keine Umsatzsteuer** auf den **451**
Kaufpreis entrichten. Das gilt immer dann, wenn die Veräußerung als Geschäftsveräußerung im Ganzen (s. o.) zu beurteilen ist. Verwendet der Erwerber
die erworbenen Wirtschaftsgüter nämlich in vollem Umfange für umsatzsteuerbefreite Leistungen (wie z. B. Heilbehandlungen i. S. v. § 4 Nr. 14a UStG), so
würde er aus der Anschaffung **keinen Vorsteuerabzug** geltend machen können.

Erwirbt der Arzt hingegen eine Praxis und liegt auf Seiten des Verkäufers **keine** **452**
Geschäftsveräußerung im Ganzen und auch **keine Steuerbefreiung nach § 4
Nr. 28** UStG vor, so fällt auf den Veräußerungspreis **Umsatzsteuer** an, für die

---

1 BMF v. 8.6.2011 - S 7100/08/10009, NWB DokID: KAAAD-85225.
2 EuGH v. 22.10.2009 - C-242/08, Swiss Re Germany Holding, NWB DokID: YAAAD-31642.

im vorgenannten Fall eben grds. **kein Vorsteuerabzug seitens des Käufers** möglich ist. Nur wenn es sich um Anschaffungen handelt, die für umsatzsteuerpflichtige Leistungen verwendet werden, kann der Arzt die ihm dafür in Rechnung gestellten Umsatzsteuern insoweit als Vorsteuern gem. § 15 UStG abziehen. Das gilt z. B. für Laborgegenstände einer Zahnarztpraxis oder für Büroeinrichtungen, die für eine umsatzsteuerpflichtige Gutachtertätigkeit genutzt werden. Dafür gelten die allgemeinen umsatzsteuerlichen Regelungen.

453 Wichtig ist an dieser Stelle der Hinweis für den Erwerber einer Arztpraxis, dass auch für ihn die Vorschrift in § 75 AO zur **„Haftung des Betriebsübernehmers"**[1] für Betriebsschulden – hierzu gehören auch Umsatzsteuerverpflichtungen einer Arztpraxis – einschlägig ist (s. Rz. 481 ff.). Auch der Erwerber einer Arztpraxis gilt als Betriebsübernehmer i. S. dieser Regelung.

454–460 *(Einstweilen frei)*

4. Weitere steuerliche Aspekte beim Kauf und Verkauf einer Arztpraxis

a) Grunderwerbsteuer

461 Im steuerlichen **Betriebsvermögen** eines Arztes sind nicht selten auch Grundstücke und Gebäude enthalten. Das **Praxisgebäude** und das zugehörige **Grundstück** sind als sog. notwendiges Betriebsvermögen zwingend als Anlagevermögen zu berücksichtigen, soweit die Immobilie sich im Eigentum des Arztes befindet und er sie für seine freiberuflichen Zwecke nutzt.

Bei einer **Betriebsveräußerung** wird der betrieblich genutzte Grundbesitz nicht selten mit verkauft. Die Gründe sind zum einen das **Interesse des Erwerbers**, die Praxis an altem Ort fortführen zu wollen und dies durch den Kauf der Immobilie langfristig sicherzustellen, und zum anderen das **Interesse des Verkäufers**, den Übertragungsvorgang einkommensteuerlich als (begünstigte) Betriebsveräußerung behandelt zu wissen, wofür die Übertragung sämtlicher wesentlicher Betriebsgrundlagen erforderlich ist.

> HINWEIS:
>
> Gegebenenfalls ist eine vorherige „zeitige" Entnahme des Grundvermögens aus dem Betriebsvermögen sinnvoll und möglich, bevor die Arztpraxis selbst veräußert wird. Es ist jedenfalls ratsam, frühzeitig einen steuerlichen Berater zu dieser Thematik zu kontaktieren.

---

1 Siehe dazu Rz. 481 ff.

Die **Grundstücksveräußerung** – egal ob im Rahmen eines Kaufvertrages über   462
die gesamte Praxis oder als gesondertes Rechtsgeschäft – unterliegt gem. § 1
Abs. 1 GrEStG der Grunderwerbsteuer. **Bemessungsgrundlage** für die Steuer ist
in diesem Fall die Gegenleistung,[1] hier also regelmäßig der **Kaufpreis**[2] für
Grund und Boden bzw. Gebäude.

In besonderen Fällen kann Bemessungsgrundlage der sog. **Grundstückswert**
i. S. v. § 8 Abs. 2 GrEStG sein.[3] Dies gilt z. B., wenn sich der Erwerbsvorgang
als **Übertragung von Anteilen an einer Berufsausübungsgemeinschaft**, die selber Eigentümer der Praxisimmobilie ist, darstellt und dabei entweder innerhalb
von 5 Jahren mindestens 95 % der Gesellschaftsanteile auf neue Gesellschafter
übergehen oder wenn durch die Übertragung danach mindestens 95 % der
Gesellschaftsanteile auf einen Gesellschafter entfallen. Das Bundesverfas-
sungsgericht hat durch Beschluss vom 23.6.2015 (1 BvL 13/11, 1 BvL 14/11,
BStBl 2015 II S. 871) die Regelung in § 8 Abs. 2 i. V. m. den Bewertungsvorschriften der §§ 138 ff. BewG für verfassungswidrig erklärt und eine Weiter-
anwendung dieser Vorschriften über den 31.12.2008 hinaus untersagt. Der
Gesetzgeber hat daraufhin – wie vom BVerfG gefordert – rückwirkend ab
1.1.2009 die bislang maßgeblichen Bewertungsregeln nach § 138 Abs. 2 - 4
BewG außer Kraft gesetzt und durch die bislang nur für die Erbschaftsteuerrecht maßgebenden Bewertungsverfahren nach § 151 Abs. 1 Satz 1 Nr. 1 i. V. m.
§ 157 Abs. 1 - 3 BewG auch für die Grunderwerbsteuer übernommen.

> **HINWEIS:**
>
> Für nach dem 31.12.2008 verwirklichte Erwerbsvorgänge kommt jedoch ggf. der Ver-
> trauensschutz nach § 176 AO in Betracht.

Als **weitere Besonderheit** sind die Regelungen in §§ 5 und 6 GrEStG zu erwäh-   463
nen, wonach die GrESt insoweit nicht erhoben wird, als einem bzw. mehreren
Gesellschaftern beim Übergang einer Immobilie von mehreren Gesellschaftern
bzw. einem Alleineigentümer auf eine Gesamthand der Grundbesitz schon vorher zuzurechnen war,[4] oder insoweit, wie der jeweilige Erwerber beim Übergang von einer Gesamthand auf mehrere oder einen ihrer Gesellschafter oder
auf eine andere Gesamthand vorher als Gesellschafter beteiligt war.[5] Diese
Fälle sind bei Praxisveräußerungen an bzw. von **Berufsausübungsgemeinschaf-**

---

1 § 8 Abs. 1 GrEStG.
2 § 9 Abs. 1 Nr. 1 GrEStG.
3 Siehe dazu Klaßmann u. a., Besteuerung der Ärzte, Rz. 2013.
4 Siehe dazu § 5 Abs. 1 und 2 GrEStG.
5 Siehe dazu § 6 Abs. 1 – 3 GrEStG.

ten bzw. an oder von **Medizinischen Versorgungszentren in der Rechtsform einer Personengesellschaft** anzutreffen.

464 Der **Steuersatz** für die Grunderwerbsteuer beträgt gem. § 11 Abs. 1 GrEStG **grundsätzlich 3,5 %** der jeweiligen Bemessungsgrundlage. Seit dem 1.9.2006 haben die **Bundesländer** aufgrund einer Verfassungsänderung[1] die Befugnis, die Höhe des Steuersatzes für ihr Bundesland **selbst zu bestimmen**. Von diesem Recht haben – bezogen auf den 1.1.2018 – bis auf die beiden Bundesländer Bayern und Sachsen alle übrigen Bundesländer Gebrauch gemacht (Baden-Württemberg 5,0 %, Berlin 6,0 %, Brandenburg 6,5 %, Bremen 5,0 %, Hamburg 4,5 %, Hessen 6,0 %; Mecklenburg-Vorpommern 5,0 %; Niedersachsen 5,0 %, Nordrhein-Westfalen 6,5 %, Rheinland-Pfalz 5,0 %, Saarland 6,5 %, Sachsen-Anhalt 5,0 %, Schleswig-Holstein 6,5 %, Thüringen 6,5 %.[2]

465 **Steuerschuldner** sind bei Praxisveräußerungen gem. § 13 Nr. 1 GrEStG regelmäßig der **Verkäufer und der Käufer** gemeinsam. Üblicherweise wird allerdings im Kaufvertrag geregelt, dass der Erwerber die Steuer im Innenverhältnis übernimmt.

466–470 *(Einstweilen frei)*

b) Erbschaft- und Schenkungsteuer

471 Erfolgt die Veräußerung einer Arztpraxis **nicht wie „unter fremden Dritten"**, sondern ist die Übertragung von persönlichen Beziehungen oder privaten Interessen geprägt, so wird oftmals ein Kaufpreis vereinbart, der nicht dem tatsächlichen Wert der Arztpraxis entspricht. Dabei ist nicht ein nach gutachterlichen Gesichtspunkten ermittelter (Markt-)Preis Maßstab für die Kaufpreisfindung, sondern der Kaufvertrag wird hier häufig unter dem Gesichtspunkt einer (zumindest) **teilweisen Zuwendung** geschlossen. Diese Fälle sind insbesondere bei Übertragungen von Betrieben und Arztpraxen innerhalb einer Familie anzutreffen, vor allem in Sachverhalten der Generationennachfolge. Wird hier – trotz des Zuwendungsgedankens – keine völlig unentgeltliche Rechtsnachfolge vereinbart, sondern erfolgt die Übertragung der Arztpraxis gegen einen (mehr oder weniger stark reduzierten) Kaufpreis, so handelt es sich dabei auch um einen Kauf bzw. Verkauf im Sinne der Thematik dieses Buches. Diese Fälle von Übertragungen sind in einen entgeltlichen und einen unentgeltlichen Erwerb aufzuteilen. Für den **entgeltlichen Teil** gelten die Rege-

---

1 § 105 Abs. 2a Satz 2 GG.
2 Angesichts der Finanzsituation der Bundesländer wird man von einer in Zukunft weiter steigenden Tendenz der Grunderwerbsteuersätze ausgehen können.

lungen der **Betriebsveräußerung**, bei dem **unentgeltlichen Teil** handelt es sich um eine sog. **Schenkung unter Lebenden**.

Die **Schenkung** ist nach § 1 Abs. 1 Nr. 2 i. V. m. § 7 Abs. 1 Nr. 1 ErbStG schen-   472
kungsteuerpflichtig. Die **Höhe der Schenkungsteuer** ist **grundsätzlich** von der Höhe der Zuwendung, der Höhe des persönlichen Freibetrags und von dem maßgeblichen Steuersatz bestimmt, wobei die beiden letztgenannten Kriterien von dem jeweiligen Verwandtschaftsgrad zwischen Schenker und Beschenkten beeinflusst sind.

Bei einer Arztpraxis kann gemäß § 13a ErbStG unter genau bestimmten Vo-   473
raussetzungen – auf die hier nicht weiter eingegangen wird – eine Steuerbefreiung Anwendung finden. An eine solche Steuerbefreiung sind **Halte- und
Sperrfristen**[1] geknüpft. Wird z. B. gegen die Haltefrist verstoßen, fällt die Ver-
günstigung zeitanteilig weg und es kommt zu einer Nachversteuerung.

HINWEIS: 474

Da nach dem Schenkung- und Erbschaftsteuerrecht bestimmte Unternehmensnachfol-
gen im Gegensatz zu der schenk- oder erbweisen Übertragung von sonstigem Vermögen sehr stark privilegiert wurden, wurde das ErbStG nach Aufforderung des Bun-
desverfassungsgerichts in jüngster Zeit vom Gesetzgeber neugefasst, um die
Überprivilegierung von Betriebsvermögen gegenüber sonstigem Vermögen zumindest
abzumildern.

(Einstweilen frei)   475–480

c) Haftung des Betriebsübernehmers für Steuerschulden

Im Zusammenhang mit dem Erwerb eines Betriebes kommen hin und wieder   481
Fälle vor, in denen die **Veräußerer** noch **nicht sämtliche Betriebssteuern** an die
Finanzbehörde **abgeführt** haben. Das betrifft vor allem häufig die Fälle, in denen der Verkauf aus einer wirtschaftlichen Notlage heraus erfolgt. Hier gilt es
für den Erwerber, besonders achtsam zu sein. Denn nach § 75 AO **haftet der
Betriebsübernehmer** – dazu gehören auch die Erwerber von Arztpraxen und
die Erwerber von sog. Teilpraxen – für bestimmte Steuerschulden des Veräußerers.[2] Nur ein kleiner Trost ist hier, dass die Haftung auf den Bestand des
übernommenen Betriebs beschränkt ist.[3] Darunter ist das übernommene Ak-
tivvermögen ohne Abzug übernommener Schulden zu verstehen.[4] Dennoch

---

1 Vgl. hierzu im Einzelnen § 13a ErbStG.
2 Siehe dazu Klaßmann u. a., Besteuerung der Ärzte, Rz. 2231 ff.
3 Vgl. § 75 Abs. 1 Satz 2 AO.
4 Vgl. Klaßmann u. a., Besteuerung der Ärzte, Rz. 2249.

handelt es sich bei der Haftung des Betriebsübernehmers rechtssystematisch um eine **persönliche Haftung,**[1] nicht dagegen um eine dingliche.

Die Haftung bedeutet nicht, dass die **Steuerschuldnerschaft** des Veräußerers untergeht. Er ist weiterhin Verpflichteter. Der Erwerber kann nur für die Steuern des Veräußerers in Haftung genommen werden, wenn letzterer die Schulden nicht bezahlt.

482 Der steuerliche Haftungstatbestand des § 75 AO betrifft nicht alle Steuerschulden des Veräußerers, sondern nur **betriebliche Steuern**[2] und **Steuerabzugsbeträge.** Die Haftung gilt also im Falle einer **Arztpraxis** insbesondere für eventuell noch **offene Lohnsteuern** (einschließlich der vom Arbeitgeber zu tragenden pauschalen Lohnsteuern) und für mögliche **Umsatzsteuerschulden.** Steuerliche Nebenleistungen wie Zinsen, Verspätungs- oder Säumniszuschläge (vgl. hierzu § 3 Abs. 4 AO) sind hier nicht betroffen.

483 Die Haftung nach § 75 AO ist ferner **zeitlich beschränkt,** und zwar zum einen auf Steuern, die seit dem Beginn des letzten, vor der Übereignung liegenden Kalenderjahres **entstanden** sind, und zum anderen auf die Steuern, die bis zum Ablauf eines Jahres nach Anmeldung des Betriebes durch den Erwerber **festgesetzt oder angemeldet** werden.

484 Anzumerken ist, dass die Haftung im Außenverhältnis **nicht durch vertragliche Vereinbarungen** zwischen dem Veräußerer und dem Erwerber **ausgeschlossen** werden kann. Auch die **Unkenntnis** des Erwerbers von den Steuerschulden schließt eine Haftungsinanspruchnahme durch die Finanzbehörden nicht aus.

PRAXISTIPP:

In den Praxiskaufvertrag sollte eine sog. Steuerklausel aufgenommen werden, in der vom Veräußerer bestätigt wird, dass keine Steuerschulden i. S. v. § 75 AO mehr bestehen und wonach der Kaufpreis erst fällig werden soll, wenn der Verkäufer die Freiheit von Steuerschulden durch eine Bescheinigung des Finanzamts nachgewiesen hat.

485–500 *(Einstweilen frei)*

---

1 § 75 Abs. 1 Satz 1 AO: „. . . haftet der Erwerber . . .“
2 Gem. § 75 Abs. 1 Satz 1 AO sind dies Steuern, bei denen sich die Steuerpflicht auf den Betrieb des Unternehmens gründet.

Kapitel IV: Bilanzielle Aspekte im Zusammenhang mit der Praxisübertragung

Literatur: *Korn*, „Übergangsbesteuerung" bei der Aufnahme von Partnern in Einzelpraxen und Sozietäten mit Gewinnermittlung nach § 4 Abs. 3 EStG, FR 2005 S. 1236 ff.; Diverse Veröffentlichungen des Bundesfinanzministeriums – einzusehen auf dessen Website unter www.bundesfinanzministerium.de – zum Thema E-Bilanz/XBRL, u. a. am 19.12.2013 zur sog. Elektronischen Übermittlung von Bilanzen sowie Gewinn- und Verlustrechnungen nach § 5b EStG („E-Bilanz"), sowie am 13.6.2014 zur Taxonomie 5.3 vom 2.4.2014; *Schmidt*, Kommentar zum EStG, 37. Auflage, München 2018.

1. Einführung

Nicht nur während der laufenden ärztlichen Berufsausübung, sondern letztlich auch bei Beendigung der ärztlichen Betätigung ist die Finanzverwaltung am Erfolg – aber auch an möglichen Verlusten – beteiligt. Denn auch Einnahmen aus dem Verkauf einer Arztpraxis oder von Anteilen an einer Berufsausübungsgemeinschaft (z. B. einer Gemeinschaftspraxis[1]) unterliegen (nach Abzug von seinerzeit getätigten Anschaffungskosten und nach Abzug von Aufwendungen, die mit der Veräußerung im Zusammenhang stehen) als freiberufliche Einkünfte der Besteuerung.[2]

501

Aufgrund dessen, dass die meisten Ärzte **freiberuflich** i. S. d. § 18 Abs. 1 Nr. 1 EStG tätig sind, und zwar überwiegend entweder in einer Einzelpraxis oder im Rahmen einer Gemeinschaftspraxis, ermitteln sie ihren jährlichen Gewinn der Praxis während ihrer **laufenden Berufstätigkeit** i. d. R. durch eine sog. **Einnahmen-Überschuss-Rechnung** (kurz: EÜR) nach § 4 Abs. 3 EStG. Hierbei richten sich die Kriterien der Gewinnermittlung nach dem Zeitpunkt der Vereinnahmung der Betriebseinnahmen und der Verausgabung der Betriebsausgaben, es ist also grundsätzlich der jeweilige tatsächliche **Zahlungszeitpunkt** maßgeblich (vgl. hierzu § 11 EStG).

Mit **Beendigung der ärztlichen Tätigkeit durch Verkauf** der Praxis oder des Gemeinschaftspraxisanteils hat der veräußernde Arzt dagegen sein gesamtes **Betriebsvermögen** nach den Regelungen des § 4 Abs. 1 EStG zu ermitteln; er

---

1 Anm.: In den nachfolgenden Ausführungen wird unverändert die überwiegend bisher noch verbreitete Bezeichnung Gemeinschaftspraxis verwendet. Jedoch sind gedanklich hiermit grundsätzlich auch sonstige Berufsausübungsgemeinschaften (z. B. die MVZ-GbR) angesprochen.

2 Vgl. § 18 Abs. 3 Satz 1 EStG.

hat somit grundsätzlich[1] eine sog. **Schluss- bzw. Übertragungs-„Bilanz"** zu erstellen. Denn die Bezugnahme der § 18 Abs. 3 i. V. m. § 16 Abs. 2 EStG auf die Vorschrift des § 4 Abs. 1 EStG bedeutet, dass die allgemeinen steuerlichen Ansatz- und Bewertungsvorschriften zu befolgen sind, was der Erstellung einer Bilanz auf den Zeitpunkt der Veräußerung gleichkommt. Die Vorschrift des § 16 Abs. 2 EStG begründet jedenfalls **keine (formale) Bilanzierungspflicht** im Sinne einer „formalen" Verbuchung nach den Grundsätzen der doppelten Buchführung auf den Zeitpunkt der Veräußerung oder Aufgabe.[2]

Die „Bilanzierung" bzw. die Betriebsvermögensermittlung steht im Veräußerungsfall einer Arztpraxis nicht im Ermessen des veräußernden Arztes, auch nicht bei der Veräußerung eines Gemeinschaftspraxisanteils, insbesondere kann diese Pflicht nicht durch anderslautende privatvertragliche Regelungen abbedungen bzw. ersetzt werden.[3] D. h., es muss zur Ermittlung des Vermögensstatus einer Gemeinschaftspraxis auch im Veräußerungsfall nur eines Gesellschafters das (Gesamthands-) Betriebsvermögen der Gemeinschaftspraxis insgesamt rechnerisch ermittelt werden, um den Anteil des veräußernden Arztes im Anschluss daran zu bestimmen.

HINWEIS:

Bei einer Praxisveräußerung durch einen „Partner" von sog. Praxisgemeinschaften sind die kooperierenden (Einzel-)Arztpraxen dagegen nicht gesellschaftsrechtlich – sondern eben lediglich gemeinschaftsrechtlich – miteinander verbunden (keine Mitunternehmerschaft), so dass derartige Verkäufe in den überwiegenden Fällen dem Grunde nach den Regeln zur Veräußerung einer Einzelarztpraxis folgen. Insbesondere erfüllen die Ärzte einer Praxisgemeinschaft ihre buchhalterischen und steuerlichen Pflichten voneinander getrennt, es gibt hier kein gemeinsames Rechnungswesen im Sinne einer gemeinsamen Gewinnermittlung und auch keine einheitliche und gesonderte steuerliche Gewinnfeststellung wie bei der Gemeinschaftspraxis, allerdings ggf. eine einheitliche und gesonderte Kostenfeststellung.

---

502   Somit findet in Veräußerungsfällen, in denen der Gewinn aus laufender Arzttätigkeit im Wege der EÜR ermittelt wurde, grundsätzlich ein **Systemwechsel** von der Gewinnermittlung durch Einnahmen-Überschuss-Rechnung hin zur „Bilanzierung" statt.

HINWEIS:

Die im weiteren Verlauf dieses Kapitels dargestellten Ausführungen insbesondere zum Wesen der Bilanzierung gelten naturgemäß auch, wenn bereits zuvor (freiwillig) zur

---

1 Vgl. Schmidt/Wacker, EStG § 16, Rz. 310 und 311.
2 Vgl. Schmidt/Wacker, EStG § 16, Rz. 311.
3 Vgl. Schmidt/Wacker, EStG § 18, Rz. 266.

Ermittlung des Gewinns aus laufender Berufsausübung der „formalen" Bilanzierung (z. B. nach § 4 Abs. 1 EStG) der Vorzug gegeben wurde.

Bevor die konkreten Eigenarten der Bilanzierung im Folgenden näher beleuch-   503
tet werden, soll an dieser Stelle kurz noch einmal auf die „steuerliche Zeit vor dem Veräußerungsfall" eingegangen werden:

Freiberuflich tätige Ärzte haben anstelle der Gewinnermittlung mittels Einnah-men-Überschuss-Rechnung alternativ die **Wahl**, für Zwecke der **laufenden** steuerlichen Gewinnermittlung ihr Jahresergebnis durch Aufstellung einer Bi-lanz nebst einer Gewinn- und Verlustrechnung nach den Vorschriften der § 4 Abs. 1 EStG, §§ 140, 141 AO zu ermitteln, wobei grundsätzlich auch ein Wech-sel **zu Beginn eines Wirtschaftsjahres** zwischen den beiden genannten Gewin-nermittlungsarten möglich ist (beachte jedoch: grundsätzlich die **Drei-Jahres-bindung** nach einem so erfolgten Wechsel; eine Ausnahme hiervon gilt z. B. im Falle eines wichtigen Grundes, wozu insbesondere auch Veräußerungssituatio-nen gehören). Von der (freiwilligen) **Bilanzierung** für die laufende ärztliche Be-rufsausübung wird in der Praxis bislang allerdings eher selten Gebrauch ge-macht, da diese regelmäßig deutlich **aufwändiger** ist als die Gewinnermittlung nach der (zahlungsorientierten) Einnahmen-Überschuss-Methode. Die Aufwändigkeit hat sich durch die Einführung der sog. **E-Bilanz** für Geschäftsjahre seit 2013 noch einmal verstärkt (vgl. die weitergehenden Hinweise zum Thema E-Bilanz unter Rz. 551 ff.).

Denn im Unterschied zur Gewinnermittlung mittels EÜR ist bei einer Gewinn-ermittlung durch **Bilanzierung** die **wirtschaftliche Zurechnung** einer Leistung zu einem Geschäftsjahr entscheidend, d. h. es wird u. a. für die Versteuerung – **unabhängig von der tatsächlichen Zahlung** – auf den Zeitpunkt der Erbrin-gung der Leistung des jeweiligen Geschäfts – also dem rechtlichen Entstehen von Forderungen und Verbindlichkeiten – abgestellt. Hierzu sind systematische **Aufzeichnungen** (Verbuchungen) in der **Finanzbuchhaltung** – auch schon vor den eigentlichen Zahlungsvorgängen – erforderlich.

HINWEIS:	504

In den Fällen jedoch, in denen die ärztliche Tätigkeit im Rahmen einer GmbH (z. B. MVZ GmbH) betrieben wird, ergibt sich nach den Vorschriften der § 5 Abs. 1 EStG, §§ 140, 141 AO, §§ 238 ff., §§ 264 ff. HGB eine Pflicht zur Bilanzierung auch für die laufende jährliche Gewinnermittlung.

2. Steuerliche Betriebsvermögensermittlung durch „Bilanzierung" zum Veräußerungszeitpunkt – zugleich Pflicht als auch die Chance zur erweiterten Informationsgewinnung

a) Steuerliche Notwendigkeit einer Anpassung der Gewinnermittlung zum Veräußerungszeitpunkt

505   Ungeachtet dessen, dass – wie zuvor bereits dargestellt – in den weit überwiegenden Fällen der verkaufswillige Arzt bei seiner bisherigen Berufsausübung die **laufende** Gewinnermittlung mittels einer Einnahmen-Überschuss-Rechnung zulässigerweise erfüllt und daher mit Bilanzierungsfragen eher selten konfrontiert ist, wird er im **Veräußerungsfall** auf den Zeitpunkt der Veräußerung der Praxis/des Praxisanteils regelmäßig[1] eine sog. **Schluss- bzw. Übertragungs-„Bilanz"** zu Buchwerten erstellen (müssen). Hierzu wird „technisch" die bisher nach den Grundsätzen des § 4 Abs. 3 EStG erfolgte Gewinnermittlung durch eine sog. **Übergangsrechnung** angepasst, um das Übergangsendvermögen festzustellen.

Ziel ist die Ermittlung des Gewinns aus der Veräußerung der Praxis bzw. des Praxisanteils durch sog. **Betriebsvermögensvergleich**, vgl. § 18 Abs. 3 EStG i. V. m. § 16 Abs. 2 EStG.

506   Die zu erstellende Übergangsrechnung verursacht im Regelfall – neben dem eigentlichen (ggf. steuerbegünstigten) Veräußerungsgewinn – einen **zusätzlichen (laufenden) Gewinn,** der sich auf die Steuerbelastung des veräußernden Arztes im **Jahr der Veräußerung** – je nach seiner sonstigen individuellen einkommensteuerlichen Situation – auswirken kann.

Insbesondere durch zum Veräußerungsstichtag noch ausstehende und mit veräußerte Arzthonorare, die regelmäßig erst durch später eingehende Zahlungen seitens der Kassenärztlichen Vereinigung oder privatärztlicher Verrechnungsstellen beglichen werden, sind bereits zum Veräußerungsstichtag *zusätzlich* zum laufenden Jahresergebnis der allgemeinen Einnahmen-Überschuss-Rechnung gewinnerhöhend zu erfassen.

507   GESTALTUNGSHINWEIS:

Gegebenenfalls kann es daher ratsam sein, den Zeitpunkt der Praxisveräußerung in den sich dem Geschäftsjahr der letztmaligen aktiven Berufsausübung anschließenden Veranlagungszeitraum zu verlagern (z. B.: Praxisveräußerung erst am 1.1. des Folgejahres der letztmaligen Berufsausübung), um nicht die steuerlichen Veräußerungswirkungen

---

1 Vgl. Schmidt/Wacker, EStG § 16, Rz. 290 sowie Rz. 310 und 311.

mit dem regulären Jahresergebnis der letztmaligen Berufsausübung zeitlich zusammenfallen zu lassen. Die „Bilanzierungs"pflicht aufgrund der Veräußerung der Praxis bzw. des Praxisanteils würde dann jedenfalls das „letzte Jahr" der Berufsausübung des veräußernden Arztes noch nicht betreffen.

b) Informationsvorteil einer Bilanz für einzuholende Gutachten zwecks Ermittlung des Kaufpreises, des Praxis- bzw. Firmenwertes sowie stiller Reserven weiterer Betriebsvermögensgegenstände

Der **Wert einer Arztpraxis** bzw. eines Anteils hieran hängt von unterschiedlichen Faktoren ab.[1] Neben Merkmalen wie der Attraktivität des Standortes hinsichtlich Lage und Größe, Konkurrenzanteil (z. B. gleicher Fachrichtung) in der näheren Umgebung etc. leisten insbesondere auch die **Daten aus dem Rechnungswesen** der Arztpraxis – wenn auch zunächst nur vergangenheitsbasiert – einen Einblick darüber, wie sich z. B. die Zusammensetzung von Honorareinnahmen, aufgeteilt nach vertrags- und privatärztlichen Patienten auf gesonderten Umsatzerlöskonten, aber auch, wie sich die unterschiedlichen unregelmäßig und regelmäßig anfallenden Aufwendungen der ärztlichen Berufsausübung darstellen. Dieses Zahlenmaterial basiert in den überwiegenden Fällen der gelebten Praxis auf einer Gewinnermittlung im Sinne der EÜR.

508

Die Interessenlage der Vertragspartner des Veräußerungsvorgangs ist naturgemäß – zumindest bei einem Verkaufsgeschäft unter „fremden Dritten" kontrovers: Der veräußernde Arzt möchte i. d. R. einen möglichst vorteilhaften Gewinn erzielen, für den Käufer dagegen ist es wichtig, nicht mehr zu zahlen, als es für seine zukünftige Existenzsicherung notwendig ist.

509

Um einen Kaufpreis sachgerecht bestimmen zu können, ist es allerdings zweckmäßig und ggf. auch notwendig, zu erkennen, welche Honorareinnahmen und Praxisaufwendungen tatsächlich einem Geschäftsjahr **wirtschaftlich** (und nicht nur „zufällig" zahlungsbasiert) **zuzurechnen** sind. Die Erfassung von Einnahmen und Ausgaben laut EÜR ist – wie schon erwähnt – jedenfalls lediglich rein zahlungszeitpunktbasiert.

Darüber hinaus sind aus der **EÜR keine vollständigen Angaben** zu entnehmen, welche Wirtschaftsgüter tatsächlich das **Betriebsvermögen** der Arztpraxis insgesamt ergeben. Lediglich das Anlagevermögen wird regelmäßig im Rahmen der EÜR in einem gesonderten Verzeichnis geführt. Gleiches gilt im Grundsatz

510

---

1 Vgl. hierzu auch Klaßmann u. a., Besteuerung der Ärzte, Rz. 2136.

für Verbindlichkeiten der Arztpraxis: Auch diese sind der EÜR als bloßer Einnahmen- und Ausgabenrechnung nicht entnehmbar. Allenfalls, wenn der Arzt ggf. in seiner monatlichen Finanzbuchhaltung Konten hierfür mitführt, treten diese buchhalterisch in Erscheinung.

Für das jeweils gewählte **Bewertungsverfahren** der Arztpraxis zur Ermittlung des Veräußerungspreises an sich (vgl. hierzu Rz. 201 ff.) mag die Erfassung aller Wirtschaftsgüter und Schulden vielleicht nicht immer notwendig sein, da sich die Bewertungsverfahren überwiegend am Ertragswert und nicht am Sachwert orientieren.

Für die Auflistung der **Kaufbestandteile im Kaufvertrag** und auch für eine Verteilung von ggf. durch den Kaufpreis mit bezahlten stillen Reserven ist es jedoch für den erwerbenden Arzt erforderlich, die **vollständige Zusammenstellung** von Vermögen und Schulden zu kennen. Immerhin tritt der kaufende Arzt (spätestens) ab dem Übertragungsstichtag zivilrechtlich in alle von ihm mit übernommenen Rechte und Pflichten der erworbenen Arztpraxis oder des Praxisanteils ein.

511 Das Ergebnis, das gesamte „gegenständliche" Betriebsvermögen der Arztpraxis auf einen Blick einsehen zu können, ist durch den **Übergang zur Bilanzierung** seitens des verkaufenden Arztes erreichbar (zu den Besonderheiten einer ggf. weiteren erforderlichen „Sonderbilanz", insbesondere bei Beteiligung an einer Gemeinschaftspraxis, sh. Rz. 556) . Schon aus diesem Grund ist bei Beabsichtigung des Verkaufs der Arztpraxis bzw. eines Praxisanteils das Vorhandensein einer Bilanz — als umfassende Vermögens- und Schuldendokumentation — zweckmäßig.

Allerdings ist hierbei zu beachten, dass es sich bei den Ansätzen der Aktiva und Passiva der Bilanz um **Buchwerte** (also historische Anschaffungskosten abzüglich Abschreibungen und Wertveränderungen in der Folgezeit bis (maximal) zum Veräußerungszeitpunkt) handelt.

Stille Reserven der Wirtschaftsgüter der Arztpraxis wie auch ein ggf. vorhandener darüber hinaus gehender Goodwill sind aus der Bilanzierung selbst jedoch nicht erkennbar, sondern vor dem Verkauf der Arztpraxis z. B. durch einen Gutachter gesondert zu ermitteln, um einen für den Verkäufer und den Käufer des Kaufgegenstandes angemessenen Preis bestimmen zu können. Es empfiehlt sich daher ggf. eine Vermögens- und Schuldenaufstellung nach Verkehrswerten, um die tatsächliche Lage der Arztpraxis stichtagsbezogen darzulegen.

c) Bilanzierung besonderer steuerlicher Verhältnisse, z. B. Sonderbetriebsvermögen, „Vermögen" einer Ergänzungsbilanz

Bei der Veräußerung einer Arztpraxis bzw. eines Praxisanteils ist eine (Steuer-) „Bilanz" auf den Veräußerungs- bzw. Übertragungsstichtag aufzustellen (s. o.). 512

Aus dieser **(Steuer-)„Bilanz"**, ggf. ergänzt um eine sog. Sonderbilanz/Sonder- 513
rechnung (z. B. wegen eines im Alleineigentum eines Arztes stehenden Praxis-
grundstücks (welches durch die Gemeinschaftspraxis, an der er (bislang) beteiligt ist, für die Berufsausübung genutzt wird, vgl. hierzu die weitergehenden
Erläuterungen unter Rz. 556), und möglicherweise vervollständigt durch eine
sog. Ergänzungsbilanz/Ergänzungsrechnung (diese wird im Fall eines Vor-
erwerbs der Praxis oder des Praxisanteils durch den veräußernden Arzt in Betracht kommen können, vgl. hierzu die weitergehenden Erläuterungen unter
Rz. 555), ergibt sich der steuerliche **Buchwert** der Praxis bzw. der Beteiligung,
der zugleich auch die Höhe des *steuerlichen* Kapitalkontos des **veräußernden
Arztes** darstellt.

Aus Sicht des **erwerbenden Arztes** wird der **Kaufpreis** für die Arztpraxis bzw.
des Praxisanteils zunächst auf die erworbenen Buchwerte (diese entsprechen
i. d. R. dem **steuerlichen Kapitalkonto** des veräußernden Arztes) gezahlt. Ein
darüber hinausgehender Kaufpreisbestandteil ist sowohl im Rahmen einer erworbenen Einzelpraxis als auch einer Gemeinschaftspraxis bis zur **Höhe der
stillen Reserven** der einzelnen übernommenen Wirtschaftsgüter **zu verteilen**.

Eine **Besonderheit** besteht hier im Falle des **Erwerbs eines Gemeinschaftspraxisanteils**:

Die Auffüllung der Buchwerte maximal bis zur Höhe der enthaltenen stillen
Reserven erfolgt bei Wechsel von Ärzten innerhalb der Gemeinschaftspraxis
bzw. bei Aufnahme eines neuen Arztes in die Gemeinschaftspraxis nicht in
der **Gesamthandsbilanz** der Gemeinschaftspraxis selbst, sondern in der sog.
Ergänzungsbilanz/Ergänzungsrechnung des erwerbenden Arztes.

Dort werden die über den Wert des Kapitalkontos der Gesamthandsbilanz mit
bezahlten „Mehrwerte" der materiellen und immateriellen Wirtschaftsgüter –
also z. B. ein evtl. über das materielle Betriebsvermögen hinausgehender mit
bezahlter Goodwill – erfasst und auch planmäßig abgeschrieben (zur Abschreibung miterworbener immaterieller Werte vgl. die Rz. 560).

Hinsichtlich weitergehender Ausführungen zu den o. g. Begrifflichkeiten „Ge- 514
samthandsbilanz", „Ergänzungsbilanz/Ergänzungsrechnung" und „Sonder-

bilanz/Sonderrechnung" wird auf die Erläuterungen zum „ABC der Bilanzarten" unter den Rz. 554 – 556 verwiesen.

515

> **HINWEIS:**
>
> Im Regelfall wird der Veräußerungserlös (abzüglich der Anschaffungskosten und der Aufwendungen der Veräußerungen) den Buchwert der Praxis bzw. der Praxisbeteiligung (= Kapitalkonto) übersteigen, so dass ein Veräußerungsgewinn entsteht, und zwar im Zeitpunkt des Ausscheidens des veräußernden Arztes aus der Arztpraxis bzw. aus der Gemeinschaftspraxis.

Diesbezüglich ist zu erwähnen, dass es für die Besteuerung eines solchen Veräußerungsgewinns nicht entscheidend ist, wann der Kaufpreis tatsächlich fällig oder entrichtet wird. Nähere Ausführungen hierzu – insbesondere zu der steuerlichen Behandlung eines Veräußerungsgewinns – finden sich in Rz. 291 ff.

516

> **GESTALTUNGSEMPFEHLUNG:**
>
> Durch das zeitliche Platzieren des Veräußerungszeitpunktes auf den Beginn des Folgejahres (z. B. auf den 1.1.) – also in die Zeit nach Ablauf des letzten Jahres, in welchem der veräußernde Arzt beruflich noch tätig war – kann die steuerliche Erfassung des Veräußerungsgewinns um einen Veranlagungszeitraum hinausgeschoben werden und somit ein zeitliches Zusammenfallen der Versteuerung von laufendem Gewinn aus letztmaliger Berufsausübung und der Versteuerung des Veräußerungsgewinns vermieden werden.

d) Vorteil der Bilanzierung: Periodengerechte betriebswirtschaftliche Gewinnermittlung

517 Bei der **EÜR** findet – wie bereits weiter oben schon mehrfach erwähnt – das sog. Zufluss- und Abflussprinzip gem. § 11 EStG Anwendung, so dass Betriebseinnahmen nicht schon bei Leistungserbringung und -abrechnung, sondern erst bei Zahlungszufluss (z. B. des Honorars) entstehen. Auch Betriebsausgaben sind unabhängig vom Zeitpunkt des Entstehens der Zahlungsverpflichtung grundsätzlich erst bei Bezahlung als Aufwand gewinnmindernd berücksichtigungsfähig.

Dieses in der EÜR für die Erfassung von Betriebseinnahmen und -ausgaben dominierende Zahlungsprinzip führt dazu, dass Aufwendungen und Erträge aus betriebswirtschaftlicher Sicht **nicht periodengerecht** im Sinne der (rechtlichen) Entstehung von Forderungen und der Entstehung von Zahlungsverpflichtungen berücksichtigt werden.

Eine – anstelle der EÜR – periodengerecht durchgeführte (laufende) Gewinner- 518
mittlung mittels **Bilanzierung** nach § 4 Abs. 1 EStG hat zwar auf den ersten
Blick betrachtet den Nachteil, dass eine Erfassung von Forderungen bereits zu
temporär vorgezogenen Gewinnsteigerungen und ggf. zur Versteuerung von
Einnahmen vor dem Zahlungseingang und damit vor dem Liquiditätszufluss
führt. Andererseits können aber die Aufwendungen aus eingegangenen Verpflichtungen, die im Geschäftsjahr bereits entstanden sind, jedoch noch nicht
bezahlt wurden, ebenfalls – im Gegensatz zur EÜR – **vorzeitig** durch Ein-
buchung **gewinnmindernd** geltend gemacht werden.

Auch bestimmte (gewinnmindernde) **Rückstellungen** kommen als derartige be- 519
reits entstandene – der Höhe oder dem Grunde nach noch ungewisse – Verpflichtungen in Betracht: Hierzu zählen z. B. die Bildung einer Rückstellung für
Jahresabschlussarbeiten bereits im laufenden Kalenderjahr, die Bildung einer
Rückstellung für Schadensersatz bzw. Prozessrisiken, die Bildung einer Rückstellung für die Aufbewahrung von Geschäftsunterlagen etc.

Schließlich können sich die Voraussetzungen für eine eventuell beabsichtigte 520
Inanspruchnahme der Bildung eines zukünftigen[1] **Investitionsabzugsbetrages**
zwecks geplanter Investitionen der Arztpraxis verbessern: Zwar ist die Bildung
eines Investitionsabzugsbetrages auch im Rahmen der Gewinnermittlung der
EÜR grundsätzlich möglich, allerdings sind die einzuhaltenden Grenzwerte zur
Inanspruchnahme im Fall der Bilanzierung möglicherweise vorteilhafter. Die
Vorschrift des § 7g Abs. 1 Satz 2 EStG legt Größenmerkmale fest, die eine Arztpraxis am Schluss eines Geschäftsjahres zur Inanspruchnahme des Investitionsabzugsbetrages nicht überschreiten darf:

BEISPIEL: ► Es könnte für nach § 4 Abs. 1 EStG bilanzierende Ärzte die derzeitige Be-
triebsvermögensgrenze von 235 000 € ggf. noch greifen, wobei bei Ärzten, die ihre
Gewinnermittlung nach § 4 Abs. 3 EStG im Wege der Einnahmen-Überschuss-Rechnung vornehmen, die derzeitige zulässige Gewinngrenze von 100 000 € zur Inanspruchnahme eines Investitionsabzugsbetrages schon überschritten sein könnte.

e) Vorteil der Bilanzierung: Kapitalkontenermittlung

Der steuerliche Veräußerungsgewinn des verkaufenden Arztes ergibt sich – 521
auch wenn er bislang seinen Gewinn aus laufender Berufsausübung mittels
EÜR nach § 4 Abs. 3 EStG ermittelt hat – aus der **Differenz** des Kaufpreises
abzüglich seines Kapitalkontos laut (Steuer-)„Bilanz" sowie abzüglich der Veräußerungskosten.

---

1 Vgl. hierzu BFH v. 16.9.2004 - X R 5/02, BStBl 2005 II S. 43.

522 Im Falle der (ggf. auch nur freiwilligen) Bilanzierung für die laufenden Einkünfte nach § 4 Abs. 1 EStG wird das **Eigenkapital** der Arztpraxis bzw. des Praxisanteils jährlich als Residualgröße insbesondere aus den Aktiva einerseits und Rückstellungen und Schulden andererseits bilanziell ermittelt. Je nach Detaillierungsgrad wird das „Kapitalkonto" als sein sog. Eigenkapital hierdurch ausgewiesen. Das detaillierte Kapitalkonto gibt Informationen u. a. zur **Entwicklung von Einlagen, Entnahmen und Gewinnverteilungen.**

HINWEIS:

Werden demnach vom erwerbenden Arzt darüber hinaus betriebliche Schulden der zu erwerbenden Arztpraxis übernommen, ist diese Übernahme neben der Kaufpreiszahlung Bestandteil der Kaufpreiserbringung. Eine Schuldenübernahme durch den erwerbenden Arzt erhöht somit den Veräußerungspreis des verkaufenden Arztes sowie die Anschaffungskosten (und zwar über die Bezahlung des eigentlichen (buchmäßigen) „Kapitalkontos" hinaus) des erwerbenden Arztes.

523 Einen unter Rz. 522 aufgezeigten vermögensmäßigen Ausweis als Resultat einer Bilanzierung kennt die **Einnahmen-Überschuss-Rechnung** hingegen nicht, da sie lediglich hinsichtlich der Betriebseinnahmen und Betriebsausgaben zu- und abflussbasiert aufgebaut ist, also grundsätzlich **keine Bestände** aufzeigt (Ausnahme: Bestandsverzeichnis zum Anlagevermögen, ggf. Nachweise zum Geschäftskonto – Letzteres kann grundsätzlich buchhalterisch auch lediglich als Einlagen- und Entnahmerechnung dargestellt sein).

Daher liegt es auf der Hand, dass es – zumindest bei Gemeinschaftspraxen – ohne das Führen von Kapitalkonten schwer überschaubar werden kann, über einen größeren zurückliegenden Zeitraum nachzuvollziehen, wem welcher Anteil am Kapital der Arztpraxis zusteht.

Der verkaufswillige Arzt, der bis zur eigentlichen Veräußerung nicht bilanzieren möchte, sollte dennoch darüber nachdenken, freiwillig **parallel zur EÜR** (gemeinsam mit seinen Gesellschafterkollegen) **zusätzlich Kapitalkonten** zu führen, insbesondere um das häufig unterschiedliche Entnahmeverhalten der an der Gemeinschaftspraxis beteiligten Ärzte nachhalten zu können.

HINWEIS:

Der BFH hat übrigens mit Beschluss v. 9.6.2004 (IV B 167/03, BFH/NV 2004 S. 1526, NWB DokID: EAAAB-26232) entschieden, dass sich nach dem Ausscheiden eines Gesellschafters aus einer Personengesellschaft (hier z. B. einer Gemeinschaftspraxis) das Kapitalkonto nicht zwangsläufig für die Berechnung des Veräußerungsgewinns bzw. -verlustes erhöht, wenn durch eine Betriebsprüfung nachträglich Mehrgewinne festgestellt werden.

Je nachdem, welche Wirtschaftsgüter der Arztpraxis bzw. des Praxisanteils zum Veräußerungsgegenstand durch den veräußernden Arzt bestimmt werden, hat dies Auswirkungen auf die Vermögensaufstellung im Veräußerungszeitpunkt.

Werden z. B. bestimmte Wirtschaftsgüter (zunächst einmal, vgl. aber die nach- 524
folgenden Erläuterungen zur Privatentnahme) nicht „mitveräußert", gehen diese nicht mit in den („Veräußerungs"-)Vermögensstatus zum Veräußerungszeitpunkt ein und werden somit nicht Bestandteil des „Kapitalkontos" der – auch im Fall der bisherigen Gewinnermittlung mittels EÜR – auf den Zeitpunkt der Veräußerung aufzustellenden Schluss- bzw. Übertragungs„bilanz".

Dies gilt für **zurückbehaltene Wirtschaftsgüter** (z. B. Praxisräume, Geräte etc.) grundsätzlich gleichermaßen wie für **Schulden** (z. B. betriebliche Darlehen). Werden allerdings solche nicht mitverkauften Wirtschaftsgüter und Schulden in das Privatvermögen des veräußernden Arztes als überführt angesehen (dies ist grundsätzlich der Fall), so hat dies gleichwohl Auswirkungen auf seinen (abschließenden) „Veräußerungsgewinn im Ganzen" (vgl. hierzu die weitergehenden Erläuterungen unter Rz. 546 und 547).

Einen Sonderfall bilden **nicht mitverkaufte,** zum Praxisveräußerungszeitpunkt ausstehende **(Honorar-)Forderungen** und **noch nicht bediente bzw. noch nicht erloschene betriebliche Verbindlichkeiten**, die bis zur endgültigen Bezahlung weiter als Betriebsvermögen behandelt werden können (sog. Restbetriebsvermögen):[1] Sie sind dann kein Bestandteil des Veräußerungsgewinns, sondern gelten als **nachträglich eingehende Betriebseinnahmen/-ausgaben** noch aus der Zeit der laufenden Berufsausübung des veräußernden Arztes und stellen somit Veränderungen des **laufenden Gewinns** dar.

HINWEIS: 525

Bei dem Zurückbehalten von Wirtschaftsgütern hinsichtlich des eigentlichen Veräußerungsgegenstandes ist zu beachten, dass – insbesondere auch bei der Veräußerung eines Praxisanteils an einer Gemeinschaftspraxis – die Nichtübertragung sog. funktional und quantitativ wesentlicher Betriebsgrundlagen steuerliche Nachteile (z. B. Versagung der privilegierten Besteuerung des Veräußerungsgewinns) bewirken kann (vgl. hierzu Einzelheiten Rz. 291 ff.).

---

1 BFH v. 4.11.2007 - XI R 32/06, BFH/NV 2008 S. 385, NWB DokID: MAAAC-70390.

f) Bilanzerfordernis in Umwandlungsfällen (z. B. „Kauf/Verkauf" durch Verschmelzung, Ausgliederung, Einbringung etc.)

526 Eine „Veräußerung" einer Praxis kann – falls der veräußernde Arzt seine Tätigkeit dennoch in gemeinsamer Berufsausübung mit anderen Ärzten fortsetzen möchte – u. a. auch durch Verschmelzung, Ausgliederung (z. B. einer MVZ GmbH) oder durch Einbringung (einer Arztpraxis) in eine Gemeinschaftspraxis, Partnerschaft, MVZ-GbR oder MVZ-GmbH gegen **Gewährung von Gesellschaftsrechten** (als „Kaufpreis") erfolgen.[1] Auch diese Umwandlungen gegen Gewährung von Gesellschaftsrechten sind **Veräußerungen** i. S. v. § 18 Abs. 3 i. V. m. § 16 EStG.[2]

527 In diesen Fällen kann i. d. R. jedoch die Übertragung der Praxis **ohne Aufdeckung der stillen Reserven** unter Nutzung der Vorschriften des Umwandlungssteuergesetzes (UmwStG) erfolgen. Allerdings ist hierbei zu beachten, dass im Falle der **wahlweisen** Möglichkeit, die Übertragung (nach den im UmwStG näher bestimmten Voraussetzungen) bei unterbleibender oder ggf. auch nur teilweiser **Aufdeckung stiller Reserven** die Inanspruchnahme von steuerlichen **Tarifbegünstigungen entfallen** kann.

528 HINWEIS:

Eine Inanspruchnahme von Tarifbegünstigungen nach dem EStG kann im Übrigen auch nur dann erfolgen, wenn die Arztpraxis bzw. der gesamte Anteil an der Gemeinschaftspraxis auf einen Erwerber in einem einheitlichen Vorgang übertragen wird.[3]

Problematisch für die Inanspruchnahme von Steuervergünstigungen im Praxisveräußerungsfall wird es daher, wenn die Übertragung auf mehrere Erwerber vorgesehen ist (vgl. hierzu Einzelheiten in Rz. 291 ff.). Auch ist zu beachten, dass eine Veräußerung des ganzen Betriebes oder eines sog. Teilbetriebes[4] oder des gesamten Mitunternehmeranteils[5] an einer Gemeinschaftspraxis im einkommensteuerlichen Sinne nicht vorliegt, wenn ein Teil der wesentlichen Betriebsgrundlagen dem erwerbenden Arzt nicht mit übertragen wird,[6] sondern nur zur Nutzung überlassen (z. B. vermietet) wird (vgl. hierzu Einzelheiten in Rz. 291 ff.).

---

1 Vgl. hierzu auch Klaßmann u. a., Besteuerung der Ärzte, Rz. 2162.
2 Vgl. Schmidt/Wacker, EStG, § 16, Rz. 22.
3 Vgl. Schmidt/Wacker, EStG, § 16, Rz. 120.
4 Vgl. hierzu auch Klaßmann u. a., Besteuerung der Ärzte, Rz. 2170.
5 Vgl. § 18 Abs. 3 i. V. m. § 16 Abs. 1 Satz 1 Nr. 1 EStG.
6 Vgl. hierzu auch Klaßmann u. a., Besteuerung der Ärzte, Rz. 2181.

In den oben genannten Übertragungsfällen erfordert bereits das UmwStG vor der eigentlichen Transaktion grundsätzlich die Aufstellung einer **(Schluss-)Bilanz** der Arztpraxis zum Zwecke der Darstellung der Vermögenssituation der zu übertragenden Praxis.

529

HINWEIS:

530

Der erwerbende Arzt seinerseits wird i. d. R. keine (Eröffnungs- bzw. Anfangs-)Bilanz erstellen, wenn er seine Gewinnermittlung der zukünftigen laufenden Berufsausübung nach § 4 Abs. 3 EStG mittels einer Einnahmen-Überschuss-Rechnung vornehmen möchte. Die Aufstellung einer (Eröffnungs- bzw. Anfangs-)Bilanz könnte sonst bereits Diskussionen darüber wecken, ob er sein Wahlrecht zugunsten einer Gewinnermittlung nach § 4 Abs. 1 EStG (Bilanzierung) ausgeübt haben könnte.[1] Allerdings dürfte das Risiko hier aus steuerlicher Sicht nicht besonders groß sein, da die Finanzverwaltung selbst diesbezüglich näher differenziert hinsichtlich eines gleichzeitigen Vorliegens von Eröffnungsbilanz, ordnungsgemäßer Buchführung sowie Abschlusserstellung aufgrund von Bestandsaufnahmen.[2]

---

g) Vorteil der Bilanzierung: Leichtere Feststellung des Finanzierungsbedarfs des Käufers bei einer Aufrechterhaltung der grundsätzlichen Struktur des Kaufobjekts

Bei dem Erwerb einer Arztpraxis übernimmt der Käufer neben der eigentlichen Kaufpreiszahlung zuweilen ggf. vorhandene Verbindlichkeiten der Praxis. Die **Bilanz** gewährt dem Käufer – unabhängig von individuellen Angaben des Verkäufers zum Bestand und zur Höhe bestehender Praxisverbindlichkeiten – im Gegensatz zur Gewinnermittlung mittels der Einnahmen-Überschuss-Rechnung einen vollständigen **Überblick über die Vermögens- und Finanzierungsstruktur** des Kaufobjekts. Dies erleichtert es dem Käufer einer Arztpraxis, einzuschätzen, inwieweit – neben dem Eigenfinanzierungsanteil – eine (Fremd-)Finanzierung und welcher Liquiditätsbedarf für eine Praxisübernahme notwendig sein wird.

531

Im Falle der Fortführung der Praxis in der vorhandenen Struktur wird die Situation für den Käufer deutlich transparenter, wenn der Praxisveräußerer noch zeitlich **kürzere Bestandsabschnitte** (z. B. durch Vorlage von **monatlichen Summen- und Saldenlisten**, die nach bilanzrechtlichen Grundsätzen verbucht wurden) vorlegen kann. Diese werden jedoch – wie gesagt – in dieser aussagefähigen Form nur bei bereits bilanzierenden Arztpraxen vorhanden sein.

532

---

1 Vgl. hierzu auch BFH v. 2.3.2006 - IV R 32/04, BFH/NV 2006 S. 1457, NWB DokID: CAAAB-89188.
2 Vgl. hierzu R 4.6 EStR 2012 „Wechsel zum Betriebsvermögensvergleich".

533 Insbesondere ist im Zusammenhang mit einer Finanzierung von bestehenden bzw. übernommenen Verbindlichkeiten sowie ggf. für durch den erwerbenden Arzt neu aufzunehmende Kredite darauf hinzuweisen, dass auch **Sparkassen und Banken** heute vermehrt auf eine ausreichende **Bonität** der zu verkaufenden Arztpraxis achten und letztlich für eine Kreditvergabe an den erwerbenden Arzt die Vorlage eines vor allem in sich nachvollziehbaren und plausiblen Nachfolgekonzeptes verlangen. Auch in diesem Sinne ist eine Bilanz regelmäßig aussagekräftiger als eine Gewinnermittlung lediglich mittels der EÜR.

h) Bilanz als Grundlage für beide Vertragsparteien zur Streitvermeidung hinsichtlich nachträglicher Überprüfung/ Beurteilung des Kaufgegenstandes und des Kaufpreises

534 Hierzu wird an dieser Stelle zur Vermeidung von Wiederholungen auf die Ausführungen unter den Rz. 509 – 511 verwiesen.

535–540 *(Einstweilen frei)*

3. Wechsel von der EÜR zur „Bilanz" (spätestens) auf den Zeitpunkt der Praxisübertragung

541 Wie schon weiter oben erwähnt, ermitteln Ärzte überwiegend ihr jährliches laufendes Praxisergebnis mittels der Einnahmen-Überschuss-Rechnung nach § 4 Abs. 3 EStG. Im Falle der Veräußerung der Arztpraxis ist zusätzlich der Gewinn aus der Veräußerung der Praxis zu berücksichtigen. Spätestens auf den Veräußerungszeitpunkt ist zunächst eine (Steuer-)„Bilanz" im Sinne einer Betriebsvermögensermittlung zu erstellen, vgl. § 18 Abs. 3 i. V. m. § 16 Abs. 2 Satz 2 EStG. Im Anschluss daran wird der eigentliche Veräußerungsgewinn durch eine Gegenüberstellung von Kaufpreis und Kapitalkonto zu Buchwerten abzüglich Veräußerungskosten ermittelt.

542 Zunächst ist in einem ersten Schritt der sog. **Übergangsgewinn** (durch die Umstellung von der Einnahmen-Überschuss-Rechnung auf die „Bilanzierung") zu bestimmen.

543 Hinsichtlich des bereits vorhandenen **Anlagevermögens** ergeben sich beim Wechsel von der EÜR zum Betriebsvermögensvergleich keine Veränderungen: Die in beiden Gewinnermittlungssystemen gleichermaßen erfassten Wirtschaftsgüter werden planmäßig über die Nutzungsdauer abgeschrieben und erzeugen somit gleichmäßig Aufwand innerhalb der jeweiligen Gewinnermitt-

lungsart nach § 4 Abs. 1 EStG (Bilanzierung) oder nach § 4 Abs. 3 EStG (Einnahmen-Überschuss-Rechnung).

Dagegen werden z. B. Aufwendungen aus der Anschaffung von Praxismaterial, die bisher noch nicht gezahlt wurden und daher aufgrund der Abflussbesteuerung der Einnahmen-Überschuss-Rechnung den Gewinn noch nicht gemindert haben, bilanziell als sog. **Umlaufvermögen** erfasst und mindern somit den Gewinn, soweit sie bereits verbraucht wurden.

Ferner werden **Forderungen** (z. B. aus ausstehenden Honoraren), soweit sie im Zeitpunkt der Veräußerung schon bestanden und als mit verkauft gelten, zusätzlich bilanziell gewinnerhöhend erfasst, **Verbindlichkeiten** werden entsprechend, soweit sie bereits bestanden und noch nicht beglichen wurden, gewinnmindernd in der Bilanz berücksichtigt. Diese Grundsätze gelten auch für bereits zum Übertragungsstichtag entstandene Umsatzsteuer: Sofern sich die Umsatzsteuer (als Vorsteuer) auf steuerbefreite Vorgänge bezieht, die der eigentlichen ärztlichen Tätigkeit dienen, schlägt sie sich als gewinnmindernder Aufwand nieder. Umsatzsteuern, die aus steuerpflichtigen Tätigkeiten resultieren, sind gewinnneutral bilanziell zu erfassen.

Darüber hinaus sind ggf. Rückstellungen für Aufwendungen zu berücksichtigen, die zum Veräußerungsstichtag bereits dem Grunde und der Höhe nach zu erwarten sind (z. B. Jahresabschlusskosten).

Schließlich ist ggf. noch – zwecks korrekter Periodenabgrenzung – an die Bildung von sog. Rechnungsabgrenzungsposten zu denken (z. B. im Voraus gezahlte Miete und im Voraus vereinnahmte Zinsen).

HINWEIS: 544

Im Zeitpunkt von Zahlungen in der Folgezeit (nach dem Veräußerungsstichtag) ist darauf zu achten, dass diese Zahlungen keine steuerlichen Gewinnauswirkungen beim veräußernden Arzt mehr haben dürfen, da sie bereits im Übergangsgewinn zum Veräußerungszeitpunkt enthalten sind.

Nach der Ermittlung des sog. Übergangsgewinns durch die Umstellung von der   545
Einnahmen-Überschuss-Rechnung auf die „Bilanzierung" ist in einem zweiten
Schritt der eigentliche **Veräußerungsgewinn** als Differenz aus dem Kaufpreis
abzüglich des Kapitalkontos (Buchwertvermögen des veräußernden Arztes) sowie abzüglich von Veräußerungskosten (z. B. Rechtsanwalts-, Beratungs- und
Gutachterkosten) zu bestimmen.

Neben dem eigentlichen „Veräußerungsgewinn" muss auch noch beachtet   546
werden, dass ggf. **einzelne Wirtschaftsgüter** nicht an den erwerbenden Arzt

mitveräußert werden, sondern von dem veräußernden Arzt **in** dessen **Privatvermögen überführt** werden (z. B. ein bisher betriebliches Kfz).

In diesem Fall ist insbesondere daran zu denken, die ins Privatvermögen übernommenen (positiven) Wirtschaftsgüter mit dem sog. gemeinen Wert zu bewerten und im Rahmen der Betriebsvermögensermittlung als Entnahmeerlös zu erfassen. Im Gegenzug wirken sich noch vorhandene Buchwerte der entnommenen Wirtschaftsgüter als Aufwand gewinnmindernd aus.

547 Eine Praxisveräußerung unter gleichzeitiger Überführung einzelner Wirtschaftsgüter in das Privatvermögen des veräußernden Arztes stellt sich daher **schematisch** wie folgt dar:

Erlöse aus dem Veräußerungsvorgang:

Kaufpreis zzgl. der sog. gemeinen Werte aus in das Privatvermögen überführten (positiven) Wirtschaftsgütern

./. Aufwendungen im Rahmen des Veräußerungsvorgangs:

Buchwerte der veräußerten Wirtschaftsgüter

zzgl. der Buchwerte der in das Privatvermögen überführten (positiven) Wirtschaftsgüter

zzgl. sonstiger Veräußerungskosten

= **Veräußerungsergebnis** (Gewinn oder Verlust)

548 HINWEIS:

Um steuerliche Vergünstigungen hinsichtlich eines Veräußerungsgewinns in Anspruch nehmen zu können, müssen seitens des veräußernden Arztes alle wesentlichen Betriebsgrundlagen auf den (einen) Erwerber der Arztpraxis bzw. des Praxisanteils übergehen.[1] Vgl. hierzu im Einzelnen Rz. 291 ff. Eine Überführung von nicht wesentlichen Betriebsgrundlagen in das Privatvermögen des veräußernden Arztes ist somit zulässig.

Der **erwerbende Arzt** wird im Regelfall auf den Zeitpunkt des Erwerbes keine sog. Eröffnungs- bzw. Anfangsbilanz (vgl. zur Begrifflichkeit: Rz. 557) hinsichtlich der erworbenen Wirtschaftsgüter und Schulden aufstellen, da er ansonsten sein Wahlrecht zugunsten einer Einnahmen-Überschuss-Rechnung nach § 4 Abs. 3 EStG in Frage stellen könnte. Vgl. hierzu auch die Ausführungen Rz. 529 f.

Dem erwerbenden Arzt bleibt es grundsätzlich selbstverständlich – unabhängig von der „Bilanzierung" des veräußernden Arztes – unbenommen, von Be-

---

1 Vgl. Schmidt/Wacker, EStG, § 16 Rz. 100.

ginn der Fortführung der übernommenen **Einzelarztpraxis** an die **Wahl** zwischen Einnahmen-Überschuss-Rechnung und Bilanzierung zur Ermittlung seiner **laufenden Einkünfte** zu treffen.

Ist er dagegen in eine **Gemeinschaftspraxis** eingetreten, so muss er sich in die **einheitlich** auszuübende Gewinnermittlung der **Gesellschaft** einordnen, da eine unterschiedliche Ermittlung des Gewinns eines jeden Mitunternehmers einer Gemeinschaftspraxis steuerrechtlich nicht vorgesehen ist.

4. Verschiedene Bilanzarten und deren Relevanz für die laufende Gewinnermittlung sowie im Veräußerungsfall einer Arztpraxis bzw. eines Praxisanteils

a) Einführung

Nachfolgende Erläuterungen sollen einen **Überblick zu den verschiedenen Bilanzarten** geben, die im Zusammenhang mit der ärztlichen Berufsausübung, vor allem aber mit einer Praxisveräußerung oder der Veräußerung eines Praxisanteils auftreten können. Hierbei beschränken sich die Ausführungen nur auf das Wesentliche. Weitergehende Hinweise können bei Bedarf beispielsweise im Internet unter den jeweiligen Schlagwörtern recherchiert werden.

549

b) Handelsbilanz

Die **Handelsbilanz** beinhaltet im Wesentlichen die Gegenüberstellung von Vermögensgegenständen und Schulden (sog. Aktiva und Passiva) nach handelsrechtlichen Bilanzierungsvorschriften. Die Handelsbilanz ist für die im Handelsgesetzbuch (HGB) genannten Personen (bestimmte **Kaufleute** sowie **Kapitalgesellschaften**) gesetzlich vorgeschrieben, welche zum Beginn eines Handelsgewerbes sowie in der Folgezeit regelmäßig am Schluss eines jeden Geschäftsjahres aufzustellen ist. Interessenten einer Handelsbilanz sind u. a. die Gesellschafter, die Gläubiger des Unternehmens (u. a. Lieferanten oder Dienstleister, wie z. B. Banken) sowie Konkurrenten.

550

Die Bewertung in der Handelsbilanz erfolgt nach dem sog. Grundsatz kaufmännischer Vorsicht. Zuletzt wurden die Ansatz- und Bewertungsvorschriften durch das sog. Bilanzrechtsmodernisierungsgesetz (BilMoG) inhaltlich zwecks besserer Vergleichbarkeit mit internationalen Rechnungslegungsvorschriften modifiziert. Eine nach den Vorschriften des HGB aufgestellte Bilanz für Geschäftsjahre seit 2008 kann von der nach steuerrechtlichen Vorschriften aufgestellten Steuerbilanz abweichen, da insbesondere der Grundsatz der sog. umgekehrten Maßgeblichkeit mit der Einführung des BilMoG abgeschafft wurde.

Da freiberuflich tätige Ärzte i. d. R. nicht unter den (handelsrechtlichen) Kaufmannsbegriff fallen, ist das HGB für sie grundsätzlich nicht anwendbar. Eine Ausnahme hiervon bilden die in einer GmbH betriebenen Arztpraxen, z. B. die MVZ-GmbH. Eine MVZ-GmbH ist – trotz der darin freiberuflich tätigen Ärzte – Kaufmann kraft Rechtsform und gemäß §§ 238 ff., 264 ff. HGB zur Bilanzierung nach dem HGB sowie steuerlich nach § 5 Abs. 1 EStG (vgl. hierzu auch Rz. 551) verpflichtet.

c) Steuerbilanz/E-Bilanz

551   Die **Steuerbilanz** beinhaltet die Aufstellung des **Betriebsvermögens** einer Arztpraxis unter Beachtung steuerlicher Vorschriften, insbesondere des Einkommensteuergesetzes (EStG), vgl. § 4 Abs. 1 und ggf. § 5 Abs. 1 EStG. Im Gegensatz zur Handelsbilanz richtet sich die Steuerbilanz vornehmlich nicht an Gesellschafter, Gläubiger, Konkurrenten u. a., sondern dient vielmehr den Informationsinteressen der Finanzverwaltung.

Den Begriff „Betriebsvermögen" gibt es sowohl bei der Einnahmen-Überschuss-Rechnung als auch bei der Bilanzierung. Der Begriff des Betriebsvermögens wird nicht im Einkommensteuergesetz definiert, sondern ist durch die Rechtsprechung in der zurückliegenden Zeit entwickelt und anschließend von der Finanzverwaltung übernommen worden.[1]

Eine den steuerlichen Vorschriften entsprechende Bilanz wird insbesondere bei **Kaufleuten** und **Kapitalgesellschaften** aus der Handelsbilanz **abgeleitet**, indem eine den handelsrechtlichen Vorschriften entsprechende Bilanz bei Vorliegen steuerlicher Spezialvorschriften entsprechend korrigiert bzw. angepasst wird. In der Praxis gab es bis zur Einführung des BilMoG häufig nur eine sog. Einheitsbilanz, die dann sowohl Handels- als auch Steuerbilanz zugleich war, weil diese sowohl den Anforderungen des Handels- als auch des Steuerrechts genügte.

Mit der „Abkopplung" des Handelsrechts von den steuerlichen Besonderheiten durch das BilMoG (insbesondere Aufhebung der sog. umgekehrten Maßgeblichkeit) können Handels- und Steuerbilanz inhaltlich nun häufiger auseinanderfallen.

---

1 Vgl. hierzu eingehender R 4.2 EStR 2012.

BEISPIEL: ▶ Sog. **latente Steuern** im Handelsrecht – verursacht durch differierende Ansätze in der Bewertung von Vermögensgegenständen/Wirtschaftsgütern im Handels- und Steuerrecht sowie dadurch voneinander abweichende Gewinnausweise und letztlich somit unterschiedliche zeitlich zuzuordnende Steuerbelastungen – finden ggf. ergebniswirksam in der Handelsbilanz Berücksichtigung, sie werden im Steuerrecht und damit in der Steuerbilanz jedoch nicht bzw. teils erst zeitverschoben anerkannt.

Ärzte, die als Freiberufler grundsätzlich nicht unter die Vorschriften des Handelsrechts (HGB) fallen und bei denen daher keine Ableitung der Steuerbilanz aus der Handelsbilanz in Betracht kommt, können, da sie nach wie vor ein **Wahlrecht** zur Bilanzierung – anstatt der sonst in dieser Berufsgruppe weit verbreiteten Einnahmen-Überschuss-Rechnung nach § 4 Abs. 3 EStG – haben, eine sog. **originäre** Steuerbilanz nach § 4 Abs. 1 EStG erstellen.

HINWEIS: 552

Bei ärztlicher Berufsausübung in der Rechtsform der Kapitalgesellschaft (z. B. MVZ-GmbH) besteht die Pflicht, sowohl nach Handelsrecht als auch nach der steuerlichen Vorschrift des § 5 Abs. 1 EStG zu bilanzieren.

HINWEIS: 553

Für Geschäftsjahre, beginnend mit dem 1.1.2013 gilt für freiwillig und laufend bilanzierende Ärzte Folgendes:

Wird der Gewinn nach § 4 Abs. 1, § 5 oder § 5a EStG ermittelt, so ist der Inhalt der Bilanz sowie der Gewinn- und Verlustrechnung nach amtlich vorgeschriebenem Datensatz durch Datenfernübertragung zu übermitteln.[1] Hierzu hat die Finanzverwaltung eine sog. Taxonomie (vergleichbar mit einem detaillierten Kontenrahmen) erlassen, die je nach Einzelunternehmen, Personengesellschaften und Kapitalgesellschaft auf deren besondere kontenmäßige Belange Rücksicht nimmt und sehr umfangreich ausgefallen ist. Die jeweils gültige und stetig angepasste Taxonomie wird zum Download auf der Website des Bundesfinanzministeriums eingestellt, so z. B. am 16.5.2017 die Veröffentlichung der Taxonomien 6.1 vom 1.4.2017.

Angesichts dessen, dass Ärzte keine Pflicht zur Bilanzierung trifft und § 16 Abs. 2 Satz 2 EStG lediglich darauf verweist, das Betriebsvermögen im Veräußerungszeitpunkt – falls bislang nur eine Gewinnermittlung nach § 4 Abs. 3 EStG erfolgte – nach den Ansatz- und Bewertungsgrundsätzen des § 4 Abs. 1 EStG zu ermitteln, bleibt es u. E. offen und noch zu klären, ob für den Fall der Veräußerung der Arztpraxis oder eines Gemeinschaftspraxisanteils die (umfangreichen) Pflichten bei Anwendung der Taxonomie überhaupt greifen. Gegebenenfalls kann in diesen Fällen ein Antrag zur Vermeidung unbilliger Härten nach § 5b Abs. 2 EStG in Betracht kommen. Denn es dürfte u. E. **unbillig**

---

1 Vgl. § 5b EStG.

sein, einem Arzt, der bislang Aufzeichnungen lediglich nach den Regelungen des **§ 4 Abs. 3 EStG** (Gewinnermittlung durch EÜR) vorgenommen hat und auch vornehmen durfte, am Ende der beruflichen Laufbahn noch **einmalig** zuzumuten, die technischen Voraussetzungen für die elektronische Übermittlung einer **E-Bilanz** zu schaffen, Der Härtefallantrag gilt als begründet, wenn die Einhaltung der elektronischen Übermittlungsverpflichtung aus persönlichen oder wirtschaftlichen Gründen unzumutbar ist. Der Antrag ist an keine bestimmte Form gebunden.

Für den Fall, dass die Betriebsvermögensermittlung im Sinne einer Übergangsgewinnrechnung neben einer EÜR erfolgen darf, so ist jedoch zu beachten, dass die EÜR ebenfalls elektronisch an das zuständige Finanzamt zu übermitteln ist (§ 60 Abs. 4 EStDV).

d) Gesamthandsbilanz

554 Die **Gesamthandsbilanz** ist die zivil- bzw. gesellschaftsrechtliche Bilanz (s. o.) einer Personengesellschaft (z. B. einer Ärzte-GbR oder Ärzte-Partnerschaftgesellschaft) und dient der Ermittlung des gesamthänderischen Gewinns der Personengesellschaft an sich. Neben der Gesamthandsbilanz können noch steuerliche **Ergänzungsbilanzen** (die grundsätzlich ebenfalls den Bereich des **gesamthänderischen** – also allen Gesellschaftern gehörenden – **Vermögens** betreffen, jedoch für steuerliche Zwecke jeweils einzelner Gesellschafter geführt werden, siehe dazu weiter unten) sowie **Sonderbilanzen** auftreten (Letztere betreffen zwar auch das **steuerliche Betriebsvermögen** der Personengesellschaft, allerdings nur solches Betriebsvermögen, welches einem Gesellschafter **zivilrechtlich** allein gehört).

Die Gesamthandsbilanz nebst **Ergänzungs- und Sonderbilanz(en)** ergeben die Gesamtheit der **Steuerbilanzen der Personengesellschaft** (z. B. der Gemeinschaftspraxis).

Zu den Begriffen Ergänzungs- und Sonderbilanz siehe die nachfolgenden ausführlicheren Erläuterungen unter den Rz. 555 und 556.

e) Ergänzungsbilanz/Ergänzungsrechnung

555 **Ergänzungsbilanzen** (bzw. **Ergänzungsrechnungen** bei der Ermittlung des Gewinns mittels EÜR) enthalten **gesellschafterspezifische Korrekturposten** zu dem gesamthänderisch gebundenen Vermögen und gewährleisten damit eine zutreffende steuerliche Erfassung des jeweiligen Beteiligungsanteils der einzelnen Gesellschafter (sog. Mitunternehmer i. S. d. § 15 EStG).

Praktische Bedeutung kommt der Aufstellung von Ergänzungsbilanzen vor allem bei einem **Gesellschafterwechsel** zu. Die Ergänzungsbilanz hat lediglich für den erwerbenden und den veräußernden Arzt steuerliche Konsequenzen, nicht dagegen für die sonstigen in einer Gemeinschaftspraxis mitwirkenden Ärzte (in ihrer Gesamtheit steuerlich als **Mitunternehmerschaft** bezeichnet, vgl. § 18 Abs. 4 Satz 2 i. V. m. § 15 Abs. 1 Satz 1 Nr. 2 EStG).

In der Gesamthandsbilanz einer Gemeinschaftspraxis wird das Vermögen der Gemeinschaftspraxis regelmäßig mit den bisherigen Buchwerten fortgeführt; dabei übernimmt der erwerbende Arzt das (nominelle) Kapitalkonto des veräußernden Arztes. Nur sofern (ausnahmsweise) der Buchwert des erworbenen Gesellschaftsanteils dem Kaufpreis betragsmäßig genau entspricht, wird die Beteiligung des neu eintretenden Arztes am Gesamthandsvermögen entsprechend abgebildet und es besteht dann kein (steuerlicher) Korrekturbedarf in Form einer zusätzlichen Ergänzungsbilanz.

Normalerweise übersteigt jedoch der zu zahlende **Kaufpreis** regelmäßig **den Buchwert**. Dieser übersteigende Betrag betrifft insbesondere einen über die Buchwerte hinausgehenden **Mehrwert (Goodwill)** der Arztpraxis/des Arztpraxisanteils. Dem in die Gemeinschaftspraxis neu eingetretenen Arzt sind daher zunächst die einzelnen buchmäßigen Posten des Gesamthandsvermögens betragsmäßig zuzurechnen.

Darüber hinaus verbleibt jedoch noch ein sog. mitbezahlter Mehrwert. Dieser mitbezahlte Mehrpreis wird sodann in der Ergänzungsbilanz auf der Passivseite als Mehrkapital ausgewiesen, da der Mehrpreis in Bezug auf die Beteiligung an der Gemeinschaftspraxis allein den neu eintretenden Arzt betrifft und keine Auswirkung auf den Ansatz des bilanzierten Gesamthandsvermögens aller übrigen (Alt-)Gesellschafter haben kann. Auf der Aktivseite der Ergänzungsbilanz ist dieser Betrag auf die einzelnen, stille Reserven enthaltene Wirtschaftsgüter, die auch in der Gesamthandsbilanz enthalten sind, aufzuteilen.

Ergänzungsbilanzen selbst enthalten für sich gesehen demnach verständlicherweise keine (eigenen) Wirtschaftsgüter, sondern lediglich Wertkorrekturen zum gesamthänderisch gebundenen Vermögen der Gesamthandsbilanz der Gemeinschaftspraxis.

Ergänzungsbilanzen sind *in der Folgezeit* nach Eintritt des erwerbenden Arztes fortzuführen. Die hieraus resultierenden Ergebnisse (Erträge und Aufwendungen) werden in sog. Ergänzungs-Gewinn- und Verlustrechnungen erfasst. Hierdurch wird der auf den einzelnen Gesellschafter entfallende **Anteil am Gesamthandsergebnis** für steuerliche Zwecke korrigiert.

Für jeden an der Gemeinschaftspraxis beteiligten Arzt wird bei der Gewinnermittlung das Resultat seiner etwaigen Ergänzungsbilanz/-rechnung mit seinem Anteil am steuerlichen Gesamthandsergebnis zusammengefasst und ergibt somit das steuerliche Ergebnis des betreffenden Arztes (ggf. noch ergänzt um Ergebniseinflüsse aus einer für ihn aufzustellenden Sonderbilanz, s. hierzu nachfolgende Erläuterungen unter Rz. 556) aus der Gemeinschaftspraxis.

f) Sonderbilanz/Sonderrechnung

556 Die sog. **Sonderbilanz** (bzw. die **Sonderrechnung** bei der Ermittlung des Gewinns mittels EÜR) weist das Sonderbetriebsvermögen eines an einer Gemeinschaftspraxis beteiligten Arztes aus. Hierbei kann es sich um sog. Sonderbetriebsvermögen I (SBV I) oder sog. Sonderbetriebsvermögen II (SBV II) handeln:

Für die Sonderbilanz selbst und deren steuerliche Auswirkungen spielt diese Differenzierung keine Rolle, sie dient lediglich der Unterscheidung, ob ein der Gemeinschaftspraxis überlassenes Wirtschaftsgut für diese notwendig ist (z. B. ein Patientenstuhl mit den entsprechenden Einrichtungen bei einer Zahnarztpraxis, SBV I), oder ob das Wirtschaftsgut nur der Arztpraxis als förderlich dienend überlassen wird (z. B. eine durch einen beteiligten Arzt allein übernommene Finanzierung (Verbindlichkeit) für den Betrieb der Gemeinschaftspraxis, SBV II).

Das **Sonderbetriebsvermögen** eines Arztes kann daher aus Wirtschaftsgütern bestehen, welche notwendiges (SBV I) oder gewillkürtes (SBV II) Betriebsvermögen der steuerlichen Ärzte-**Mitunternehmerschaft** sind, sich jedoch im bürgerlich-rechtlichen oder ggf. auch nur sog. wirtschaftlichen Eigentum eines Arztes oder mehrerer Ärzte der Gemeinschaftspraxis, und gerade nicht im Eigentum sämtlicher Ärzte der Gemeinschaftspraxis, befinden.

g) Eröffnungs-/Anfangsbilanz

557 Als **Eröffnungs- oder Anfangsbilanz** bezeichnet man die Bilanz einer Arztpraxis oder einer Gemeinschaftspraxis bei deren **Gründung** oder zu **Beginn** eines neuen Wirtschaftsjahres, falls die Gewinnermittlung der ärztlichen Berufsausübung im Wege der Bilanzierung nach § 4 Abs. 1 bzw. § 5 Abs. 1 EStG gewählt wird.

Eine weitere steuerliche Bedeutung kommt dem Begriff Eröffnungs- oder Anfangsbilanz im Rahmen von **Umwandlungen** im Sinne des Umwandlungssteuergesetzes (UmwStG) zu, vgl. hierzu insbesondere die Einbringungsfälle gegen Gewährung von Gesellschaftsrechten gem. § 20 und § 24 UmwStG unter den dort näher bezeichneten Bedingungen.

Für freiberuflich tätige Ärzte als Erwerber einer Arztpraxis oder eines Praxisanteils beachte jedoch auch die Erläuterungen unter der Rz. 530.

h) Schlussbilanz/Übertragungsbilanz

Ganz allgemein ist die **Schlussbilanz** zunächst eine Bilanz, die nach der vollständigen Buchung sämtlicher Geschäftsvorfälle und einer Abgrenzung von Geschäftsvorfällen, die die abzuschließende Geschäftsperiode nicht betreffen, aufgestellt wird.   558

Die (Schluss-)Bilanz ist obligatorischer Bestandteil des Jahresabschlusses mittels Bilanzierung und bildet die Grundlage für die Eröffnungsbilanz der nachfolgenden Rechnungsperiode.

Wer bisher keine (Steuer-)Bilanz erstellt hat, sondern seinen laufenden Gewinn aus der Arzttätigkeit (zulässigerweise) lediglich mittels einer Einnahmen-Überschuss-Rechnung nach § 4 Abs. 3 EStG ermittelt, hat spätestens auf den Zeitpunkt der Veräußerung seiner Praxis bzw. seines Praxisanteils sein Betriebsvermögen gem. § 4 Abs. 1 EStG zu ermitteln, hierzu wird er eine sog. Schluss- bzw. Übertragungs-„Bilanz" erstellen.

Welche Inhalte eine solche Betriebsvermögensermittlung im Einzelnen aufweisen muss, wird unter den Rz. 541 – 544 näher erläutert. Im Wesentlichen handelt es sich bei der Umstellung von der EÜR auf „Bilanzierung" um bestimmte Hinzu- und Abrechnungen, die in der laufenden EÜR (noch) nicht erfasst wurden und auch nicht mussten.

Der Gedanke, der hinter der Pflicht zur Erstellung einer „Bilanz" auf den Veräußerungszeitpunkt steht, ist Folgender:

Veräußert ein Arzt, der den Gewinn bislang nach § 4 Abs. 3 EStG ermittelt, seine Praxis, so ist er so zu behandeln, als wäre er im Augenblick der Veräußerung zunächst zur Gewinnermittlung durch Betriebsvermögensvergleich nach § 4 Abs. 1 EStG übergegangen (Wechsel der Gewinnermittlungsart) übergegangen. Dies gilt auch bei der Veräußerung eines Praxisanteils (Mitunternehmeranteils) sowie in Umwandlungsfällen im Sinne des UmwStG (siehe dazu im Folgenden).

Weitere Bedeutung erhält der Begriff Schlussbilanz bei **Umwandlungen:**   559

Zu nennen sind z. B. die Fälle der Einbringung einer Arztpraxis oder eines Gemeinschaftspraxisanteils in eine Kapitalgesellschaft (z. B. MVZ-GmbH) oder die Einbringung einer Arztpraxis oder eines Gemeinschaftspraxisanteils in eine Personengesellschaft (z. B. andere Gemeinschaftspraxis) gegen Gewährung von Gesellschaftsrechten. Unter bestimmten Bedingungen, die in den §§ 20 ff. UmwStG genauer beschrieben werden, kann vermieden werden, dass die stillen Reserven des Übertragungsobjekts bereits jetzt aufgedeckt und versteuert werden müssen.

Fraglich erscheint es in den Fällen, in denen ein „veräußernder" Arzt z. B. eine Arztpraxis, die bislang ihren Gewinn nach § 4 Abs. 3 EStG ermittelt hat, in eine Gemeinschaftspraxis einbringt, die ebenfalls ihren Gewinn nach § 4 Abs. 3 EStG ermittelt, und der „einbringende" Arzt in der Gemeinschaftspraxis zukünftig weiter tätig bleibt, ob es hier überhaupt zu einer Übergangs-„Bilanzierung" für Zwecke einer Übergangsbesteuerung kommen muss, da der Übergangsgewinn laufender Gewinn ist, und nicht Teil des (begünstigten) Veräußerungsgewinns.[1]

5. Exkurs: Behandlung des Praxiswertes beim Käufer der Arztpraxis[2]

560 Der Erwerber einer Arztpraxis (bzw. eines Gemeinschaftspraxisanteils) hat in Höhe seines übernommenen Kaufpreises **Anschaffungskosten**. Diese Kosten werden **rechnerisch** auf die Wirtschaftsgüter der Arztpraxis **verteilt**, bis maximal die Teilwerte („Zeitwerte") der entsprechenden Wirtschaftsgüter erreicht sind. Ein ggf. verbleibender **Restbetrag** stellt einen sog. **entgeltlich erworbenen immateriellen Wert** dar.

Die Abschreibungsdauer des immateriellen Praxiswertes hängt vom Einzelfall ab. Gewöhnlich werden je nach Praxiszusammensetzung (Anzahl der Gesellschafter) Zeiträume für Einzelpraxen zwischen 3 – 5 Jahren und für Gemeinschaftspraxisanteile zwischen 6 – 10 Jahre zugrunde gelegt.[3]

561 HINWEIS:

Bei einem Erwerb von Anteilen an einer der Art nach freiberuflich tätigen Kapitalgesellschaft (z. B. von Anteilen an einer MVZ-GmbH) durch einen Arzt ist von den Anschaffungskosten keine AfA zulässig, auch wenn sich im Kaufpreis für die Anteile ein Praxiswert der Kapitalgesellschaft niedergeschlagen hat.[4]

---

1 Vgl. hierzu im Einzelnen auch Korn, FR 2005 S. 1236 ff.
2 Vgl. hierzu detailliert auch Klaßmann u. a., Besteuerung der Ärzte, Rz. 2144 ff.
3 Vgl. Schmidt/Wacker, EStG, § 18 Rz. 202.
4 Vgl. Schmidt/Wacker, EStG, § 18 Rz. 214.

In diesem Zusammenhang war die Frage lange umstritten, ob beim Erwerb   562
einer Arztpraxis der **Vorteil** aus der Fortführung der **Vertragsarztzulassung** als
eigenständiges immaterielles Wirtschaftsgut anzusehen ist.

In einem zulassungsgesperrten Gebiet kann der Erwerber der Arztpraxis eine
Vertragsarztzulassung nur im Wege des Nachbesetzungsverfahrens beantragen. Er ist also bei der Übernahme der Kassenarztpraxis in einem Planungsgebiet mit Überversorgung darauf angewiesen, dass der bisherige Praxisinhaber seine Zulassung aufgibt und im Nachbesetzungsverfahren mit darauf
hinwirkt, dass dem potenziellen Erwerber seiner Praxis die Vertragsarztzulassung erteilt wird. In gesperrten Zulassungsbereichen ist daher die mögliche
Fortführung der Vertragsarztzulassung regelmäßig ein entscheidender Faktor
für die Bestimmung des Kaufpreises der Arztpraxis.

Die **Finanzverwaltung** hatte dazu zuletzt die Auffassung vertreten, dass schon   563
alleine in der Möglichkeit, einen Antrag auf Ausschreibung des Vertragsarztsitzes zu stellen, ein **verwertbarer wirtschaftlicher Vorteil** zu sehen sei. Dieser
wirtschaftliche Vorteil sollte nach Auffassung der Finanzverwaltung einer **selbständigen Bewertung** unterliegen und ein eigenständiges, immaterielles, nicht
abnutzbares **Wirtschaftsgut** des Anlagevermögens darstellen. [1] Das würde bedeuten, dass auf die (anteilig) auf die Vertragsarztzulassung entfallenden Anschaffungskosten keine planmäßigen Abschreibungen hätten geltend gemacht
werden können, weil die (zeitlich unbegrenzt) erteilte Kassenzulassung als
nicht abnutzbar beurteilt würde. Soweit der Erwerber die kassenärztliche Zulassung zusammen mit der Praxis erwirbt und für den Erwerb einen Gesamtkaufpreis zahlt, sollte der **Kaufpreis** nach Auffassung der OFD Münster[2] im
Verhältnis der Teilwerte der einzelnen Wirtschaftsgüter (einschließlich der Vertragsarztzulassung) **aufgeteilt** werden.

Dabei wären drei Fallgruppen zu unterscheiden gewesen:[3]

1. Erwerb einer bestehenden Praxis in der Absicht, (nur) die Kassenzulassung
   zu erlangen.

2. Erwerb einer Praxis innerhalb eines zulassungsbeschränkten Planungsbereichs.

---

1 OFD Münster v. 11.2.2009 - S 2172 – 152 – St 12-33, NWB DokID: GAAAD-09986; ähnliche
  Auffassung: OFD Koblenz v. 12.12.2005 - S 2134a – St 31 4, Kurzinformation Einkommensteuer
  Nr. 129/2005, NWB DokID: LAAAB-73853.
2 OFD Münster v. 11.2.2009 - S 2172 – 152 – St 12-33, NWB DokID: GAAAD-09986.
3 OFD Münster v. 11.2.2009 - S 2172 – 152 – St 12-33, NWB DokID: GAAAD-09986; vgl. dazu
  detailliert auch Klaßmann u. a., Besteuerung der Ärzte, Rz. 106.

3. Erwerb einer Praxis im Planungsbereich, für den es keine Zulassungsbeschränkungen oder für diese Arztgruppe offene Planungsbereiche gibt.

564 Diese Rechtsauffassung der Finanzverwaltung wurde in der Literatur heftig kritisiert.[1] Sie ist inzwischen durch die Rechtsprechung des BFH überholt. Nur wenn das wirtschaftliche Interesse des Erwerbers ausschließlich der Erlangung der Vertragsarztzulassung und nicht dem Erwerb der Praxis gilt, mag die vorstehende Verwaltungsmeinung noch nachvollziehbar sein. Dies ist insbesondere im Zusammenhang mit dem Erwerb von Zulassungen zur Gründung eines Medizinischen Versorgungszentrums häufig der Fall.[2]

565 Mit Urteil v. **9.8.2011** hat der **BFH** entschieden, dass der Kaufpreis für eine Vertragsarztpraxis sich grundsätzlich nicht – auch nicht teilweise – dem wirtschaftlichen Vorteil aus der Vertragsarztpraxis zuordnen lässt.[3] Wenn sich der **Kaufpreis** der Praxis nach dem **Verkehrswert** richtet, kann nach Auffassung des BFH von dem Praxiswert **kein gesondertes Wirtschaftsgut „Vorteil aus der Vertragsarztzulassung"** abgespalten werden; orientiert sich der zu zahlende Kaufpreis ausschließlich am Verkehrswert der fortgeführten Praxis, so ist in dem damit abgegoltenen Praxiswert der Vorteil aus der Zulassung als Vertragsarzt **untrennbar** enthalten.[4] Ein eigenständiges Wirtschaftsgut, das gesondert bewertet werden kann, kann nur in **besonderen Fällen** vorliegen. Nur in diesen Sonderfällen, in denen die Zulassung zum Gegenstand eines gesonderten Veräußerungsvorgangs gemacht und damit zu einem selbständigen Wirtschaftsgut konkretisiert werden kann, ist eine Beurteilung als eigenständiges (immaterielles) Wirtschaftsgut möglich. Dies kann der Fall sein, wenn ein Arzt an einen ausscheidenden Arzt eine Zahlung im Zusammenhang mit der Erlangung der Vertragsarztzahlung leistet, ohne jedoch dessen Praxis zu übernehmen, weil er den Vertragsarztsitz z. B. an einen anderen Ort verlegen will.[5] Die Feststellungslast bezüglich der diesen Sonderfall begründenden Umstände liegt beim Finanzamt.[6] Weitere Urteile des BFH zur Vertragsarztzulassung bzw. zum Praxiswert sind inzwischen ergangen, wie z. B. am 21.2.2017 unter den Aktenzeichen VIII R 7/14 und VIII R 56/14.

---

1 Vgl. z. B. Michels/Ketteler-Eising, Ertragsteuerliche Behandlung des Kaufpreises für Kassenarztpraxen, DStR 2006 S. 961; Nauen, Steuerliche Behandlung des Erwerbs vertragsärztlicher Zulassungen, das Krankenhaus 2009 S. 472.

2 Vgl. Errestink, Abschreibung auf vertragsärztliche Zulassung, NWB F. 3 S. 15079, NWB DokID: RAAAC-80402.

3 BFH v. 9.8.2011 - VIII R 13/08, BStBl 2011 II S. 875, NWB DokID: GAAAD-91767.

4 BFH v. 9.8.2011 - VIII R 13/08, BStBl 2011 II S. 875, NWB DokID: GAAAD-91767.

5 Ebenda; vgl. Niedersächsisches FG v. 28.9.2004 - 13 K 412/01, EFG 2005 S. 420, NWB DokID: WAAAB-42413; vgl. Michels/Ketteler-Eising, DStR 2006 S. 964.

6 FG Köln v. 26.1.2012 - 6 K 4538/07, EFG 2012 S. 1128 Nr. 12, NWB DokID: TAAAE-06509.

Die Finanzverwaltung hat sich der Auffassung des BFH angeschlossen.[1]   566

GESTALTUNGSHINWEIS: 567

Vor dem Hintergrund dieser BFH-Rechtsprechung sollte bei der Gestaltung von Praxis-übernahmen darauf geachtet werden, dass die für die Bemessung des für die (gesamte) Praxis zu zahlenden Kaufpreises maßgeblichen Faktoren hinreichend dokumentiert werden, um den Nachweis erbringen zu können, dass sich der gezahlte Kaufpreis für die Praxis nach dem Verkehrswert gerichtet hat. In jedem Falle sollte im Praxisüber-nahmevertrag eine Kaufpreisaufteilung, die über den materiellen und ideellen Praxis-wert hinausgehend differenziert, vermieden werden, um keine Anhaltspunkte für das mögliche Vorliegen eines (nicht abschreibungsfähigen) Wirtschaftsgutes „Vorteil aus der Vertragsarztzulassung" zu liefern.[2]

HINWEIS: 568

Die vertragsärztliche Zulassung als solche ist nicht veräußerbar, jedoch stellt der Ver-tragsarztsitz in zulassungsbeschränkten Bezirken dennoch einen wesentlichen wertbil-denden Faktor im Rahmen der Praxisveräußerung dar; die Wirksamkeit des Praxiskauf-vertrages wird daher bislang i. d. R. von dem Übergang der Zulassung des Veräußerers auf den Erwerber abhängig gemacht (vgl. hierzu auch § 103 Abs. 4 SGB V).

HINWEIS: 569

Insbesondere in der ersten Hälfte dieses Jahrzehnts wurde öffentlich die Diskussion geführt, dass der Kassenarztsitz insbesondere in den Fällen der Vererbung und der Ver-äußerung der Praxis nicht mehr als veräußerbar gelten soll. Denn die Bestrebungen der Krankenkassen gehen dahin, die Arztzulassung zeitlich zu befristen.[3] Dies wird jedoch – um nicht einer Enteignung von bereits zugelassenen Ärzten nahezukommen – u. E. voraussichtlich nur neue Zulassungen nach einer entsprechenden Gesetzesänderung betreffen. Derzeit wird die obige Diskussion wohl nicht mehr sehr aktiv betrieben.

---

1 OFD Münster v. 14.12.2011 – Kurzinfo ESt 35/2011 und OFD Rheinland v. 14.12.2011 – Kurzinfo ESt 57/2011, NWB DokID: IAAAD-98398; die Verfügungen v. 11.2.2009 wurden damit aufgeho-ben.

2 Vgl. Meyer, Zulassung zum Vertragsarzt im Rahmen der gesetzlichen Krankenversicherung als wertbildender Faktor des Praxiswerts, NWB 2011 S. 4376, NWB DokID: UAAAD-98475.

3 Vgl. z. B. Ärztezeitung Online v. 30.12.2010 und zuletzt apotheke-adhoc nachrichten v. 30.7.2014.

STICHWORTVERZEICHNIS

Die Ziffern verweisen auf die Randziffern.